古墳時代を考える

石野博信 著

雄山閣

三角縁神獣鏡33面は棺外だった——奈良県黒塚古墳

三角縁神獣鏡は、倭国の女王卑弥呼が中国・魏の皇帝から賜与され、ヤマト政権が地域豪族に配布した、という学説はヤマト中枢地の古墳からの多量出土によって崩れた。これらは単なる破邪の鏡であり、大事なのは棺内頭部の画文帯神獣鏡であった。

聖水をつくる導水施設——奈良県南郷大東遺跡

古代豪族・葛城氏の居館群の一画に祭場があった。小川を石組みでせき止めてミニダムをつくり、木樋で２×２間の建物内に導水する。まわりから木刀・盾・衣笠・琴など多くの祭具が出土した。

杖刀人首、乎獲居《をわけ》の墓——埼玉県埼玉稲荷山古墳

鉄剣銘文の115文字は、被葬者・乎獲居を特定し、その事績を明らかにした。ワカタケル大王（雄略天皇）の時に大王の親衛隊長として仕えていたヲワケは辛亥年（471年）、先祖の地に銘文とともに葬られた。柩が舟形木棺であることは、代々埼玉の地で川港をおさえていたか。

甲冑で身を固めた武人

5世紀には武人が登場する。甲冑に身を固め、盾を持つ。常備軍として編成されたかどうかは明らかでないが、列島全土に拡がっていったことは確実である。

最初の弥生土器・古墳発掘・寄生虫卵

最初の弥生土器は土師器であった

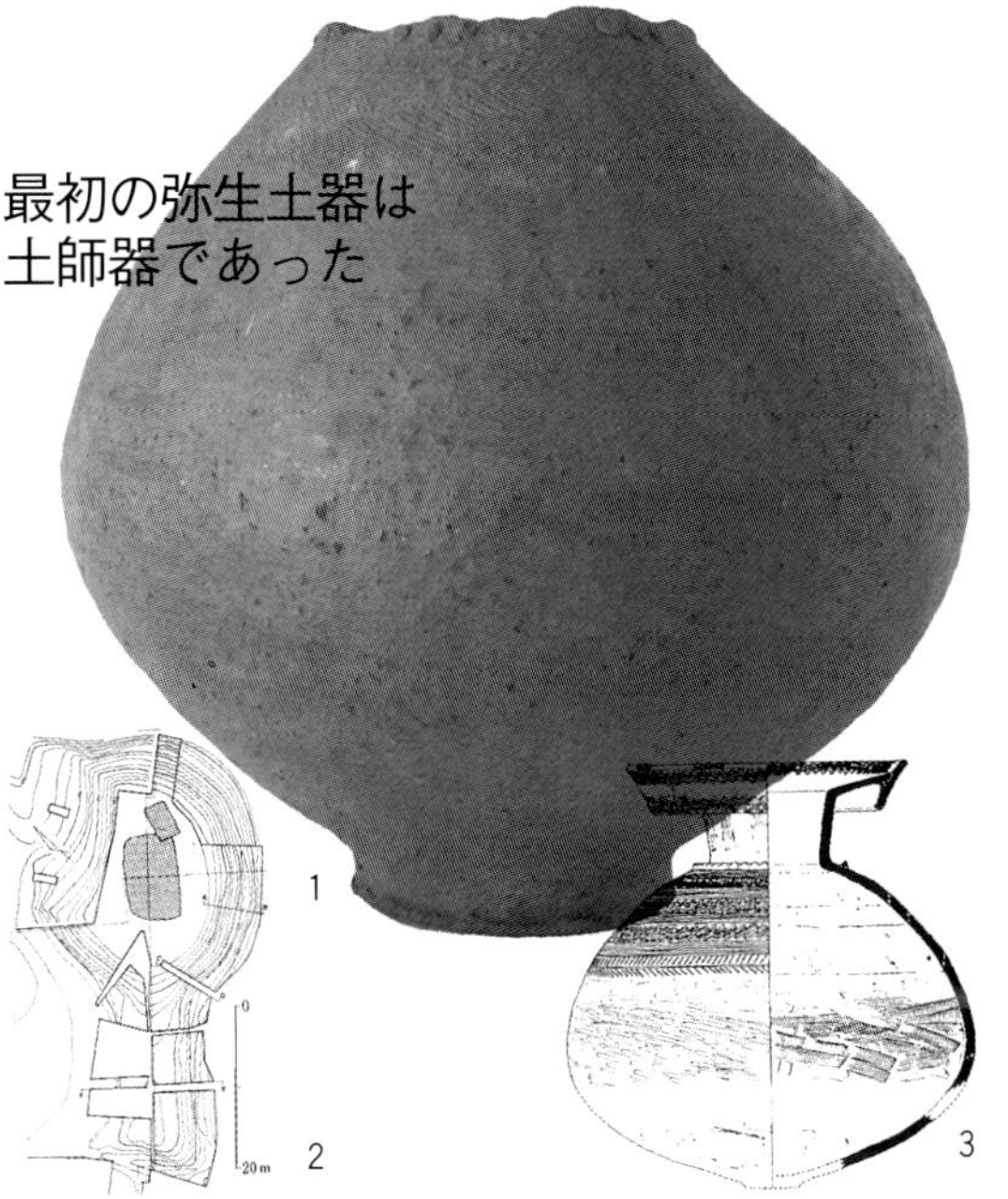

水戸黄門の古墳調査と保存

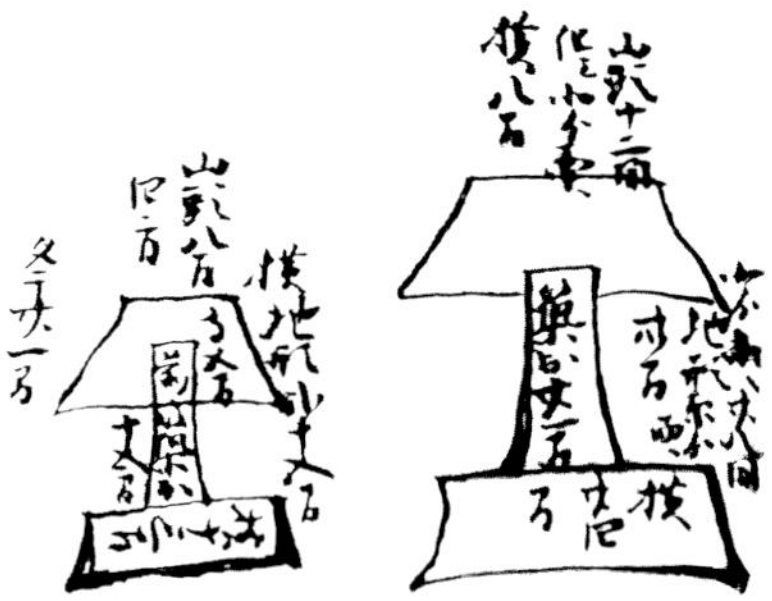

「下野那須郡湯津上村に大墓有り。何人の墓なるかを知らざるなり。……若し誌石有りて其の名氏を知らば、乃ち碑を建て文を勒して不朽に伝えんと欲するなり。……新たに封を加え、四周を築き松を栽えて其の崩壊を防ぐ」。徳川光圀は、元禄５年（1692）、那須国造碑と古墳の関係を検証するために発掘調査を実施した。

奈良県纒向遺跡（辻土坑４）で、纒向３式新＝庄内２式新土器と「前野町式」土器が共伴した。前野町式土器の前は、いわゆる弥生式土器であろう。そうすると、弥生町式と庄内式は併行する可能性が高まる。庄内式期には、京都府黒田古墳などの長突円墳（前方後円墳）があり、弥生町式は土師器になってしまう。（１：東京都弥生町遺跡、３世紀、２・３：京都府黒田古墳、３世紀）

寄生虫卵

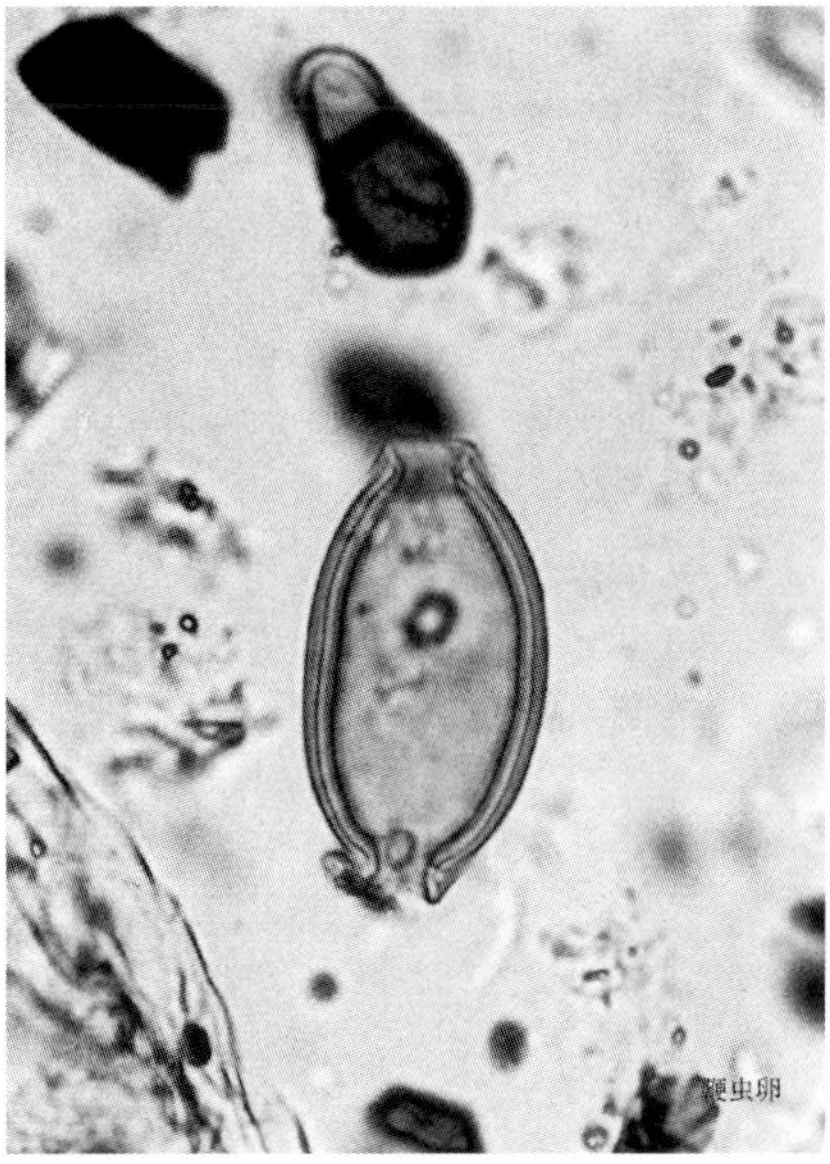

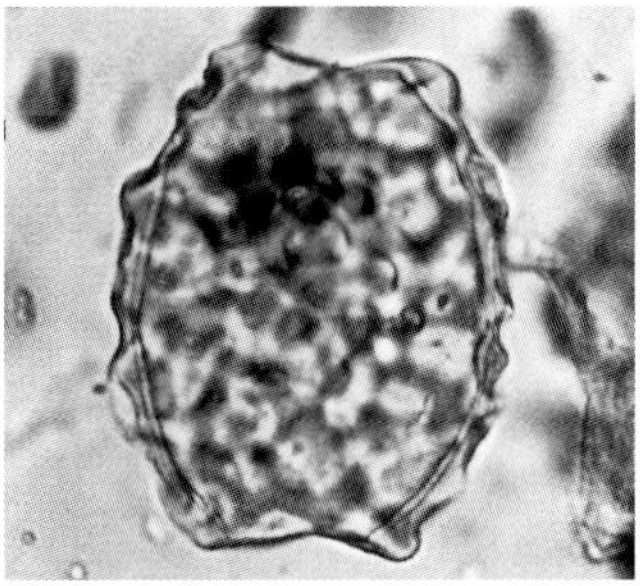

Ａ：「導水施設　３世紀の奈良県三輪山麓・木槽を連ね水を導く。“都市”纒向の一画の浄水施設か」（『古墳時代の研究』第３巻　口絵説明、1991年３月）
Ｂ：「３世紀のトイレか、日本最古、奈良県纒向遺跡」（各新聞、1992年12月）

金原正明・正子夫妻によって遺跡の土から寄生虫卵を摘出することに成功し、1993年２月には“発掘トイレ学会”が開催された。Aは石野の解説であり、Ｂの新事実によって、私は「上《かみ》と下《しも》はカミ一重」と嘆じた。

弥生から古墳へ

青谷上寺地遺跡の金属器

青谷上寺地遺跡は日本海に面した弥生時代の港市である。一部の発掘だけで200点余の鉄器と銅鏡・銅鐸片など多量の金属器を検出した。潟湖に面した斜面には無数の柱や杭があり、東南アジアの水上住居を思わせる。銅鐸片の一つに刻印されている連弧文は、銅鐸工人が鏡製作に関与したことを示す唯一の資料であり、本遺跡で国産の連弧文鏡が出土していることからもうなづける。

神原神社古墳

出雲にある景初三年銘鏡を出土した古墳として著名。一辺25×29mの長方形墳の中央部に竪穴石室と祭祀用土器埋納坑があり、墓壙の底には全面に布が敷かれていたらしい。女王卑弥呼が魏に遣使した年号鏡をもつが、墳丘の形や祭祀用土器からみると、在地豪族の姿が浮かんでくる。

年代の基準となる古墳と古墳の形

江田船山古墳

熊本県和水町にある全長61mの長突円墳。円丘部に5世紀に盛行する横口式家形石棺があり、銀象嵌銘大刀銘文の大王名は稲荷山古墳鉄剣銘の出土によって「獲加多支鹵」(雄略天皇)説が有力視されている。

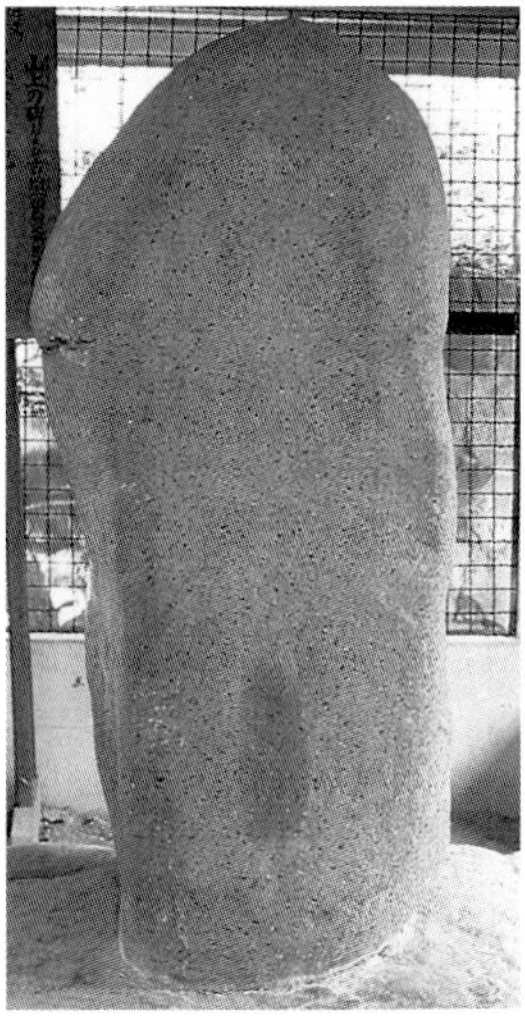

山ノ上古墳

群馬県高崎市にある円墳で、唐尺で割り切れる凝灰岩切石の横穴石室をもつ。墳側に山ノ上碑が建つ。石碑には天武9年(680)に放光寺の僧長利がその母黒売刀自のために建立したことが刻まれている。

兵庫県五色塚古墳は海に面した長突円墳。「前方後円墳は3段築成の理念を持つ」という考え方の数少ない典型の一つ。初期ヤマト政権成立の根拠の一つとされている箸中山古墳、西殿塚古墳、桜井茶臼山古墳、メスリ山古墳など、すべてこの理念に合致しない。

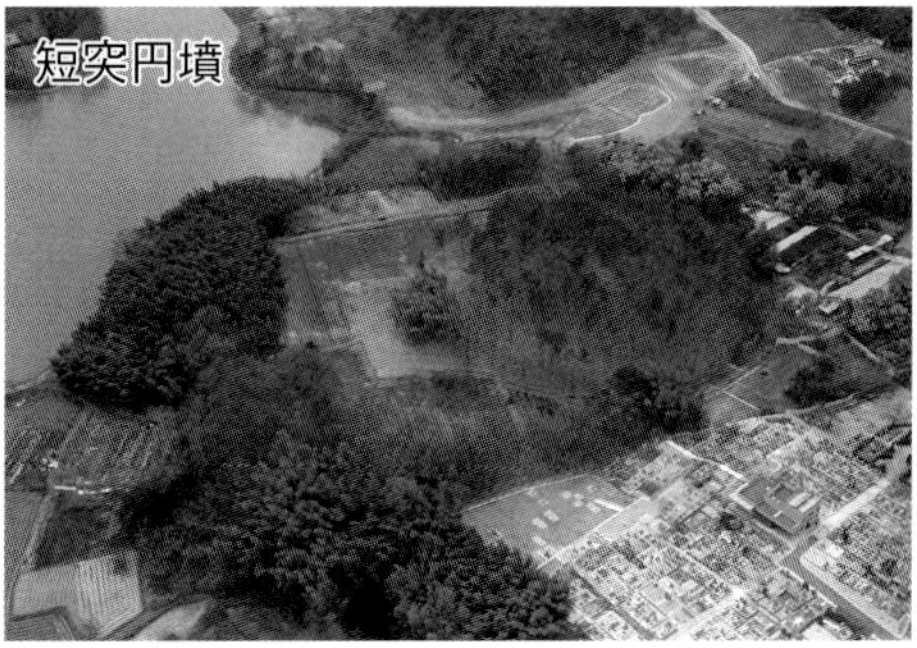

短突円墳は帆立貝式前方後円墳とよばれることが多いが、はたしてそうか。奈良県乙女山古墳は短突円墳の典型とされているが、方丘部は低平で、方丘部の短い長突円墳ではない。短突円墳は基本的には張り出しのある円墳の範疇に入る。

上円下方墳と八角形墳は長突円墳消滅後の王陵級墳墓の一つである。上円下方墳は奈良県石舞台古墳が最大である可能性があるが、確実には同県カラト古墳や静岡県清水柳北1号墳など、現存例は極めて少ない。八角形墳は天武・持統合葬陵や文武陵に比定されている中尾山古墳など王陵の可能性が高い。

豪族居館

京都府森山遺跡は居館を溝と柵で二重に囲む。方形に囲むものとしては最も古い発見。台状部は二段築成で、1m近い盛土をしている。

群馬県三ツ寺Ⅰ遺跡は川をつくりかえて中島に居館をつくる。防ぐによく、物資の流入にもよい。突堤がいくつかつくられ、まるで船着場のようだ。「三ツ寺」は「御津の館」である。

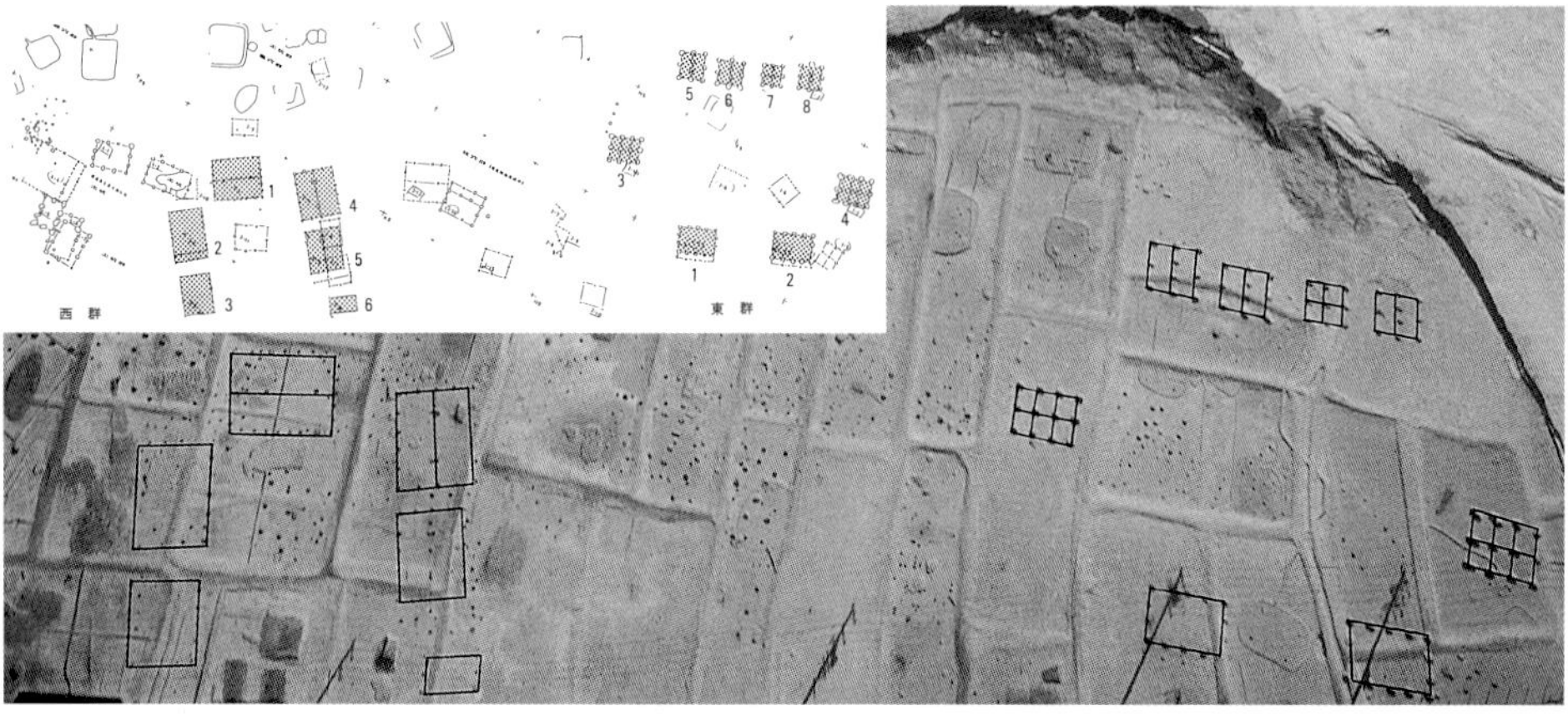

静岡県古新田遺跡（5世紀）は高床の住居と倉を一定の敷地内にもつ居館。西群は「祭・政」、東群は「財」の機能分離が行なわれていたか。

平屋（平地建物）と高屋（高床建物）

丸太を敷いて板をのせ、床をつくる。土間にワラを敷いて床とする。滋賀県穴太遺跡（6世紀）のイエの中は土間と板の間やワラの間に分かれる。

山形県西沼田遺跡では枕木のように材木を敷き並べ、イエの基礎をつくる。低湿地にムラをつくるときの工夫としてはスウェーデンのアルバストラ遺跡とそっくりだ。北国の木ノ国に共通する文化か。

木ノ国日本では、南ヨーロッパのようにイエの上屋が残っていることはほとんどない。火山礫が降りつづき屋根まで埋まってしまった。やがて屋根はくさり、黒いしみとなって白い礫の中に残る（上）。そして壁も立ちぐされてしまう（下）。（群馬県黒井峯遺跡）

豪族の居館を再現する。鏡に描かれた4世紀の居館は2階建て。ベランダに貴人が立つとき、衣笠がかけられた。

まつり（1）—住居の内と外

奈良県纒向遺跡の導水施設。3世紀の三輪山麓に木槽を連ね水を導く。“都市” 纒向の一画の浄水施設か。

6世紀の兵庫県河高遺跡では住居内で土人形などを使ったまつりを行なっている。

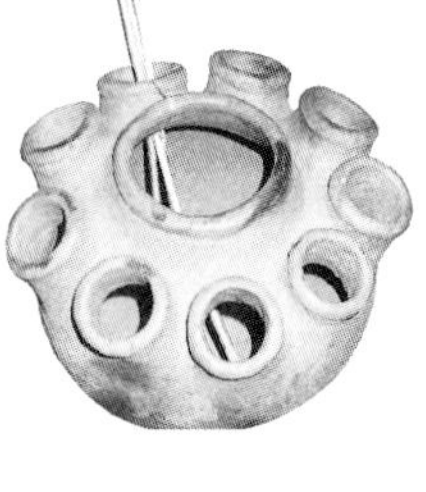

鳥取県上野遺跡の1つの穴の中に5つの口をもった壺が25個もおさめられていた（上）。アフリカの酒壺はそれぞれの口にストローを入れて共に飲む（右）。

滋賀県高月南遺跡は住居の一部に石が敷きつめられ、そこに祭具が集まる。木の枝に玉や鏡（有孔円板）を掛けて祭壇としたか。紡錘車が6個と多い。

まつり(2)―田・海・山・墓

群馬県畑脇遺跡では田の溝に滑石製祭具を入れた坏を置いて田の神をまつる。今、田の水口に御幣を立ててまつるのと気持は同じ。

琵琶湖に浮かぶ竹生島の社からは今も善男善女が祈りをこめてカワラケを放る（左）。淡路島南端の沖の島は、永く人が渡ってはいけない忌の島だった。瀬戸内海に面した香川県大浦浜遺跡ではミニチュアの船をつくって海神をまつる（下）。

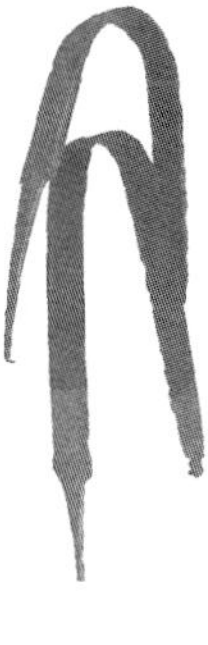

鉄刀・鉄剣をわざわざ折り曲げて墓におさめる（奈良県石光山古墳、左上）。類例はバイキング時代の北欧にも（ノルウェー出土、左下）、南インドの青銅器時代にもある。これとは別に、5世紀以降、多量副葬された刀剣（京都府恵解山古墳、右）は焼き入れをしていない明器（副葬用の器具）としての刀だ。古墳祭祀のために量産されたのであろう。

大和の三輪山の麓の大石のまわりから土と石でつくったミニチュア祭具が現われた（奈良県山の神遺跡）。中でも酒造具セットは他に例がない。酒もまた、まつりの場には欠かせない。

埴輪群—土と木

群馬県塚廻り４号墳の墳丘の一画に埴輪群像が立つ。坏を捧げる人、椅子に坐って坏を受ける貴人、大刀を持つ人、帽子をかぶる男子と飾り馬……。柩のまわりは大刀や盾や家が囲む。ある者は赤く、ある者は青く、装う。

奈良県四条古墳は一辺29mの方墳で、一辺の中央に造り出しがつき、二重周濠を持つ。内濠には埴輪とともに多量の「木の埴輪」があった。埴輪は人・馬・鶏・犬・猪・鹿と盾・靭・家などがあり、人物と動物の種類が揃っている点では近畿でも古い例である。

古墳周濠内から埴輪とともに多量の木製品が出土する例が増加しつつある。墳丘裾に立て並べられた木の盾や笠形が最も多く、まれに鳥や弓・刀などがある。四条古墳の笠形木製品には大中小があり、セットにして棒に刺し、三角縁神獣鏡の笠松形文様状に立て並べたようだ。山梨県銚子塚古墳では、円板の３孔に鳥を立て並べたらしい。

埴輪は窯で焼かれ、各古墳に供給される。同時にどれほどの埴輪が焼かれたのか明らかではないが、埼玉県生出塚埴輪窯では多くの埴輪人が立ったまま残されていた。

初期の人物埴輪と力士、弓取り埴輪

4世紀には家や衣笠などの様々な器財埴輪が墳丘に立て並べられ、神を象徴した。そこには、祀られる人も、祀る人々も一切登場しない。椅子はあっても坐るべき人は見えない。神像をつくらず、秘儀として進められていた神まつりに人が登場するのは5世紀後半、ワカタケル大王の頃である。神や王が眼前に登場することによって、古墳における王権継承儀礼は秘儀から現世へと変質した。大阪府蕃上山古墳の人物埴輪群は、その初期の1例である。

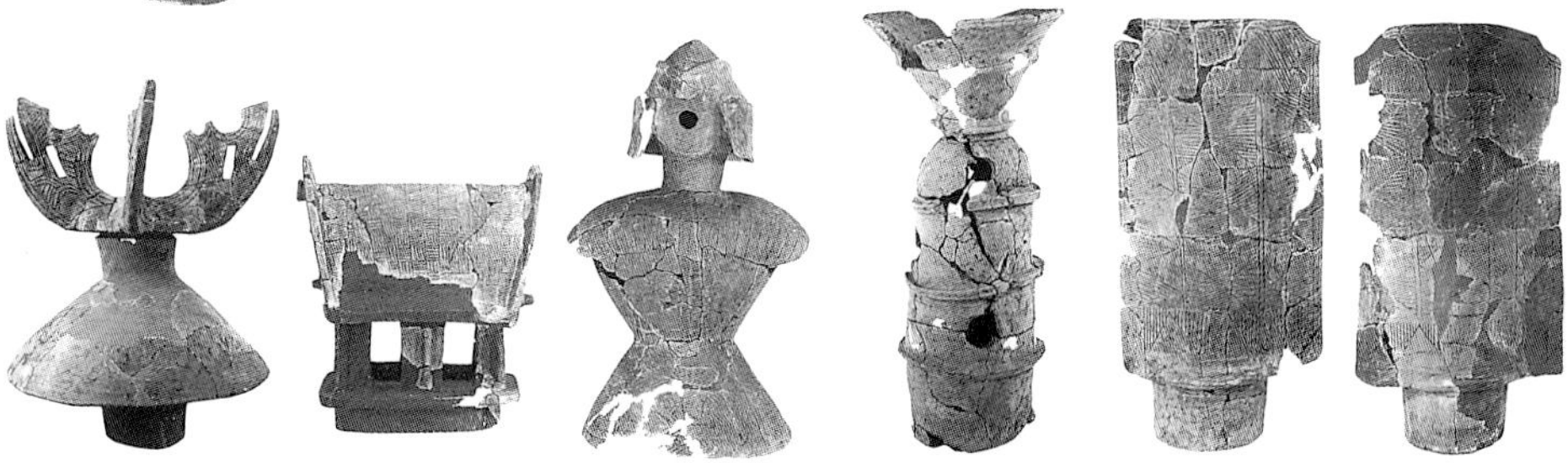

鳥取県長瀬高浜遺跡では砂丘の一画、約7～8mの範囲にL字状に約100個体の埴輪が集中していた。埴輪は古墳に立て並べるためにつくったと考えられている。ところがここは古墳ではない。なぜ古墳ではないところに、これほどの埴輪を置いたのか。5世紀後半に本来は墳丘上で行なわれていた王位継承の秘儀が、日本海をのぞむ砂丘で行なわれたのか。

高句麗舞踊塚には「上段の構え」をとる力士が描かれ、倭の埴輪群像の中にも構える力士像がある（福島県原山1号墳、和歌山県井辺八幡山古墳）。相撲はスポーツではなく、鎮魂のためであった。高句麗安岳3号墳には槍や刀を持つ一団があり、倭の埴輪には弓を持つ人々がある（滋賀県狐塚5号墳）。

東国の埴輪と民話

さきたま古墳群は5世紀後半から6世紀の長突円墳が連続し、形象埴輪群多量出土の片鱗がみえる。

丸柱で2階建て吹放ちの舞台と、そこで演じられたであろう弾琴、坏を捧げる女子は瓦塚古墳。稲荷山古墳の武人はいまや埼玉の顔。

「一崖の上に追いつめられた鹿。猟師が弓の弦を引きしぼったとき、鹿が振り返った。その大きな眼には涙があふれている。」（鹿は島根県平所遺跡出土、線刻画は奈良県荒蒔古墳出土埴輪）

山形県菅沢2号墳は径51～53mの東北最大の円墳。5世紀後半で、日本海側最北の埴輪を出土する。墳頂部には先王の魂の依代である家と威儀具である衣笠、甲冑と矢を入れる靫や盾などが立てられていた。

高句麗人と地方豪族

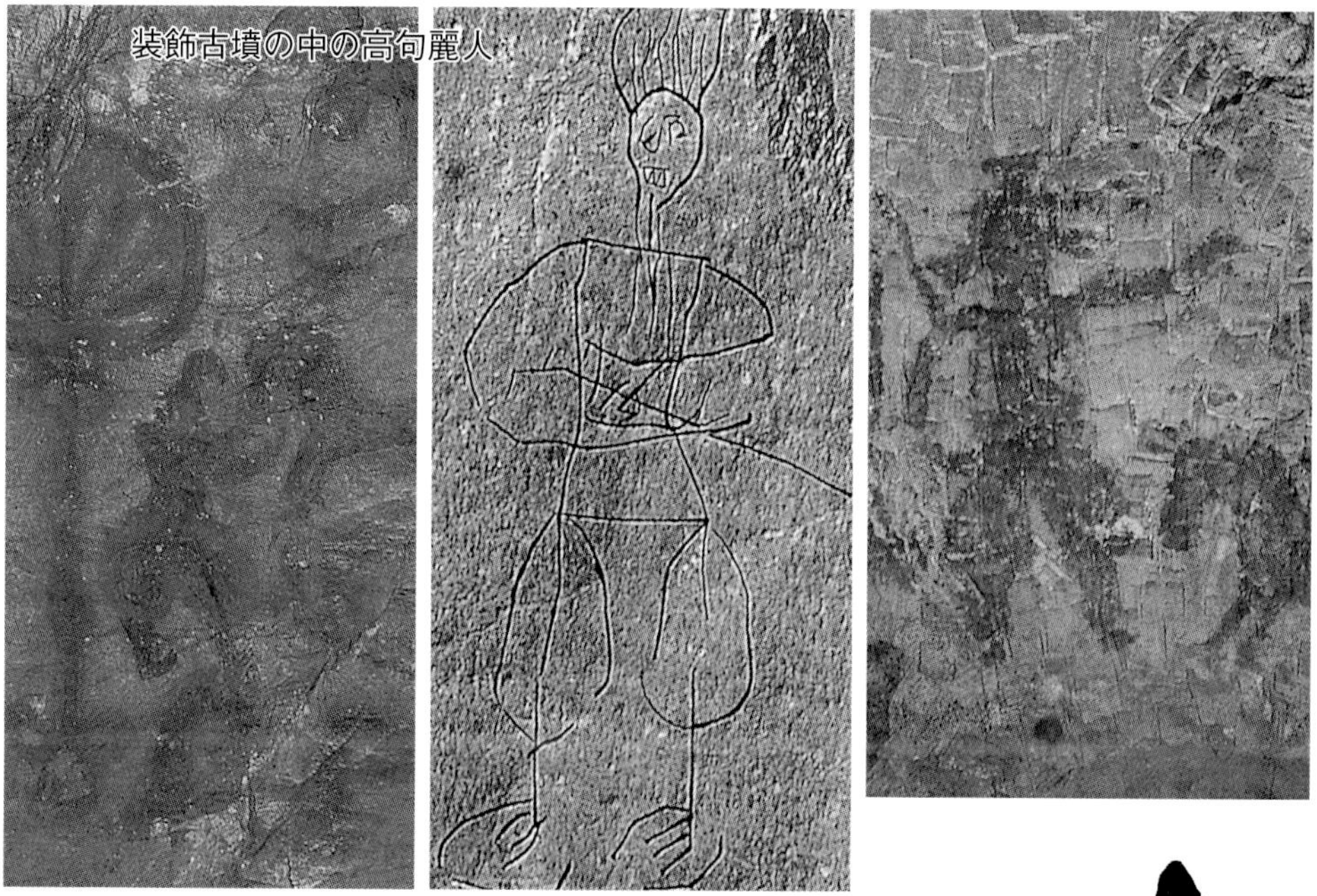

九州北部（福岡県竹原古墳、左）から東北南部（福島県清戸迫横穴、右）まで、“ふっくらズボン”の人物が古墳の中に立つ。その間には瀬戸内沿岸（宮が尾古墳）と大阪湾岸（高井田横穴）に同様の人物が立つ。馬をひいたり、船に乗って鉾を捧げたりするが、とくに刀を腰に手を組む姿（香川県宮が尾古墳、中央）は中国風の礼にかなうか。

上毛野の豪族の墓

群馬県綿貫観音山古墳は全長97mの長突円墳。円丘部には切石を積んだ全長12.65mの横穴石室がある。豊富な副葬品のうち、金銅製大帯やスパンコールは石室内の吊手鉤とともに奈良県藤ノ木古墳との共通性がつよい。４本の大刀の一つには双龍文様が銀象嵌されており、類例のない「蒙古冑」や金銅製水瓶などがある。（写真は大帯をしめ、合掌する男子埴輪、鉄製異形冑、大刀柄象嵌部分）

古墳と被葬者

筑紫国造・磐井の墓

筑紫君磐井は「生けりし時より墓墳を築いた」(『筑紫国風土記逸文』)。その墓墳は八女市岩戸山古墳であり、長突円墳である。「前方後円墳は大和政権が服属の証として築造を認めた」という学説は、筑紫君には適用できない。磐井は大和と戦った王であり、生前に長突円墳を造っていた。

男大迹大王(継体大王)の墓

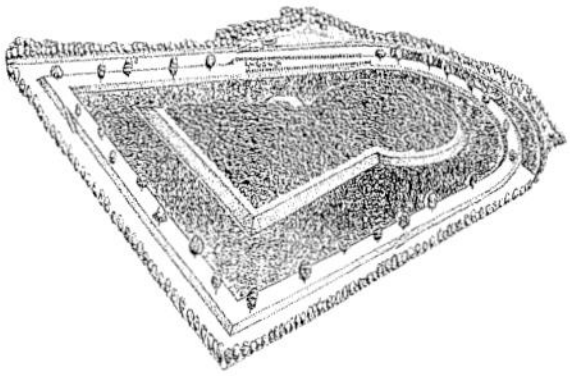

大阪府今城塚古墳は旧摂津国嶋上郡(高槻市)にある全長190mの長突円墳。隣接する嶋下郡(茨木市)には全長226mの太田茶臼山古墳(「継体天皇陵」)がある。今、高槻市教育委員会によって真の継体大王陵の調査が進行しつつある。(写真は今城塚古墳出土の武人埴輪、家形埴輪と墳丘イラスト図)

文武天皇陵

天皇陵は用明(587年崩御、以下同)、崇峻(592年)、推古(628年)と方墳が続き、舒明(641年)、天智(671年)、天武・持統(686年・702年)、文武(707年)と八角墳が継続する。このようにみると、蘇我馬子墓(626年)の石舞台古墳が上円下方墳であることは、天皇陵=八角墳への契機となりそうだ。(写真は奈良県中尾山古墳〈文武陵〉と同イラスト)

古墳時代を考える　目次

古墳時代を考える

序章　弥生から古墳へ

数百年続いた弥生時代の展開をうけ、古墳時代がはじまる。古墳時代の開始は、古墳、中でも前方後円墳の出現を指標とし、一部では「前方後円墳体制」が強調されている。しかし、私は「前方後円墳」という呼称はやめて「長突円墳」とすべきだと提案している。その理由は『邪馬台国の考古学』(1)に述べたが、簡単に言うと、(1)方丘部が「前」で、円丘部が「後」という考古学的根拠がないこと。むしろ、くびれ部から円丘部への墓道検出例（奈良県中山大塚古墳など）が増加し、側面観が重視されていること、(2)「前方部」は方形ではなく、むしろ三角形であることである。それに代えて、主丘部が円形か方形かを強調して、都出比呂志の弥生墳墓に対する呼称(2)を発展させ、図1のように提案したのである。

一、円形と方形

図2は二世紀の弥生後期から四世紀・古墳前期の西日本の住居型を一覧に

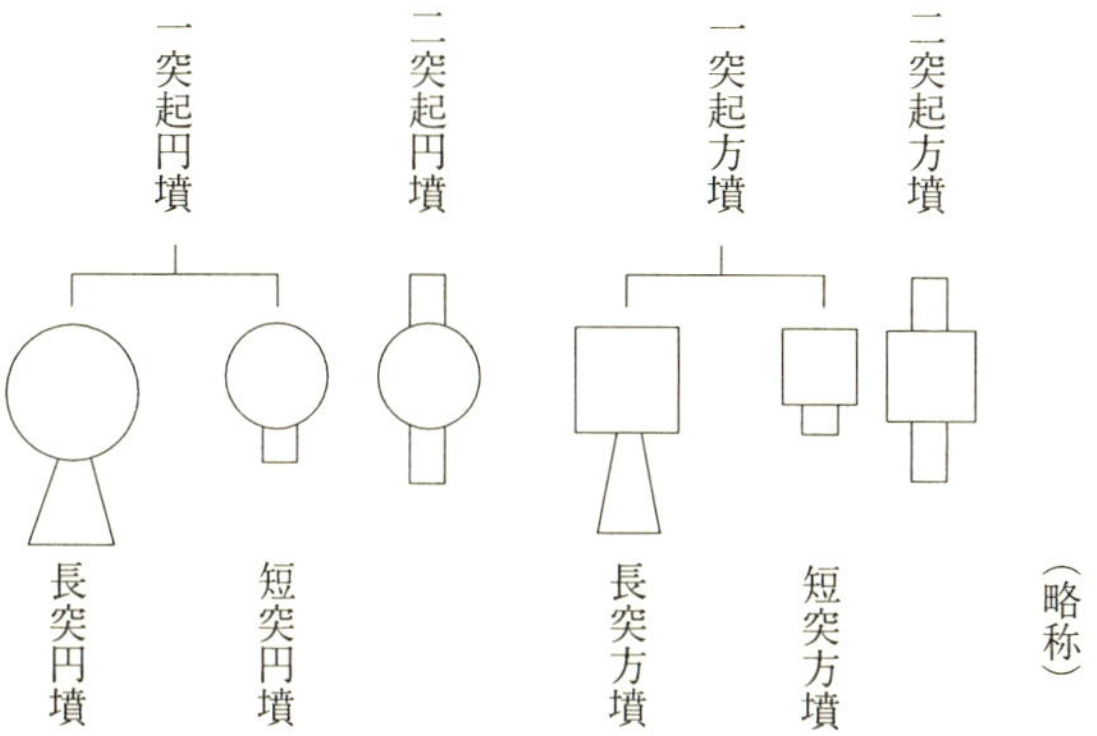

図1　古墳平面形態の新呼称

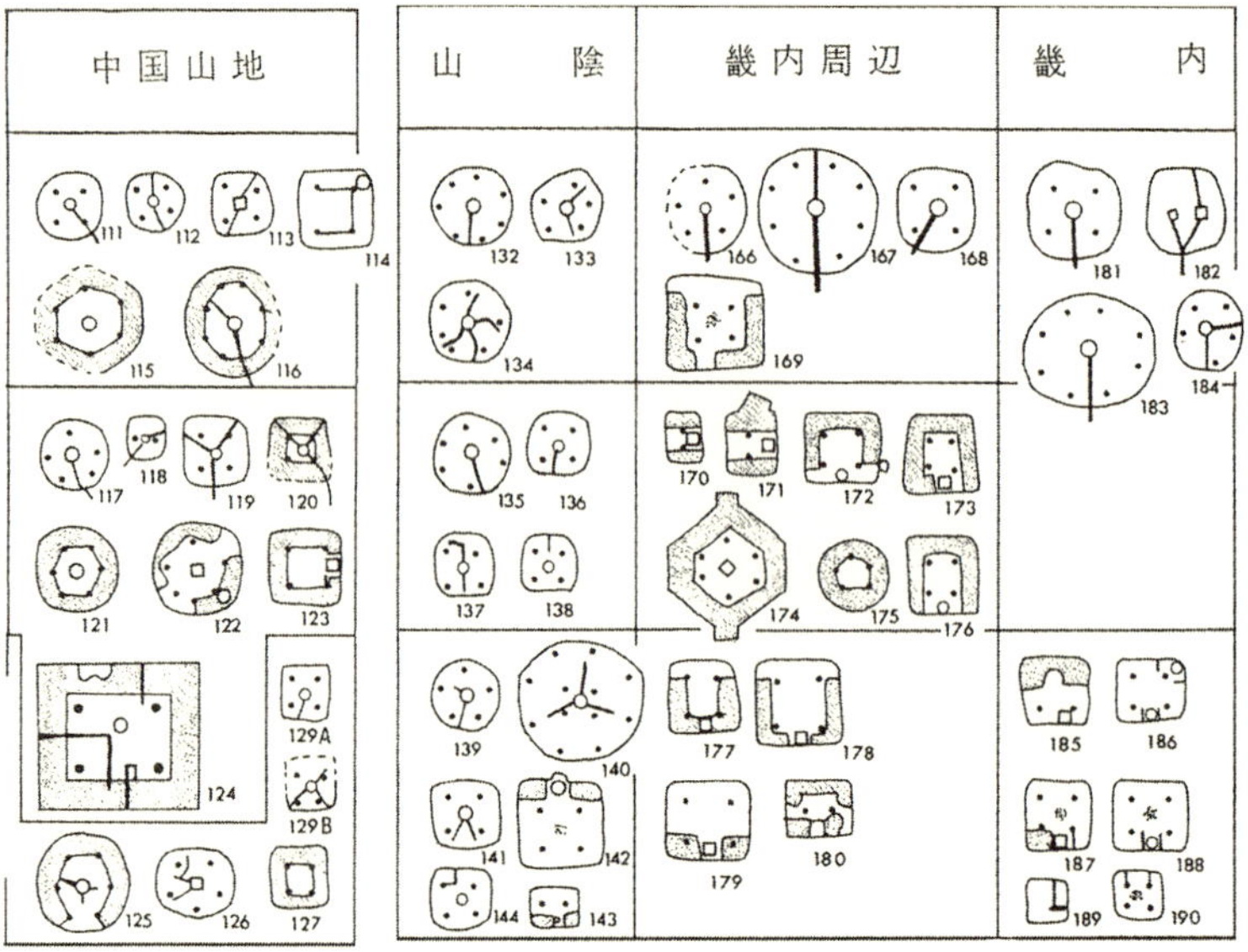

している。三世紀は近畿の庄内式期で、私は古墳早期としている。古墳早期は、弥生時代以来の葬送儀礼用具である特殊器台を使用している段階であり、岡山県楯築《たてつき》古墳から奈良県箸中山古墳（箸墓）までを含む。その後の行燈山古墳（「崇神陵」）や渋谷向山古墳（「景行陵」）は特殊器台祭祀を払拭しており、古墳前期に相当する。

古墳早期を住居型（図2）によって一覧すると、二世紀の北部九州は方形住居が主体で、ほかは円形住居に少数の方形住居が加わることがわかると思う。それが三世紀になると西日本全域は方形住居が主流となり、出雲・吉備に伝統的な円形住居が残る傾向が見てとれる。四世紀には方形化が一層進行するが、出雲・吉備と越《こし》には円形住居が続く。独自の伝統文化を保持する地域といえよう。

他方、図3によって、二・三世紀の西日本の地域をみてみると、近畿と北部九州は銅鐸と銅鉾という弥生祭具を持ち続けているのに対し、出雲・吉備と越は特殊器台や四隅突出型方形墓といった新たな葬送儀礼を

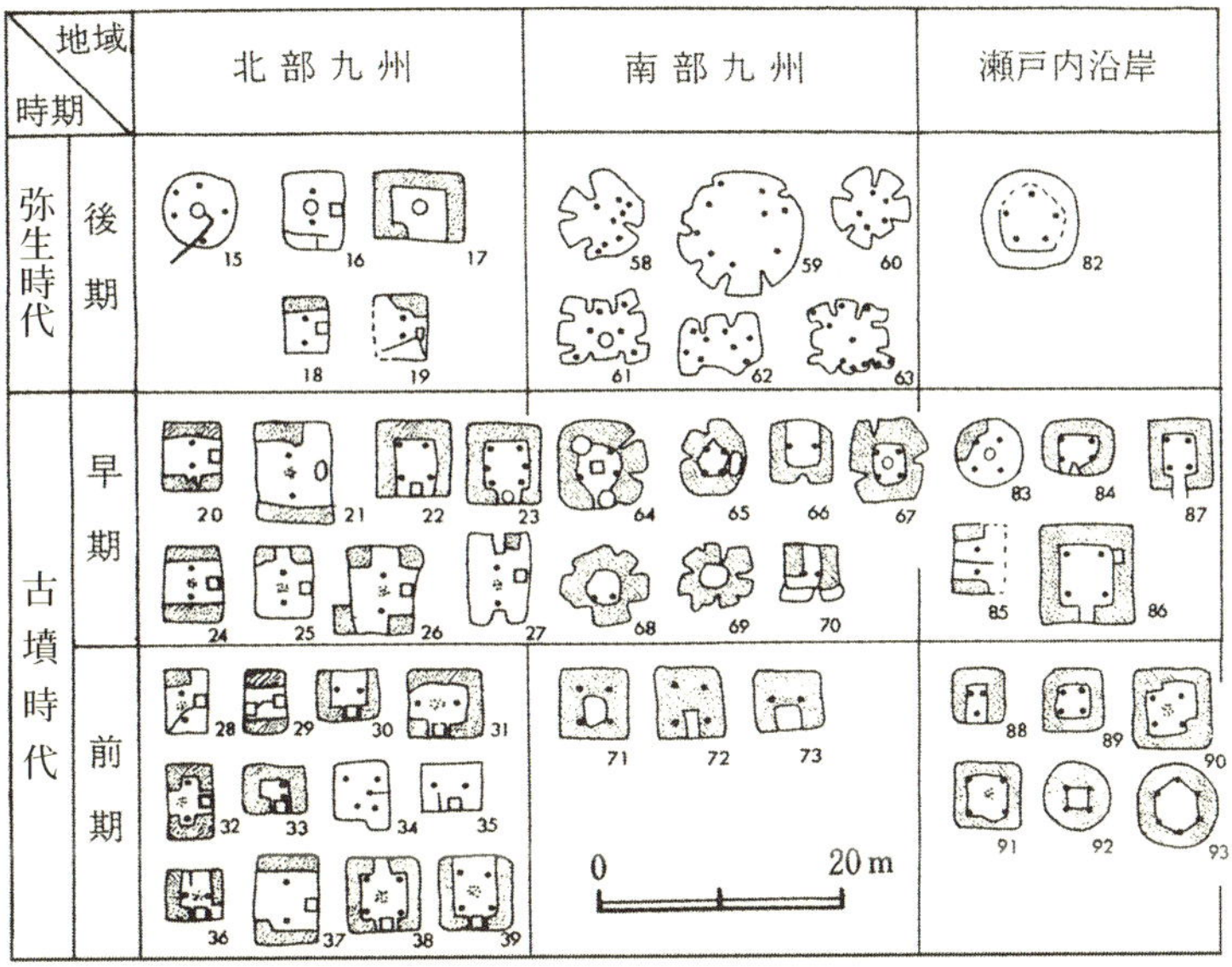

図2　2世紀の弥生後期から、4世紀・古墳前期の西日本住居型

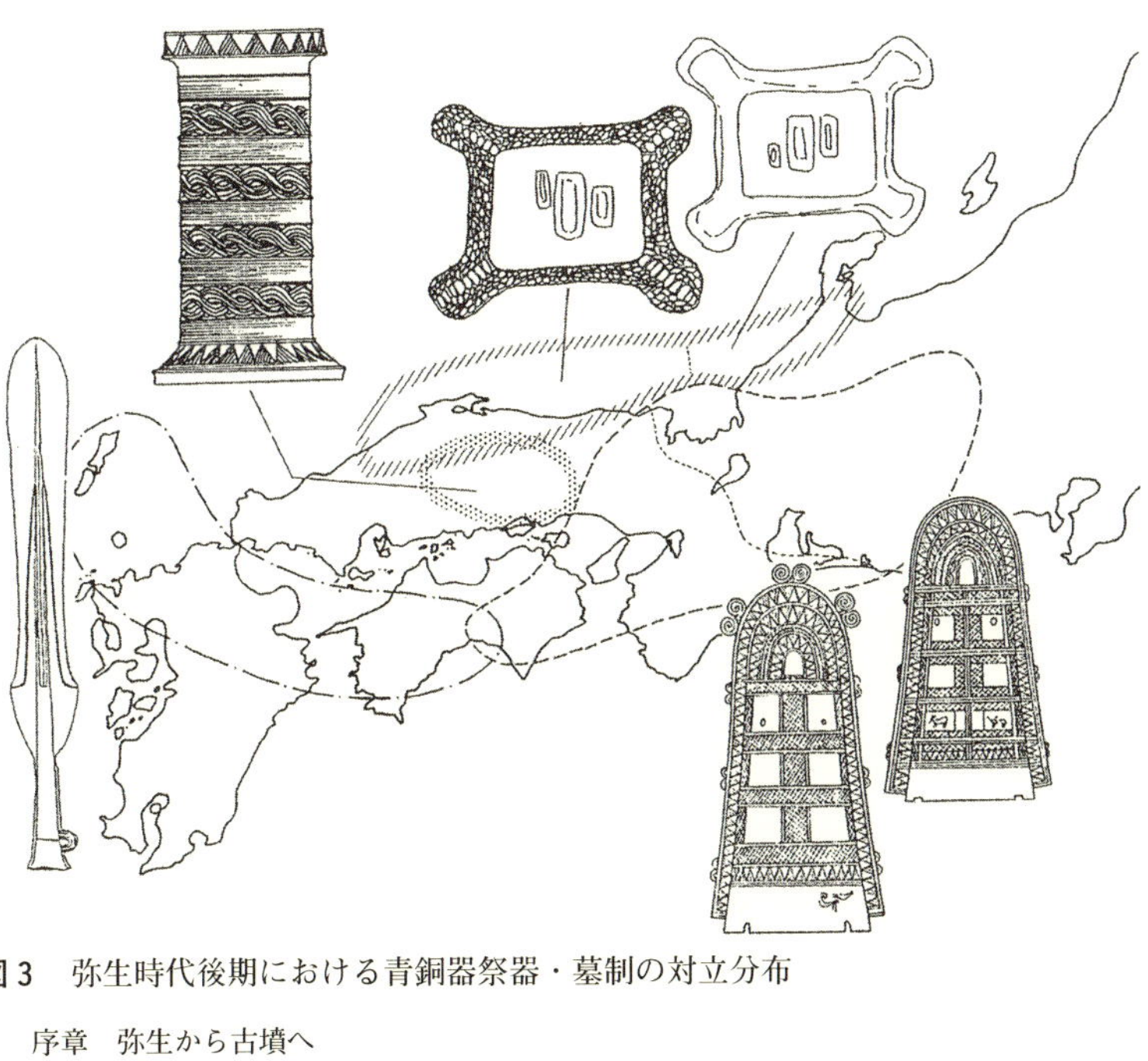

図3　弥生時代後期における青銅器祭器・墓制の対立分布

創造している。この時代、吉備では全長八〇メートルの二突起円丘墓（楯築古墳）が生まれている。
一方では伝統的な円形住居に住みつづけていながら、他方では、弥生的な祭具を放棄し、新たな祭祀を創造するという一見、矛盾しているような様相をみせるのである。三つの地域の特色ある動きのようにも思われる。

二、卑弥呼の建物

次に、おそらく二世紀末に女王として共立され、二四八年に死亡した卑弥呼の居館について考えてみよう。今、前一世紀から後二世紀の弥生大型建物はかなりわかってきたが、三世紀についてはよくわかっていない。そこで『魏志倭人伝』から想像したのが図4である。

卑弥呼は「宮室」で「鬼道」（新しい宗教）をよくし、私的には、「居処」に住まい「男子」一人が食事を運び、卑弥呼の「辞を伝え」るという。さらに卑弥呼には「婢千人」が仕え、兵が守衛している。「男弟」は政治担当であるから、別区画で、そのため女王になってからの卑弥呼を見た者は少ないだろうと思われる。

『魏志倭人伝』の記述をもとに想像した図4の建物配置と極めてよく似た墳墓配置が三世紀後半の滋賀県富波《とば》遺跡である。図5には全長四〇メートル前後の一突起方墳（前方後方墳）が二基、一つの長方形区画内に並列し、その間に小墳が介在する。生の世界と死の世界の違いはあるが、まさにピッタリである。ただし、富波遺跡については一部の調査をもとにした私の復元案である。

左側の一突起方墳と中間の古墳は全掘されているが、右側の一突起方墳は一部の調査だけである。滋賀県から岐阜県・愛知県は二・三世紀の一突起方墳の卓越地域であることは周知の通りであるが、その上、墓域全体を方形に区画する特性がある。例えば、滋賀県伊勢遺跡や愛知県西上免《にしじょうめん》遺跡などがそうで、富波遺跡も特例ではなく、このような

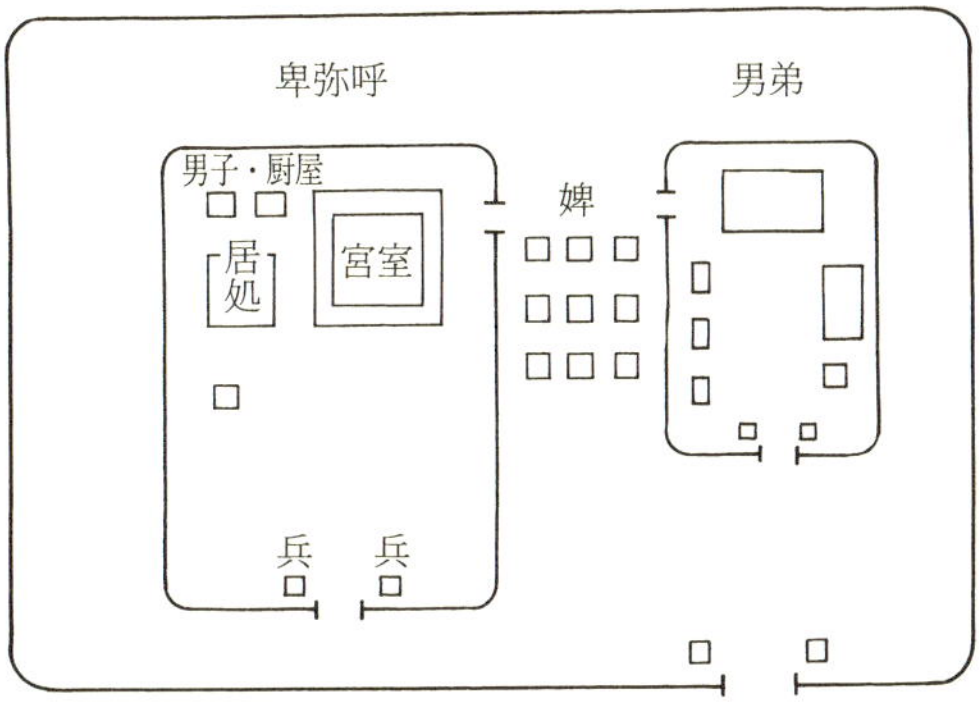

図4　卑弥呼の居館想定図

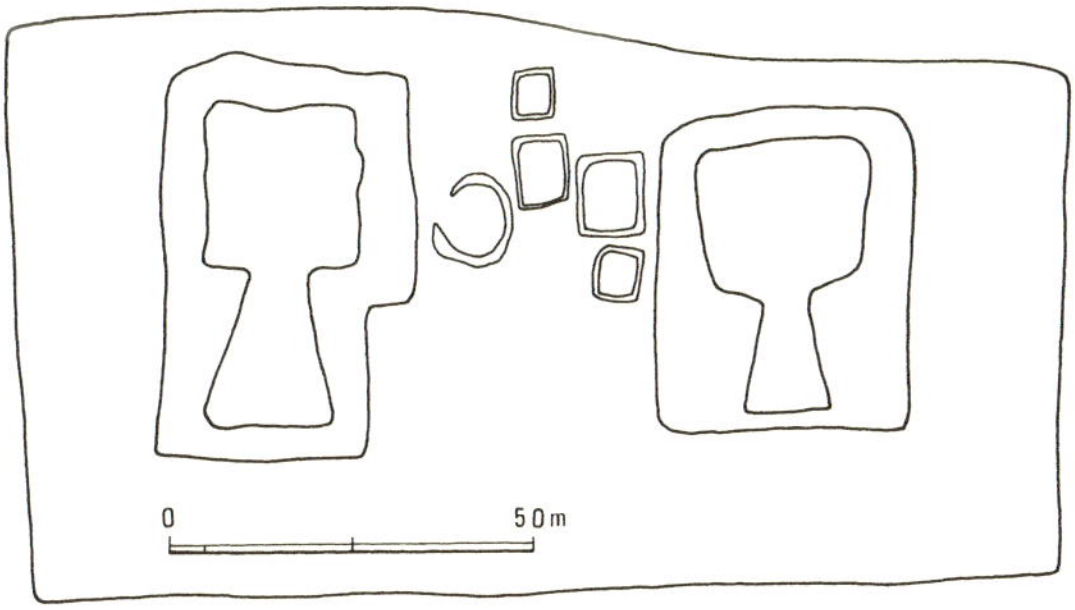

図5　長方形区画内に並列する墳墓（滋賀県富波遺跡、3世紀後半）

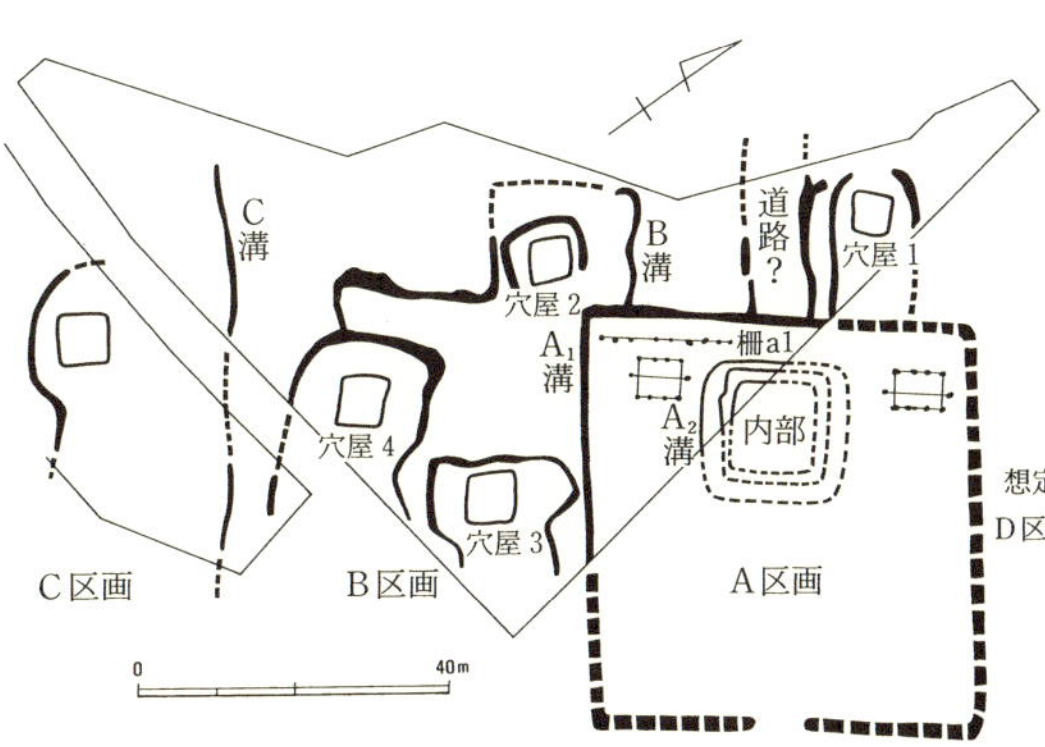

図6　3世紀の近畿の居館跡（大阪府尺度遺跡の想定復元）

流れの中にあり、したがって、私の卑弥呼居館復元案も多少の信憑性があると自画自賛している。

それにしても、考古資料の裏付けがなされなければ説得力がないわけで、一九九八年に大阪府文化財センターが尺度遺跡で三世紀の建物群を出してくれた(図6)。

これも私の復元案だが、最も魅力を感じたのはA区画である。一部だけの調査であるが、内部は三重の溝と柵で囲まれ、外部にも柵と溝がある。さらにA区画の外郭中心から北東に幅約一〇メートルの道が設けられているのも何か意味ありげである。道の先には、別の大きな区画があるのではないかと想像させてくれる。もし、そうであれば、私の卑弥呼居館復元案が横配置であるのに対し、縦配置の居館を想定することになる。

資料が少ない今は、両方の可能性を考えておいた方がいいだろう。佐賀県の吉野ヶ里遺跡や滋賀県の伊勢遺跡では、二世紀に一集落内に二つの中枢区画があることがわかっているので、三世紀の居館にも継承されているのだと思われる。つまり、三世紀の並列する二基の方形区画が発掘されても、そこが「女王の都とするところ」とは限定できないということである。

『魏志倭人伝』に描かれている卑弥呼の空間と男弟の空間は、別に邪馬台国だけのことではなく、二・三世紀、あるいは四世紀の日本列島各地で行なわれていた居館配置かもしれないのである。

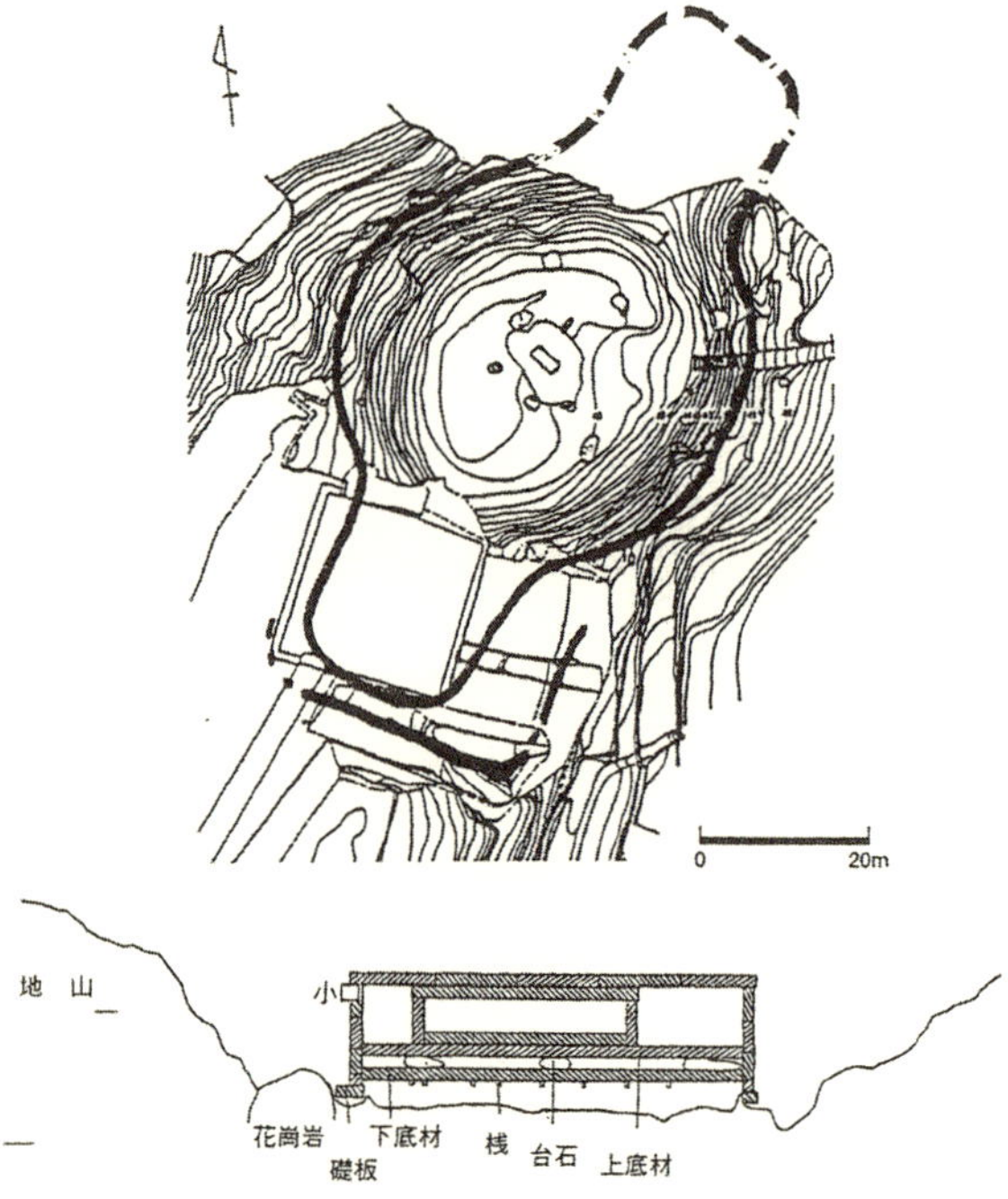

図7　岡山県倉敷市楯築古墳

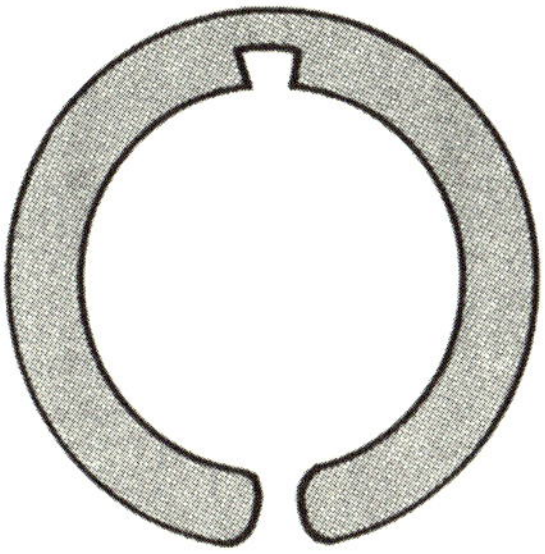

図8　兵庫県原田中遺跡の円形墓（模式図）

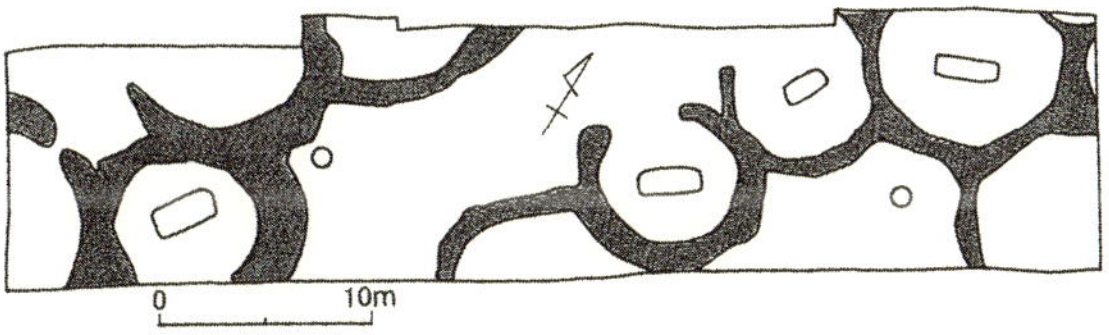

図9　神戸市深江北町遺跡の円形墓群

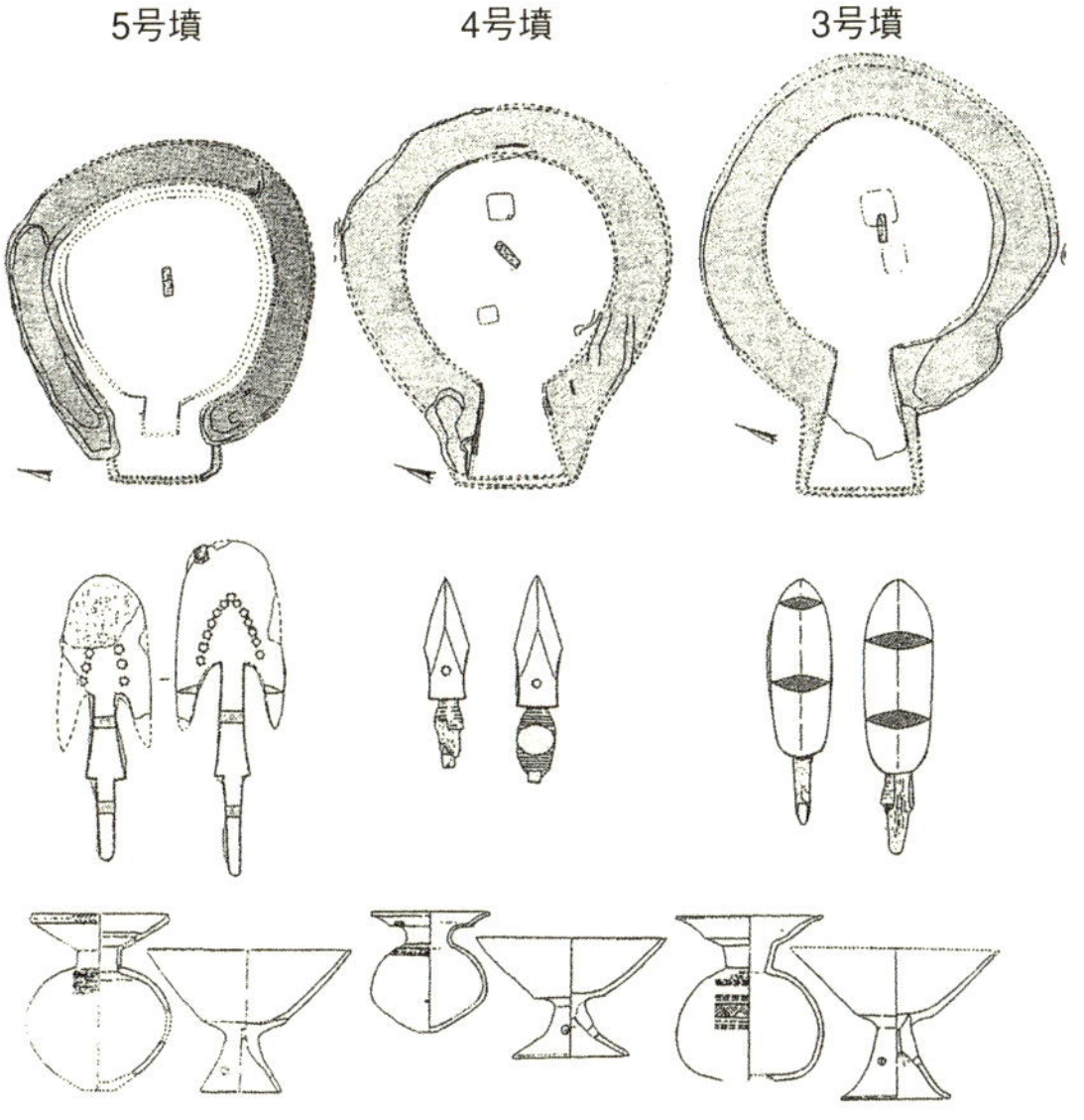

図10　上総の一突起円墳群（千葉県神門古墳群）

三、楯築の墓

そのへんのことを、お墓の方から考えてみたのが、図7〜11である。一般に弥生墳丘墓といわれる岡山県の楯築《たてつき》古墳は、二世紀後半に造営された全長八〇メートル余りの二突起円墳（双方中円墳）である（図7）。私は、『女王卑弥呼の祭政空間』(3)の中で、卑弥呼を女王に推薦した中心人物は楯築古墳の被葬者だと考えた。

その根拠は卑弥呼がどこの人物であったとしても、邪馬台国がどこにあったとしても、卑弥呼が登場する段階の最大の墓の主がともに女王を立てる時に黙ってはいないだろうと。当然、共立の主導者であろうと考えたわけである。なお、楯築古墳は卑弥呼や邪馬台国と一切関係ないとしても、とんでもない墓で、全長八〇メートルという隔絶した規模の二突起円形墳である。

弥生時代は日本列島全体が、方形墓の世界である。それなのに円形の大型墓が突然現われるということが極めて不自然である。その上、二重の棺構造=木槨墓の上に円礫を積み埴輪のルーツになる特殊器台を設置している。

さらに、棺内には三十数キロという朱が使われている。古墳時代の王墓には棺内に真っ赤な朱が使われるが、それを大量に使用する最初の例もこの楯築古墳である。二世紀後半の列島全体の中で重要な役割を果たしていた被葬者だと思われるのである。

四、丸い墓と四角い墓

その直後から近畿では円形集団墓が普及しはじめる(図9)。それ以前も円形墓はあるが、方形墓の中の少数派である。それが、この三世紀に入ってくると、小さい墓ではあるが、円形集団墓が出てくるという変化が起こってくるのである。

そういう変化は西日本だけではなくて東日本でもある(図10)。千葉県神門《ごうど》古墳群である。円形墓に突出部のつく五号墓から突出部が長大に整備される四号墳・三号墳への進展が明瞭にみてとれる。他方、同じ千葉県高部古墳群は一突起方形墓(前方後方墳)が二代続いて造られ、銅鏡が副葬されている(図11)。円形墓と方形墓のせめぎ合いが始まっているのである。

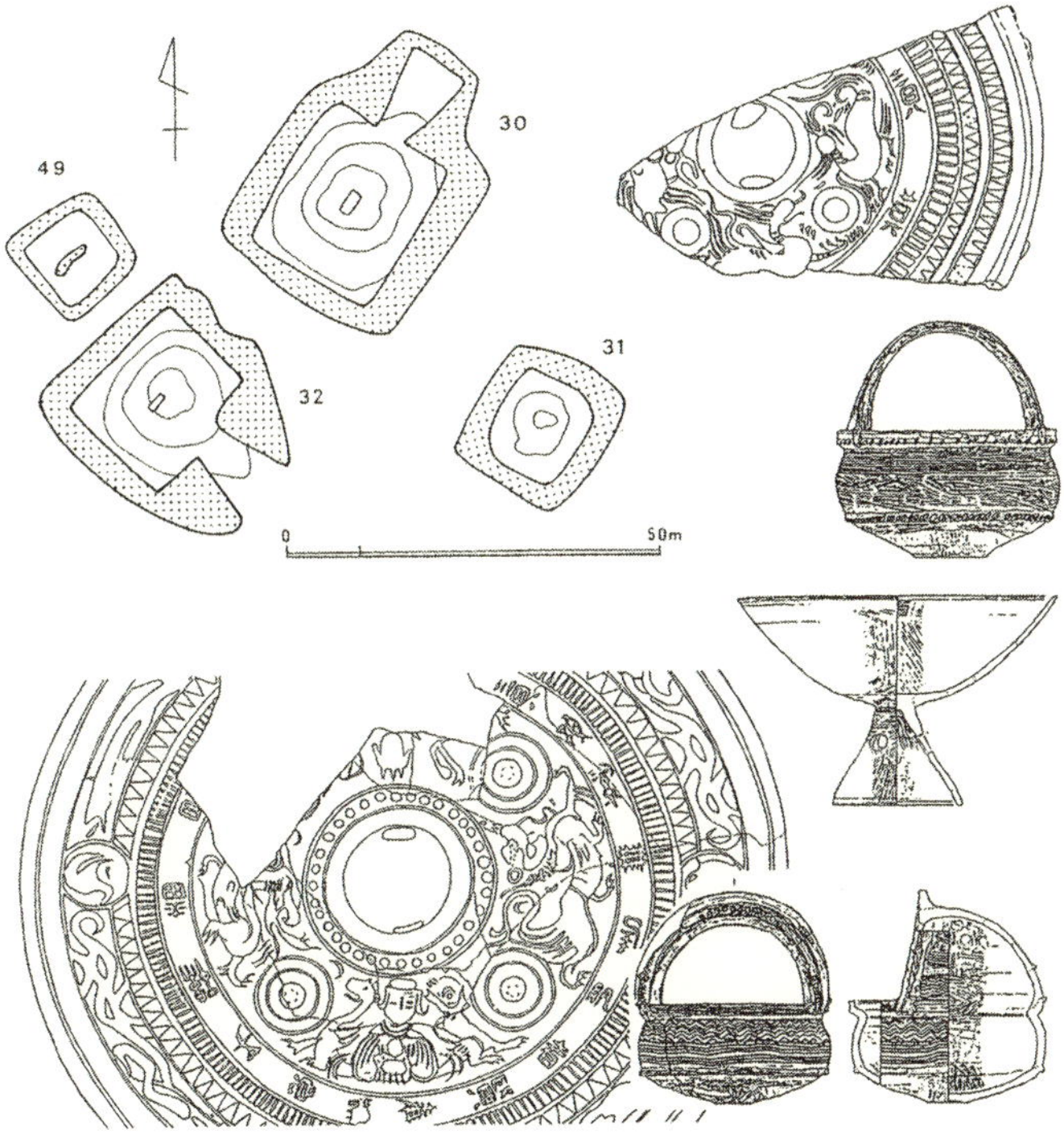

図11　上総の長突方墳群（千葉県高部古墳群）

五、巨大墓の出現過程

よく古墳時代の始まりは奈良県箸中山古墳（箸墓）で、全長二八〇メートルの巨大墳であるということが多くの人によって注目されている。その築造時期を最近、二六〇年頃に当てる研究者が増えてきているが、共伴している土器はそんなに古いものではない。宮内庁所蔵の墳頂部の土器や、前方部南側周濠の土器群は、纒向３式新＝同４類＝布留０式で三世紀第四半期である（図12）。

図13の加美一号墓は弥生時代で近畿最大の方形墓で長辺二八メートルである。三世紀初頭の纒向石塚古墳は全長九三メートルの一突起円形墓であり、加美一号墓の約三倍、箸中山古墳は纒向石塚古墳の約三倍である。

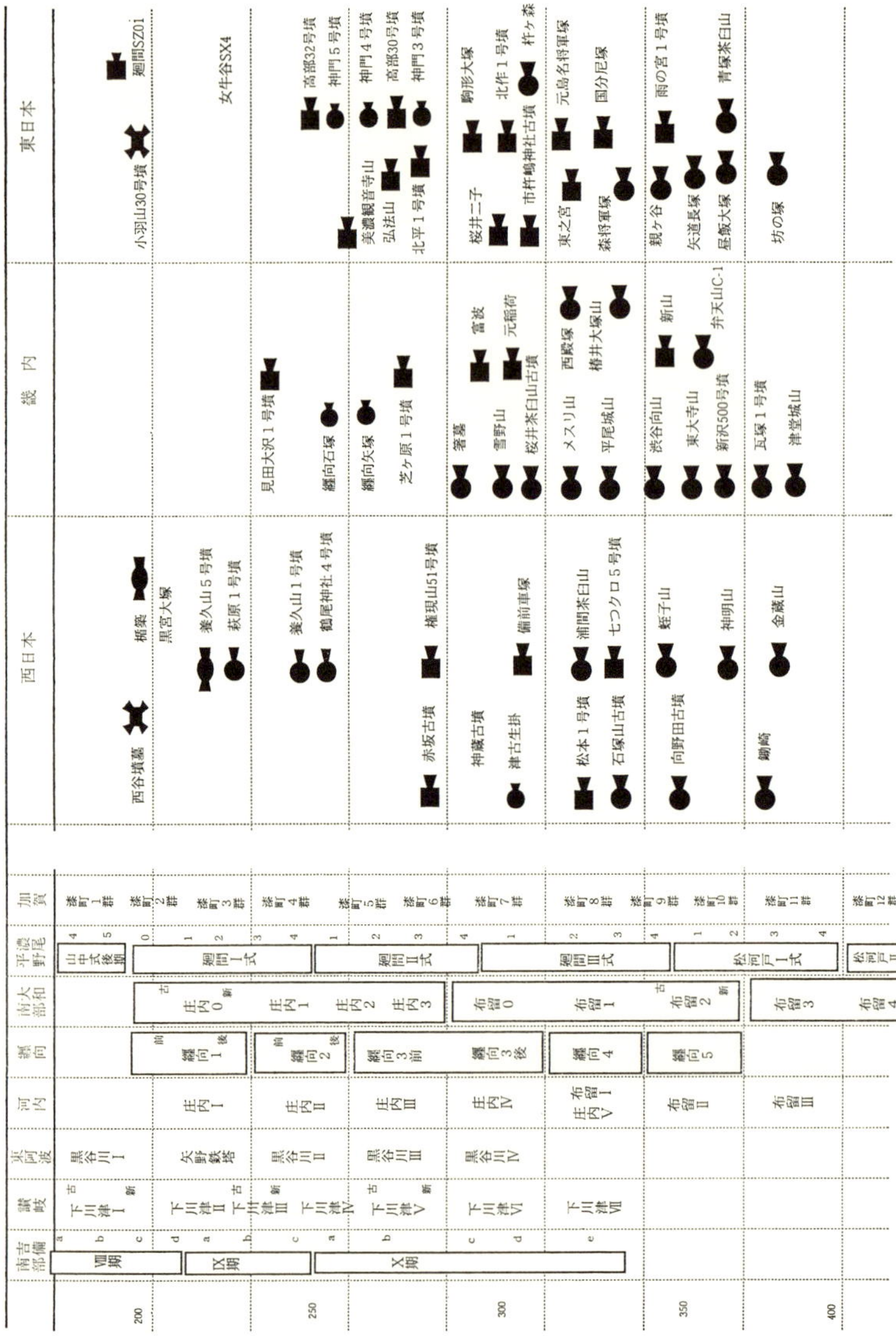

図12　土器編年と早・前期古墳

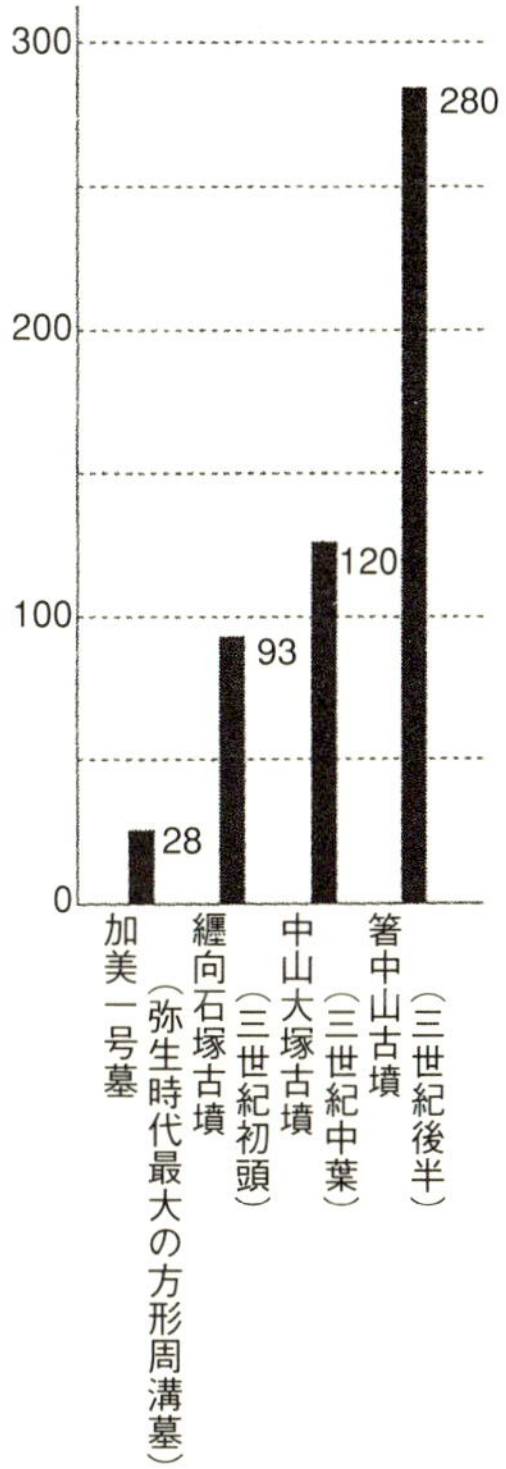

図13　近畿地方の墳丘の長軸（長辺）比較（単位：m）

平均一〇メートル前後、最大級でも三〇メートルの方形墓の世界に、一〇〇メートル近い円形墓が出現した驚きは大変だったろうと思われる。その時、箸中山古墳は世の中に存在しないのだから。

その驚きを無視して、九〇メートルに対して二八〇メートルだけの驚きを強調するのは片手落ちだと私は主張している。箸中山に対する驚きと同様の驚きを、それよりも数十年前にあったということをこのグラフで見ていただけたらと思う。

註

（1）石野博信『邪馬台国の考古学』吉川弘文館、二〇〇一年
（2）都出比呂志『古代国家はこうして生まれた』角川書店、一九九八年
（3）石野博信『女王卑弥呼の祭政空間』恒星出版、二〇〇二年

第一章　古墳時代を語る

古墳時代の研究は、浜田耕作による近代考古学の開始とともにはじまった。梅原末治、末永雅雄、小林行雄がその実践者であり、三者三様の役割をはたした。

江戸時代以来の古墳研究は、古墳時代研究とはほど遠い。幕末の尊王思想の勃興がその契機であり、皇陵探索が中心であった。水戸光圀による学問的意図をもった古墳発掘は、突発的であり、その後の学史に生かされていない。

大正年間から昭和二〇年以前に進められた高橋健自や後藤守一による「博物館考古学」は、古墳出土遺物の集成的研究であり、古墳時代研究の基礎を形成した。

一、古墳時代とは

古墳時代とは、古墳が時代の象徴となり得ていた時代である。言い換えれば、古墳が権威の象徴となり得ていた時代であり、墓地で首長権継承儀礼を象徴していた時代ということもできる。

古墳時代の前は弥生時代であり、後は飛鳥・奈良時代へと継続する。弥生時代は、水稲農耕と金属器の製作・使用によって特徴づけられている。両者とも古墳時代に発展的に継承されており、二つの時代の生産基盤は大きく変わらない。両者の差は、墓が時代の象徴となり得ているか否かにある。近年、佐賀県吉野ヶ里遺跡などで全長四〇メートルをこえる前一世紀の大型墓が確認され、三世紀の京都府黒田古墳には「弥生の前方後円形墳丘墓」という用語さえ使用されるようになった。前方後円形の墳丘を持つ墓を前方後円墳と呼称しようという永年の「常識」に疑義を持つ研究者が現われ、前方後円形墳丘墓と「前方後円墳」は区別すべきであると言う。古墳時代の象徴である「前方後円墳」と共通の墳丘墓が前代の弥生時代に存在するのであれば、弥生時代の呼称を廃止して古墳時代と呼ぶか、墓の性格の差を小異と見れば、古墳時代の呼称を廃止し、弥生時代と呼ぶべきであろう。一つの立場は、従来縄文土器と認識されていた土器の時期に、主要な生業の一つとして水稲農耕が確認されれば、「縄文水田」などとは呼称せず、弥生時代に含めて考えるのと同じ立場である。つまり、「前方後円形墳丘墓」即、「前方後円墳」であり、「前方後円墳」の時代、古墳時代と考える。この立場では、古墳時代は、現在、最古の「前方後円墳」である二世紀(吉備の弥生後期中葉)の岡山市矢藤治山《やとうじやま》古墳から始まり、七世紀前半の埼玉県小見真観寺《おみしんかんじ》古墳まで続く。大王墓では奈良県箸中山古墳から「敏達天皇陵」か一代前の奈良県見瀬丸山古墳(欽明天皇陵)であろう。

もう一つは、古墳時代を「前方後円墳」で首長権継承儀礼が行なわれた時代に限定する立場がある。私はかつて、文献史学の成果をもとに次のように述べたことがある(1)。

> 記・紀などの文献資料によると王位継承儀礼として殯は六世紀前半にはじまる。そうすると、六世紀の古墳はもはや王位継承儀礼の場ではないのであり、事実として各地に六世紀の前方後円墳が築造されていようとも、六世紀を古墳時代と呼ぶことはできないことになる。

〝事実として「前方後円墳」が存在しても、古墳時代とよべない〟という趣旨は、古墳出現期の「前方後円形墳丘墓」を「前方後円墳」と区別しようとする立場と共通するかもしれない。現象としては、類似する「前方後円形墳丘墓」であっても、はたしている機能に質的な差を認める立場である。両者の〝質的な差〟は二・三世紀には認めて六・七世紀には認めない立場も、六・七世紀には認めて二・三世紀には認めない立場も、それぞれ首尾一貫しない。

　考古学的に古墳における首長権継承儀礼の有無を検証する方法を確立しなければならないが、今、私は文献資料を根拠に、女王卑弥呼が新しい宗教「鬼道」によって統治をはじめた西暦一九〇年頃からワカタケル大王(雄略天皇)の五世紀後半までを古墳時代と考えておきたい。新しい時代への胎動を、次の時代の草創期と位置づければ、六世紀前半、継体朝以降はプレ律令期と認識することになる。同じように、「纒向型前方後円墳」(2)などが点的に拡まる二・三世紀、卑弥呼・台与《とよ》の治世は、古墳時代早期であり、より広く、面的に拡散する四世紀、「崇神、景行朝」期が従来の古墳時代前期に当たる。

二、住居と集落

古墳時代の住居・集落の研究は、後藤守一による穴屋(竪穴住居跡)の集成(3)にはじまり、和島誠一による集落研究(4)を経て、現在の豪族居館を中心とする階層社会究明へと進んでいる。

　はじめに穴屋が注意されたのは北海道であった。北海道や東北北部では、穴屋が現地表面で凹穴として識別できるので、一八九〇年頃(明治二〇年代)には穴居跡としてとりあげられていた。一九〇〇年(明治三三年)にはマンロウによって関東ではじめて穴屋が発見されたが学界は注目せず、穴屋の南限は岩手県あたりと考えられていた。一九二五年頃(大正末年)には関東の穴屋発掘例は増加し、一九四〇年(昭和一五年)には後藤守一による集成が行なわれたが、近畿以西での確認はさらに遅れる。

　近畿では、一九四九年(昭和二四年)山根武による兵庫県タツケ平遺跡の穴屋発掘を嚆矢とし、一九五七年(昭和三二年)の大阪府天神山遺跡以降ようやく穴屋が検出されるようになった。九州での早い調査例である熊本県下前原遺跡は奇しくも天神山遺跡と同年である。

その後、経済の高度成長とともに開発に伴う調査によって住居跡は飛躍的に増加し、一九七五年(昭和五〇年)の石野の全国集成のあと、集成不可能なほどの数量となっている。

そのような中で、一九八一年(昭和五六年)の群馬県三ツ寺I遺跡における五世紀の豪族居館発見は、以後の集落研究に一つの定点を与えた。定点とは、一定地域の、一定階層者の居館とそれをとりまく一般集落であり、従来の集落論をこえて、政治・経済・社会の各分野を包括する地域構成論が展開できるようになった。小笠原好彦による首長層居宅の整理(5)、橋本博文による居館と長突円墳の対比(6)、石野の集落と豪族居館・総論(7)などはその先駆けとなるものであろう。

なお、一九九一年に岩崎直也が主唱して実施した『弥生時代の掘立柱建物』(8)は、弥生時代に平屋(平地建物)と高屋(高床建物)の建物群があることを検証しただけではなく、古墳時代の豪族居館に先行する「弥生の家地」が存在することと、その系譜が古墳時代に継続することを示唆する大会であった。石野が「総論」(7)の中で、四世紀の集落内の居館とした静岡県大平遺跡はその延長上にあるものであろう。

三、生産と流通

(一) 水稲耕作と畑作

日中戦争から太平洋戦争へと続いた永い戦争時代の末期、一九四三年(昭和一八年)に静岡市登呂遺跡ではじめて水田の畦畔や水路がみつかった。一九四七年(昭和二二年)の登呂遺跡再調査を契機として、日本考古学協会が結成されるが、水田遺構が続々と検出されるようになったのは、一九七三年(昭和四八年)の群馬県大八木遺跡の調査以降である。今、東北北部から九州に至る平地の調査では、弥生・古墳時代の水田遺構の存在が予測されるようになったが、食料生産の中でのコメの比率は明らかではない。

一九六八年(昭和四三年)、杉原荘介は登呂遺跡水田跡のコメの生産量を推定した(9)。登呂遺跡は約二万坪、坪当たり収穫量〇・五升として約一万升。

住居数一二軒、人口推定六〇~九〇人。一人当たりコメ消費量一日平均三合として一年で一〇〇升。したがって、年間全人口で六〇〇〇~九〇〇〇升。

杉原の推計によれば、弥生後期の登呂の人々はコメによって十分生活できたのであり、その上に、年間一〇〇〇~四〇〇〇升の余剰稲を、鉄をはじめ銅釧やガラス玉を入手するための「交換物資」に当てた、とした。これは、柳田国男が提起した「稲と日本人」というテーゼに合致しているが、それに対し民俗学の坪井洋文(10)、中世史の網野善彦(11)、文化人類学の佐々木高明(12)などからコメ中心史観へ批判が出された。各氏とも、水稲農耕に対する非水稲農耕、つまり畑作を強調されている。コメへの依存度よりも、粟、稗、麦、豆などの雑穀類やイモなどの畑作物を重視する。

近年、古墳時代の畑跡の検出例が増加しており、四世紀の群馬県熊野堂遺跡をはじめ六・七世紀に及ぶ。ただし、畑作物の同定は難しく、さきの各分野からの疑問に十分には答えられない。しかし、プラントオパール分析によって畑から稲が検出された例が群馬県の有馬遺跡や黒井峯遺跡にあり、畑即雑穀でないことを教えている。さらに有馬条里遺跡では、六世紀初頭には扇状地上には畑、扇端低地には水田と地形に合わせて田畑がともにつくられていたのに、六世紀中葉になると河川を付け替えて広い扇状地上をすべて水田化している。

古墳時代に当然畑はあるけれども、水田指向であることを示す事実であろう。今後、畑跡の積極的な調査と畑作物を特定することによって、地域と時期による日本農耕文化の具体的な姿を描かなければならない(13)。

(二) 狩猟と漁撈

古墳時代の狩猟は、シカ、イノシシを中心とする弥生時代の狩猟と基本的には変わらないと言われている(14)。しかし、古墳時代の農耕民の狩猟は、「狩猟生産を目的とする行為というよりは、農耕民がその収穫をより豊かにするため」(15)の狩猟である。このことは、『播磨国風土記』賀毛郡の条の「吾は穴《しし》の血をもちて佃《たつく》る」という記載や、同書、讃容郡の条の「生ける鹿を捕り臥せて、その腹を割きて、その血に稲種まき、よりて一夜ほどに、苗生ひき」という記載に認められる農耕と動物供儀の関係へと導く(16)。これらの行為は、静岡県道場田・小川城遺跡の五世紀後半の用水路沿いに埋めこまれていた須恵器坏や滑石製臼玉(17)と同じように、水田地域で行なわれていた可能性が考えられる。

これら農耕民による狩猟とは別に、狩猟埴輪群から大王の狩猟が明らかにされつつある。五世紀後半の奈良県四条古墳(18)や六世紀前半の大阪府昼神車塚古墳(19)には、(王の)馬を曳く人、(王の)弓を持つ人、追う犬、追われる猪、追いつめられて振り返る鹿、手をあげて構える力士などの埴輪群がある。美術史の井本英一によると、「狩猟は死の状態から再生する際の儀礼」であり、「墓内での狩猟、殺害のモチーフは、再生を予定しての行為である」という(20)。そうすると、狩猟埴輪群は再生のための儀礼であり、王の狩は「殺害される動物の魂が死者に移転することを願った」行為であろうか(21)。民による農耕のための狩猟と王による再生のための狩猟がはたして存在したのか、古墳時代の狩猟の新しいテーマである。

弥生時代の漁村を注視したのは江藤千万樹であった(22)。古墳時代の漁業については古墳出土の漁具が研究の中心であった。近年ようやく、民俗学の高桑守による「沖合やときには外洋を漁場とし、釣漁法や刺突漁法に習熟した海民漁業と、地先海域を漁場とする網漁業を専らとする農民漁業」の区別が考古学に適用されるようになった。大野左千夫は考古資料を検討し、両系漁民が古墳前期までは併存し、以後、解体することを指摘した(23)。五世紀以降の海民は、宗像・沖ノ島祭祀に象徴される遠洋航海や森浩一が強調する潟湖などの港湾整備にともない航海民へと転進したのだろうか。

(三) 塩と鉄

一九五三年(昭和二八年)以来の近藤義郎らによる調査によって、「謎の師楽式土器」が製塩土器であることが立証(24)されてから五十数年を経過する。その後、近藤による幾多の論考と資料集成によって、土器製塩と製塩集団の実態が明らかにされてきた(25)。

最初に調査された香川県喜兵衛島遺跡は、周囲二・三キロの小島で、四つある浜のすべてに製塩遺跡がある。島には、六世紀初頭以降一五基の古墳がつくられており、うち六基に製塩土器が副葬されていて、製塩集団の古墳であることが検証された。製塩土器を副葬する古墳は岡山・香川両県の備讃瀬戸の島々だけではなく、広島県や和歌山県の瀬戸内各地と愛知県や福井県に及ぶ。これらの古墳には、〝六世紀後半の横穴式石室をもつ小円墳〟という共通性がある。製塩集団は、長突円墳の被葬者階層ではなく、漁民に多い箱式石棺階層でもなく、小円墳・横穴石室階層であった(26)。六世紀後半に、広島県から愛知県に及ぶ広範囲に、製塩土器副葬古墳にこのような共通性が認められることは、国家による職業集団の律令的編制がこの段階に進められていたことを示すものであろう。

列島内で鉄生産はいつから行なわれたのか。王権形成に、鉄はどのようにかかわったのか。鉄は古墳時代史の重要課題の一つである。

鉄器の使用は弥生時代早期に始まり、鉄器の加工(鍛冶)は福岡県須玖遺跡の鉄滓によって弥生時代中期前半に始まるという(27)。鉄素材の供給は、魏志韓伝弁辰条の記載から伽耶地域と推定されており、その傾向は古墳時代前・中期に継続すると考えられている(28)。四・五世紀の畿内の古墳に多量の武器・武具が副葬され、また、多量の鉄素材が蓄積されているのに、工房については鉄滓やフイゴ羽口が断片的に知られている程度であった。そのような中で、大阪府大県遺跡と大県南遺跡での四五〇キロをこえる鉄滓群と工房関連遺物の出土は、まさに畿内豪族による「鉄工」の一端を現わしたと言える。花田勝広による大県鉄工房群の復原(29)はつぎのとおりである。

大県遺跡は、東西二五〇×南北三〇〇メートルの範囲内に三カ所の鍛冶工房群がある。第一は「遺跡南部の鐸比古神社参道下で、鍛冶炉五カ所、炭層四カ所、配石遺構、掘立柱建物などが検出された。……六世紀中葉~末葉に操業がなされていたものと推察され……、鉄滓は一四〇平方メートル内の狭い調査区から二〇〇キロほど、……鞴羽口先端が五〇点以上、……砥石三〇点ほどが出土している」。第二は遺跡北部で、「鍛冶炉一カ所、溝二条、炭層二カ所が検出された。鍛冶炉は六世紀初頭~前葉に比定され、鉄滓は一九一キロ、鞴羽口、砥石三八個体が共伴する」。鍛冶関連遺構は、五世紀前葉を初現とし、七世紀前葉まで操業がなされ、韓式系土器、製塩土器などがある。第三は同じく遺跡北部で、「掘立柱建物七棟、鍛冶炉四カ所等が検出された。鍛冶炉は一基を除くと屋外の火窪型鍛冶炉で、炉床に椀形滓が残存している」。鍛冶炉工房群は、六世紀末~七世紀前葉と考えられている。砥石の形態から、「刀剣類、甲冑類を中心とした武器生産」が予想されており、「五・六世紀を通じて畿内最大の鍛冶専業集落」と言われている。大県・大県南両遺跡の一部の調査だけで四五〇キロをこえる鉄滓の出土は鍛冶専業集落としてはあまりにも多量である。

松井和幸は「輸入鉄素材を使って鉄器を作るような鍛冶の過程で、報告されているような大量の鉄滓(鍛冶滓)がはたして出るのであろうか」(30)と疑問を呈し、一つの解答に清永欣吾の「砂鉄または鉄鉱石と木炭を約九〇〇度くらいまで昇温し、半還元の海綿状の鉄をつくり」、さらに加熱して鍛錬すれば鍛冶滓的な鉄滓しか出ないのではないか(31)という仮説を紹介している。清永の仮説は、大澤正己の分析所見、「大県、大県南、大県太平寺支群古墳出土の鉄滓らは、いずれも鉄器製造に際して鉄素材を加熱した時点で排出される鍛錬鍛冶滓(加工鍛冶滓→小鍛冶滓)であった」(32)と異なり、五世紀以前の列島内での鉄生産を示唆するものであり、重要である。清永仮説は成立しうるのか、弥生時代以来の鉄滓の見直しが必要である。

(四) 武器・武具

一九三四年(昭和九年)に『日本上代の甲冑』(33)を上梓して武具研究の基礎を築いた末永先生は、続く『日本上代の武器』(34)の中で、「同人種間の戦闘を主として推移した武器と、反対に異人種間に深刻な殺戮を繰り返し来った武器とは、その構成・性能等に現れる差異に看過し難いものがある」(復刻版七頁)と指摘された。一面の真理であろう。

古墳時代の武器には、攻撃用武器(武器――刀、剣、弓矢、ヤリ、ホコなど)と防御用武器(武具――盾、甲、冑など)がある。そして、「これらの攻撃用武器の変遷の速度が非常にゆるやかなものであることから、古墳時代では、戦術的に根本的な変化が起こったとか、武器の使用法に大きな転換がもたらされたというようなことが考えられない」と言われている(35)。このことを末永先生の指摘と照らし合わせれば、〝日本人同士の戦いだから〟ということになる。古墳時代から中・近世を通じて列島内の戦いは生ぬるいものであったのだろうか。七世紀の王権をめぐる〝骨肉の争い〟は、武器に変化をもたらすほどの戦いではなく、〝コップの中の嵐〟に過ぎなかったのであろうか。

「短甲は、方形板革綴短甲から横矧板鋲留短甲まで、製作技法上の差異こそあれ、基本的な形態はほとんど変化していない。……しかし、量的にみた場合、横矧板鋲留短甲の出土量は、方形板革綴短甲の十数倍にも達している」。つまり、この間には質的変化はないが、量的変化が認められるのであり、「より多くの人間の武装を可能とした」(35)。

量的な変化は、古市・百舌鳥古墳群を中心におこり、大和と山城はとりのこされていく、と田中晋作は指摘する。ただし、古市・百舌鳥古墳群が、大和を本貫地とする政権の王墓群であれば、田中の指摘は、大和政権の中での分担と考えることができる。

このことも含め、今、韓国側の資料増加によって注目されている日韓武器、武具系譜論もまた、個々の技術的検討を積み重ねて整理しなければならない。その上で、列島内の諸豪族間の武器所有形態論が可能となってくる。

四、祭　祀

古墳時代の祭祀は、弥生祭祀を革新するところから始まった(36)。銅鐸と銅鉾のまつりは否定され、銅鏡のまつりが新たに登場した。その時、銅鏡に描かれている神仙が新しい神の象徴ではなかったか。

(一) 祭場の固定

三世紀には奈良県纒向遺跡に、四世紀には鳥取県長瀬高浜遺跡に祭殿が登場する。祭殿の具体的な姿は、大阪府美園古墳の盾を描く高床建物埴輪をその一例としてあげることができる。美園の祭殿には神牀があり、二階中央の穴から人知れずに出入することができる。

祭殿は孤立して存在しない。三重県城ノ越遺跡には、四世紀にすでに流路に石組を配した斎庭《いつきのにわ》が築かれ、建物が建つ。流路と石組は五世紀の奈良市柳生阪原遺跡へと継続し、群馬県三ツ寺I遺跡では豪族居館内に持ちこまれる。柳生阪原遺跡の場合、五キロ周辺に同時期の古墳や集落の存在を予測しがたい山間地でありながら、滑石製祭具、木製円板、ミニチュア土器群に多量の初期須恵器を伴うという特異なあり方を示す(37)。従来知られている島や峠の祭祀遺跡とは異なり、広い山間地を聖域と意識したのであろうか。

見方を変えれば、古墳そのものも固定された新たな祭場と認識できる。中央部には再生が期待されている神が眠り、まわりは祭場を象る様々な埴輪がめぐる。墳丘には埴輪だけではなくて木柱も林立し、幡がひらめいていたかもしれない。四世紀の景行陵に五世紀の䃵や四世紀の奈良県瓦塚古墳に供献された六世紀の須恵器群のように、追祭祀も行なわれたらしい。

祭殿はやがて廃棄されて忘れられたが、祭具を埋めた浄らかな川は、宮川や祓川として〝名〟を残し、墓地は霊場として同族結合の象徴となり、後世まで周辺に古墳を築造せしめた。静岡県焼津市大谷川遺跡の旧称「元宮川」や「崇神陵・景行陵」後背山地の一、〇〇〇基をこえる六・七世紀の竜王山古墳群などはその一例である(38)。一〇〇メートルにわたって数千の土器が納められていた三世紀の愛媛県宮前川遺跡もまた神事の後の直会《なおらい》の痕跡だろうか。

小さな祭りの場は、個人の住居の中にも(兵庫県河高遺跡、六世紀)、村の中にも(群馬県中筋遺跡、五世紀)ある。個人、村、地域、クニの各レベルの祭場と祭祀の内容が問われている。

(二) 祭祀具

三・四世紀には、ある物の形代《かたしろ》として祭祀具を量産し、多量使用する風習はなかった。したがって三・四世紀の祭場には、日常容器などが多量に埋納されている場合がある。それは、弥生集落の環濠に多量の土器が埋納されているのと共通する現象であろう。

五世紀になると、奈良県曽我遺跡などの官営工房で鏡、剣、玉をはじめとする祭祀具が滑石製ミニチュアとして数十万と製作され、一遺跡、一古墳で万と使われた。祭具量献の開始である(39)。この段階になると、同じ祭祀具が集落にも(埼玉県お伊勢原遺跡など)、祭場にも(福岡県沖ノ島遺跡など)、古墳にも使用されるようになる。四世紀段階の碧玉製腕飾類が基本的には葬具であるのと異質である。

これとは別に、土製の人形と馬形が住居や祭場や祓川に納められている例が増加しつつある(40)。中には人と馬を組み合わせて騎馬像とし、稲田の害虫を退治する〝虫送り神事〟に使用された例がある。その源流は『山海経』を通じて中国、道教にたどり得る(36)。土製の人形と馬形の遺跡でのあり方は、滑石製品に比べて土俗的であり、列島民間への道教思想の広範な流入の一端を示すものであろう。

これとは別に、馬の頭部や滑石製品とともに土製の人形、馬形をともなう五・六世紀の祭祀遺跡が大阪府四条畷市を中心に検出されつつある(41)。倭の五王の時代、畿内政権が新たな根拠地として河内の開発を進めたとき、中国・朝鮮から新たな馬匹文化を導入し、牧が成立した。それとともに新たに馬飼集団が生まれ、馬を中心とする新たな祭祀が登場した。「馬飼集団の神まつり」(42)は、祭祀遺跡を意味不明のまつりに終わらせない、意欲的な評価であり、蓋然性が高い。

五、古　墳

(一) 墳　丘

古墳は、弥生時代以来築造されつづけている墳丘墓の一形態であり、古墳時代は墳丘墓の一つである長突円墳（前方後円墳）が主導的役割をはたした時代である。墳丘墓の諸形態と「前方後円墳」の意義について、都出比呂志は広い視野と具体的資料と解りやすい模式図を揃え墳丘概念を整理した(43)。ここでは、私にとって理解しがたい「前方後円墳体制」のうち、「体制前夜」の「前方後円形の墳丘墓」(43)について疑問に思うことを述べることとする。

素朴に「前方後円形の墳丘墓」と従来の「前方後円墳」の区別が、平面形でも立面形でも私にはできない。なぜできないのか。それは、長い突出部をもつ円丘墓を長突円墳（「前方後円墳」）と理解しているからである。これに立面形を加え、三段築成の要素を加えても、さきに指摘したように備前の長突円墳で三段築成を採用しているのはゼロで、段築があるのは五一基中一四基にすぎないのである(44)。都出が前方後円形の墳丘墓の具体例としてあげている「京都府黒田墓」と「香川県鶴尾墓」の長突円墳との形態上の違いについては説明がない。私は両者とも庄内式期の長突円墳と認識している。そして、都出が「定型化した前方後円墳の成立期と似た政治的関係が、すでに庄内式期にさかのぼる可能性がある」(43)のであれば、その段階は古墳時代と呼ぶべきである。「可能性」は、事実の積み重ねによって着々と証明されつつある。

(二) 周濠

墳丘の周囲に、周湟、周溝、周堀、周濠などと呼称されている墳丘周辺区画が存在することは早くから認識されていたが、兆域として一定の意味が付与されたのは、一九五二年の日本考古学協会総会における末永雅雄先生の提言であった。その後、末永先生は「周庭帯の意義は単なる古墳築造の外観的外装ではなく、兆域を設定して、主墳を守る意味の施設であった」と解釈して延喜式記載の兆域との関連や条里地割が周庭帯内に及ばないこと、言いかえれば延喜式段階には兆域が尊重されていたことを説かれた(45)。

古墳周濠を真正面からとりあげたのは梅沢重昭である(46)。梅沢は周堀を、未周繞式、墳丘相似形式、盾形式に分類し、具体例をあげて時代的変遷を説いた。その後、いくつかの研究を経て、一九八二年に私は「前期古墳周辺区画の系譜」を検討した(47)。明確な長方形区画をもつ奈良県西殿塚古墳を基礎として、やや不明瞭ではあるが箸中山古墳と桜井茶臼山古墳にも周辺区画の痕跡があることを指摘した。したがって、周辺区画は初期の大型長突円墳以来存在すること、周辺区画にはおおやまとの萱生《かよう》古墳群を中心とする長方形区画、柳本古墳群(渋谷向山古墳)に始まり岡山県造山古墳に及ぶ鍵穴形区画、佐紀《さき》古墳群(佐紀陵山古墳)に始まり古市・百舌鳥古墳群に展開する盾形区画などの主要な系譜をたどれることを指摘した。

(三) 埋葬施設

古墳は墓であり、墓には棺がある。棺には時代と地域と階層によって差異があるが、間壁忠彦は全体をわかりやすくまとめておられる(48)。慣例として棺は材質によって木棺、石棺、土製棺(埴輪棺、陶棺)などに分類され、形態によって箱形、割竹形、舟形、長持形、家形などに分類されている。普通は、材質と形態を組み合わせて箱形木棺、家形石棺などと呼称する。さらに、これに組み合わせと刳抜きの製作技法を加えて、組合式長持形石棺などと呼ぶ場合がある。

最も多いのは恐らく弥生時代以来の伝統をひく箱形木棺で、長大な例を除けば、いわゆる庶民の棺である。王者の棺をたどれば、四世紀には長持形木棺(割竹形木棺)、五世紀には長持形石棺、六世紀には家形石棺がそれぞれ主流となる。

この中で、長持形木棺という用語はあまり使用されていないし、しかも四世紀の王者の棺として認知されていない。一九八九年、桜井茶臼山古墳の木棺出土状況写真を契機として割竹形木棺に疑問を持ち、長持形木棺を提唱した(49)。桜井茶臼山古墳の木棺写真には底板とともに側板がほぼ原位置で写っている。側板は幅広く、割竹形木棺の蓋と身の湾曲部とはどうしても見えない。そういう意識で、竪穴石室内粘土床の曲線を見ると、棺身が割竹形であると石室に入りきらないことがわかる。組合式長持木棺と考えると理解できる。そこで各地域の前・中期古墳の粘土槨、粘土床の曲率をみると棺身が石室外になるような大きい径が目につく。最近の発掘技術で、ていねいに調査された滋賀県雪野山古墳の粘土床はその典型的な一例である。地域ごとの詳細な検討が必要であるが、むしろ、四・五世紀には長持形木棺が畿内の王者の棺の主流で、それが五世紀になって長持形石棺へと継承されたと考えると理解しやすい。その場合、四世紀の大和政権から五世紀の河内政権へと権力中枢の移転を考えるのではなく、大和政権の河内進出と理解することになる。

棺被覆施設と室　古墳時代の棺被覆施設は、大きく竪穴系と横穴系の二系統がある。竪穴系の被覆施設には、竪穴石室、粘土槨、礫槨、木炭槨、棺直葬墓、土坑墓などがあり、横穴系には、横穴石室、横穴木室(木芯粘土室)、横穴、地下横穴、横口石棺、横口土坑墓などがある。三～五世紀に多いのは竪穴石室、粘土槨、棺直葬墓、土坑墓であり、六・七世紀には横穴石室と横穴が多い。畿内の王者の被覆施設は、竪穴石室と横穴石室である。

原則として、竪穴系の被覆施設は単葬で、横穴系は複葬が多い。四世紀末、五世紀初頭に朝鮮半島から北部九州に導入された横穴石室は、六世紀には近畿大王家をはじめ各地の首長層に拡まったが、基本的に追葬を本旨とする。つまり、竪穴系では機会の少なかった年月を経過した遺体を直視するという行為が、横穴系では常態となった。これは死に対する思想変革の契機であり、人々を合理的思考へと導いたものと思われる。このことが、六世紀をプレ律令期とする思想的背景である(49)。

(四)　副葬品

古墳は黄泉《よみ》の世界であり、現世の用具や冥界のための明器《めいき》など、様々な種類の品々を副葬している。河上邦彦は、副葬品を列挙し、概論した(50)。その内容は、生産用具(農工具、漁具、鍛冶具など)、日常用具(土器、装身具など)、鏡、武器(刀剣、槍矛、弓矢など)、武具(甲冑、盾など)、馬具、石製品、滑石製品、自然遺物(稲・魚介など)、原材料(鉄鋌、ガラス板など)など多彩である。

鏡　古墳研究は、明治年間以来、副葬品個々の研究に傾き、とくに鏡・玉などが注目された。鏡については、小林三郎の論考があり、主要な鏡式と古墳副葬鏡の問題点が要約されている(51)。

中国後漢代の鏡や魏代とされている鏡が、四世紀とする古墳に副葬されていることを説明するために伝世鏡論が生まれた。一部に伝世鏡はありうるが、歴史の流れはほぼ一世代間内での副葬であろう。そのように考えれば、一九〇年頃から二四七・八年ごろの卑弥呼治世の間に、新宗教の一つのシンボルとして長突円墳が築造されたとする試論(36)と矛盾しない。おそらく、今、進められつつある年輪年代とも一致しそうである(52)。

三角縁神獣鏡は、古墳時代の日本列島で最も出土数の多い鏡で、五〇〇面をこえる。製作年代は魏の景初三年（二三九年）と正始元年（二四〇年）の銘文によって、三世紀前半であることがわかる。列島で最多の鏡種であるということは、倭人が好んだか、漢人が好んだかである。中国で全く出土していない点から倭人の選択であることがわかる。なぜ、倭人は三角縁神獣鏡を選んだのか。それは鏡の文様にある神像と瑞獣に強い呪力を求めたからであろう。両像は他の神獣にも認められるので、倭人は神獣鏡を求めたと言いかえることができる。ここに表わされている神像は、東王父、西王母、伯牙、黄帝などの神仙であり、獣は辟邪、天鹿などの霊獣であるという(53)。樋口隆康は福永光司の説(54)をひいて、「鏡に神霊性や呪術性を持たせるようになったのは、道家に始まり、……事実、後漢、六朝代の鏡には、神仙思想的な図文や銘文が多いのは、民間に道教が流行したことと、関係があるであろう」(55)と指摘しておられる。

三角縁神獣鏡の製作地がいずれであっても、現実に倭人は同種の鏡を求めた。それは、倭人が新しい神を求めていた時であり、卑弥呼が遣使したのもこの時である。

武器　新納泉は、古墳時代の戦闘を「弓矢によって遠距離から攻撃を加え、刀剣で白兵戦を展開した」と要約した(56)。大阪府野中アリ山古墳などの多量の刀剣と鏃はこのことを反映している。六世紀になると金銅装大刀が盛行する。多くは柄頭に環頭が付き、環内は単龍、単鳳か双龍、双鳳で飾られる。単龍環頭大刀は百済系で瀬戸内沿岸に多く、双龍環頭大刀は高句麗系で日本海沿岸に多いことが指摘されており(56)、それぞれの地域豪族がそれぞれの外来勢力と結びついていたことを示唆している。

五世紀後半から六世紀前半に盛行した銘文大刀は、著名な熊本県江田船山古墳や埼玉県埼玉稲荷山古墳などのように、律令国制単位に相当する地域を代表する古墳被葬者の所持品である場合と、兵庫県箕谷古墳や千葉県稲荷台一号墳のように郡単位の群集墳内小古墳被葬者の所持品である場合とに分かれる。特に、プレ律令期とも言える六世紀の銘文大刀の場合には、刻まれる銘文の内容によって被葬者の階層が明瞭に表示されたであろう。その契機は、ワカタケル大王(雄略天皇)の頃に萌芽することを江田船山、埼玉稲荷山の両古墳の銘文大刀が教えている。

銘文大刀のあと、六世紀から七世紀にかけて盛んに製作された文様大刀は、九州から東北までの広い範囲に分布し、その数は二〇〇振をこえる。文様が施される部位は、把頭、鍔、鈿、責金具から刀身に及び、刀の種類は円頭、方頭、圭頭、環頭、頭椎など多くに施される。文様の種類は、龍、虎、鳥などの瑞獣、瑞鳥とその抽象化したものと亀甲文をはじめ羽状文、鱗状文、渦巻文、円形文、花形文、火焔状文、心葉形文などの図形がある(21)。武器の中で時期と地域によってもっともよく変化を示すのは鉄鏃だと言われている。杉山秀宏によると、六世紀の鉄鏃は五地域に分類でき、それぞれの地域で生産され、使用されていたらしい(57)。武器の生産と供給体系を復原するための基礎資料として重要である。

武具　日本における武具の研究は、一九三四年末永雅雄先生の『日本上代の甲冑』(33)に始まる。それまで、古墳出土の甲冑は鉄の鏽魂であり、かえり見られることはなかった。

その後、三十年余りを経て新資料の増加とともに新たな研究がはじまり(58)、技術革新の過程、工人集団の復原、武器・武具総体としての検討など新たな展開をみせている。中でも、韓国考古学者の新資料にもとづく積極的な発言は、日韓相互の新たな検討を促している。

田中晋作は、甲冑の変遷をつぎのようにあとづけた。四世紀は、「形状、構造に強い個体差をもつごく限られた甲冑が知られているだけで、その生産主体が特定できていない」。五世紀は、「甲冑の製造の定型化とともに……その生産が百舌鳥古墳群、古市古墳群の被葬者集団のもとで量産化が図られ、広い範囲に供給されるようになった」。六世紀には挂甲が増大し、「複数の生産集団の成立とその製品の収納、供給という新たな様相」が現われた。これは、鉄鏃の生産、供給傾向とも一致し興味深い。

馬具　四世紀後半、北部九州にもたらされた実用的な轡や鐙が日本列島の初期の馬具である。そして、五世紀後半以降、鏡板や杏葉を含めて列島各地に普及した。

初期の馬具は、朝鮮半島南部からの舶載品の可能性が強い。ただし、五世紀中葉以降には、大阪府四条畷市を中心とする「河内湖」周辺に渡来人によって牧が経営されているので、同時に馬具も製作・使用された可能性が高い。六世紀になると、甲冑工人が馬具製作に関与するようになり、馬具生産は多様化した。六世紀後半には、藤ノ木古墳などの金銅装馬具が顕著になる。従来とは異なる半肉彫りの手法がみられるなど、新しいルートによる舶載か新しい渡来工人による国産化が始まった(59)。

農工具　古墳時代の農工具は、弥生時代以来の鍬、鋤、鎌、斧、ノミ、ヤリガンナを基本としながらも大きく発展した。古瀬清秀は、『皇太神宮儀式帳』(八〇四年)や『倭名類聚鈔』(九三五年)を参考としながら、古墳出土の農工具個々について形態分類と機能を検討し、その変遷をあとづけた(60)。例えば、五世紀前半以降、基本的には刈鎌で、稲の穂刈り、雑木刈りをはじめ、大型品は鉈として使用されたという。鉄製鍬、鋤先については都出比呂志、土井義夫、松井和幸らによって五世紀の画期が強調されている。私はさきに、八賀晋の水田土壌論、黒崎直のナスビ形鋤先論を含めて疑問を持ち、「新しい時代の新しい役割をになう耕具は、水田耕起具ではなく、開墾土木具でなければならない。言いかえれば、弥生時代後期から存在しているナスビ形着柄鋤にU字形スキ先が着装される程度の変化ではなく、この段階で消滅する鉄製打ちグワに代わる耕具でなければならない。ひとつの候補は、紫金山古墳出土の鉄製三叉鍬の類を含む『身部全体を鉄で作る開墾土木用の鍬類』であろう。つまり、U字形スキ先とナスビ形着柄鋤を過大評価すべきではないと考える。」と主張した(61)。その後、U字形スキ先は着実に増加しているのに対し、三叉鍬はさほど普及していないが疑問は解けない。

古瀬によると、四世紀後半から五世紀前半の鉄製工具の画期は、強靱な伐採斧の出現、大型有袋斧、大型鉇、鋸などの製材用工具の充実、多様な突きノミに示される木器加工技術の著しい進展にある、という。そして「工具の質的、量的増大は日常的な木器生産だけでなく、首長を中心とする特定の集団の需要を対象とする特別の木工集団が形成されてきたことを物語る。大型の家屋、船舶、奢侈品の建築、生産がそれである。」(60)と要約している。近年、増加している四・五世紀の大型建築部材の出土、例えば、奈良県鎌田遺跡の五世紀の社寺建築部材かと見まがうような加工材などは、工具の画期を象徴する一つの具体例であろう。

装身具　古墳時代の装身具には、冠帽、耳飾、頸飾、腰飾(帯)、指輪、足飾、飾履などがあり、時期、地域、階層によって差がある。

冠帽‥一九九二年一二月、京都府椿井大塚山古墳の四世紀の鉄冠が復原できた、と報道されたが、詳細は未報告のため明らかでない。仮に、報道の通りであったとしても五世紀以降の冠とは異質で、むしろヘルメットのような頭部を保護するための用具のように見える。

椿井大塚山古墳例を別にすれば、日本出土冠の最も古い例は五世紀中葉で、伽耶地方の冠を模倣したらしい(62)。

五世紀後半から六世紀には増加し、西は佐賀・熊本県から東は群馬・茨城県まで全国で四〇例ほど検出されている(63)。材質では、金銅冠が最も多く、金冠と銀冠が二列ずつ知られている。

四〇余の冠は、大きく三つの型式に分類されているが、個々それぞれに特色があり、定型はない。七世紀に制定された冠位十二階制に相当するような制度としての冠による身分標識は成立していなかったように思われる。しかし、新羅系、百済系といった系譜は認められるが、時期、地域によるかたよりはない。むしろ、群馬県山王二子山古墳と伝乗付出土例のように一つの旧国内に百済系冠と新羅系冠が共存する場合があり、地域豪族による多様な対外交渉を示唆している。

耳飾：弥生時代にはなかった耳飾が、五世紀以降、耳玉、垂飾付耳飾、耳環として登場する(64)。

耳玉は、六世紀の人物埴輪に着装例があり、大阪府富木車塚古墳などに実例がある。女性に限られるらしい。

垂飾付耳飾は、五世紀後半に朝鮮半島から舶載され、やがてその影響下に国産が始まった。九州から北関東まで四九古墳から、金、銀、金銅の製品が出土している。金製が二九例と最も多く、銀製が九例ある。地域別にみると、九州と近畿が各一六例で多く、階層的には長突円墳で横穴石室という上層の古墳は一二基と比較的少ない。最も大型の横穴石室のほとんどは盗掘されており、垂飾付耳飾が金製が多いこともあって、現在の数値でははかり難い。むしろ、円墳が一八基も占めている点から、垂飾付耳飾りの階層的拡がりに留意すべきかもしれない。

耳環は、六世紀の普遍的な耳飾である。六世紀初頭から七世紀前半に及び、銅芯に金、銀箔をかぶせた環が最も多い。奈良県の古墳群によって普及の度合いをみると、表1のとおりである。主に六世紀代の二〇二基の調査古墳のうち、四二基の約二〇%の古墳が耳環を持つ。古墳群別にみると、最も多いのは寺口忍海《てらぐちおしみ》古墳群の二八%で、少ないのは石光山古墳群の一三%である。最も多い寺口忍海古墳群の場合でも、耳環を持たない古墳が約七〇%であることに

表1　古墳群と耳環

古墳群名	埋葬施設	調査古墳数	耳環出土古墳数	耳環数	時期
天理市竜王山	横穴石室	60	10	20	6世紀中～7世紀前半
天理市石上・豊田	横穴石室	30	8	24	6世紀前～7世紀初
葛城市寺口忍海	横穴石室	60	17	32	6世紀前～後半
御所市石光山	木棺直葬	52	7	15	6世紀初～後半
		202	42	91	

注意すべきであろう。未検出古墳に盗掘による散佚があったとしても、全体の三〇～四〇％の人々は耳環も持たないことがわかる。石光山古墳群の一三％という数値は、未盗掘の木棺直葬墳が大半であり、横穴石室階層より、さらに少ないことを実数で示している。

帯：帯は、服装を構成する基本的な要素であり、中国などでは身分を象徴する重要な証しであったとされている。しかし、日本では比較的出土例が少なく、四～五世紀に中国・朝鮮半島から輸入されたとされる鉸具、銙板、鉈尾などの帯金具で構成されるものが三〇例近くと、六世紀代の大帯と称される金属の薄い板でつくったもの三例ほどがよく知られているにすぎない(65)。

帯金具は、四世紀に中国南朝の東晋から百済か高句麗ルートで輸入された奈良県新山《しんやま》古墳例に始まり、五世紀中葉にはその文様構成をうけつぎ、五世紀末葉には退化していった。日本の帯金具は、「甲冑に付けたり、被葬者の足もとにおくなど、身分を象徴する本来的意義は全く失われて」おり、六世紀には使用されていない。

六世紀にはわずか三例ではあるが金銅製大帯がある。しかし、人物埴輪には大帯の表現例が多いので、金銅製以外の大帯が身分の象徴として多用されていた可能性がある。

飾履：「日本の五～六世紀に薄い金銅板でつくった飾履が、……一六古墳一七例存在する。……分布的には近畿が八古墳と他地方を圧している」が、他は中国・九州から中部・関東に一、二古墳ずつ拡散している。日本に伝播した飾履は、百済、新羅、伽耶に多いタイプで、実用品ではない。百済武寧王陵には、王と王妃用の足座があり、「仰臥伸展の遺体は北に頭を乗せ、両脚は脚座に架けた姿が想起しうる。こうした状態で金銅製飾履をはかせると重圧による損壊はまず考えなくてよい。……足座に据えられた両足に金銅製飾履が妖しく輝いたのは……殯処に停柩されていた」二年三カ月の期間であろう(66)。馬目順一による飾履使用場所の推定は、奈良県藤ノ木古墳の飾履のあり方とも一致する。

(五) 副葬品の配列と組成

副葬品の配列と組成には、宗教的、政治的な背景がある。今尾文昭は、副葬品の配列に棺内、棺外・石室、槨外の三段階を設け、畿内型葬送儀礼の浸透度を追跡した。その結果、「三段階にわたる配列行為が実施された(京都府)園部垣内古墳と、第一段階でほぼ配列行為を完了させる(福島県)会津大塚山古墳とでは、大きな(儀礼)執行上の相違を看取できるのである。つまり副葬品配列行為に、非画一的な状況が近畿と東北の王墓との間に生じていたことになろう」と見通している(67)。その上で、銅鏡や玉など思想性をより強く反映するであろう副葬品個々の配列状況をとりあげて、具体的な検討を行なっている。

それでは、副葬品組成は、時代的にどのように変遷するのか。望月幹夫は、四~七世紀の変遷を具体的に要約する(68)。「前期の副葬品の基本的な組み合わせは、鏡、玉、石製品、武器・武具、生産用具(農具、工具、漁具)などである」。なかでも「石製品はこの時期の特徴的な遺物で、……貝輪を模倣した鍬形石、車輪石、石釧という石製腕飾品は普遍的にみられる」。武器・武具は少ないが、奈良県メスリ山古墳でみられるように武器の多量副葬がすでに萌芽している。「中期の副葬品の組み合わせは、鏡、玉類、武器・武具、生産用具、石製模造品、装身具、馬具、須恵器を基本とする。この時期の特徴は、鉄製武器・武具、農工具の多量埋納がみられること、石製品にかわって滑石製模造品が盛行すること、馬具、金銅製・金製装身具、須恵器などの大陸製品が新たに出現することである」。とくに、馬具の登場は中期にみられる大きな変化であり、大陸風の騎馬の風習が新たな権威の象徴として畿内の一部の豪族に受け入れられた。

後期は、「中期の組合せから石製模造品を除いたものである」。鏡の副葬は激減し、玉はカラフルになる。「後期の副葬品の組み合わせによる特徴は、装身具、馬具、飾大刀の普及である。きらびやかな装身具を身につけ、飾りたてた馬に乗った姿は、中期にみられた武人的イメージを払拭し、新しい権威の象徴を身につけた首長の姿である」。六世紀の武人から貴族への変質がよみとれる。

終末期、七世紀の副葬品は極めて少なく、「わずかに鏡、玉類、飾大刀などがみられる程度である」。奈良県御坊山三号墳の三彩円面硯やガラス製筆軸などは、文人官僚の登場を象徴する。

六、学際研究

考古学は歴史学の一分野であり、関連諸科学との協業によって考古資料の限界を補完しなければならない。関連諸科学としては哲学、文献史学、文化人類学、民俗学、建築学、地理学など人文科学はもとより、動物、植物、地質や分析化学などの自然科学とも大きく関わる。

池田次郎による「古墳人」は、まさに古墳時代人骨研究の総括と展望がなされている(69)。はじめに、「古墳人骨の研究と日本人種論変遷史」の概述があり、ついで古墳時代人としての特徴が従来から注目されている頭蓋計測値、頭蓋小変異、下顎骨、顎関節の計測値、歯の計測値と歯冠形態、咬合型、第三大臼歯欠如、咬耗度、四肢骨計測値と身長などをもとに検討されている。

その結果、古墳人の時代的特性は、①鉗子状咬合が多く、「縄文人に近い咬合型の出現頻度である」。②「四肢長骨の長径比や周径比で、古墳人の比は現代人に類似」する。③頭蓋骨、下顎骨、上肢骨、脛骨などの計測値は、縄文人と現代人の中間値を示す。とくに、「北部九州、山口地方では大陸からの影響を受けて大きく変化した弥生人の頭蓋形態がそのまま古墳人に受け継がれている」らしい。④顔面の平坦度をあらわす頭蓋計測値などでは、「縄文人と現代人の中間に入らず、……古墳人は北部九州、山口地方の渡来系弥生人と一致し、朝鮮、華北の現代人もしくは新石器時代人に類似する」と要約された。

また、「古墳人の地域性」について詳細に論じられた上で、「古墳人の地域集団を大きく三群に分けている」。

第一群　縄文人と最も遠く、畿内現代人に近い「畿内」

第二群　縄文人と最も近い、「南九州、西九州、北陸、関東、東北南部」

第三群　第一群と第二群の中間に入る「東中国、西近畿、東北九州、西中国」

現在の日本列島人のなかで、本土集団と明確に区別される南北両集団の成立期こそ、本土の日本人集団の成立期であった。また、本土の南北方向の地理勾配、南九州の特異性、近畿、東中国と奥羽、北陸との対立など、現代日本列島人にみられる地域性のすべてが、古墳時代にはすでに完成されていた、もしくは形成されつつあったので、この時代を日本人の成立期と呼んでもよかろう。

と指摘されている。

日下雅義による「地形と景観」は、地理学の立場から古墳の立地が検討されている(70)。とくに、「山地や丘陵地の尾根付近に古墳がつくられると、急速な土壌浸食、そして大小の谷が発生し、山麓では土石流堆積地、下流の地域ではシュートバー(砂礫堆)、クレバス(侵食谷)、自然堤防などの洪水堆積地形があちこちに生じる」という指摘は、まさに古墳築造が自然破壊であることを如実に示している。緑の中に忽然と出現する赤土の山、それが古墳であった。その見返りとして、周濠に水を貯え、灌漑用水として新田開発が進められたのであろう(71)。

古墳時代の自然破壊が、植生に大きな変化を及ぼしたことを辻誠一郎は論じている(72)。「古墳時代になると、植生にはこれまでにない大きな変化がもたらされた。マツ属の増加である。……マツ二次林が急増するのは(大阪府)城山遺跡、八尾南遺跡、鬼虎川遺跡などの低地周辺で明瞭なように、五世紀から六世紀にかけて」であった。このようなマツの急増が起こった理由として、水田開発、窯業生産のための燃料材の伐採、古墳築造、政治的施設の建設があげられているが、五、六世紀はまさにそのような時代であった。その前提は三・四世紀に認められ、静岡市登呂遺跡周辺や埼玉県川口市赤山陣屋遺跡などで、古墳時代の開始とともに、植生の質的変化が指摘されている。

古墳時代の動物遺体は少ない。資料は少ないが人と動物のかかわりは重く、「狩猟」として西本豊弘(15)が、環境とのかかわりを金子浩昌(73)が検討した。「海外に面した京浜地帯には、そこで生活する漁民達が住み、伝統的な漁法、狩猟も行っていた」。その活動は専業的であり、動物遺体の少なさは、むしろ〃商品〃として搬出されたことを示唆しておられる。漁業専業集団の研究は、「倭の水人」としても重要な課題であり、海浜遺跡の新たな調査研究法を模索しなければならない。

註

(1) 石野博信「五世紀の変革」『季刊考古学』三(のち『古墳時代史』雄山閣に収録)、一九八三年
(2) 寺沢 薫「纒向型前方後円墳の構造」『考古学と技術』同志社大学、一九八八年
(3) 後藤守一「上古時代の住居」『人類学先史学講座』一五、一六、一七、一九四〇年
(4) 和島誠一「原始聚落の構成」『日本歴史学講座』学生書房、一九四八年
(5) 小笠原好彦「家形埴輪の配置と古墳時代の豪族居館」『考古学研究』一二四、一九八五年
(6) 橋本博文「古墳時代における首長層居宅と奥津城」『考古学雑誌』七二―四、一九八七年
(7) 石野博信「総論」『古墳時代の研究』二、雄山閣、一九九〇年

(8) 岩崎直也編『弥生時代の掘立柱建物』埋蔵文化財研究会、一九九一年
(9) 杉原荘介「登呂遺跡水田址の復原」『案山子』二(のち『日本農耕社会の形成』吉川弘文館に収録)、一九六八年
(10) 坪井洋文『イモと日本人』未来社、一九七九年
(11) 網野善彦「水田中心史観の克服」『日本中世の民衆像』岩波新書、一九八〇年
(12) 佐々木高明『稲作以前』NHKブックス、一九七一年
(13) 能登　健「畑作農耕」『古墳時代の研究』四、雄山閣、一九九一年
(14) 工楽善通『水田の考古学』東京大学出版会、一九九一年
(15) 西本豊弘「狩猟」『古墳時代の研究』四、雄山閣、一九九一年
(16) 千葉徳爾『狩猟伝承研究』風間書房、一九六九年
増田精一『埴輪の古代史』新潮社、一九七六年
(17) 焼津市教育委員会『道場田、小川城遺跡』Ⅰ・Ⅱ・Ⅲ、一九八六・八七年
(18) 西藤清秀「四条遺跡―古墳の調査」『奈良県遺跡調査概報』一九八七年度、一九八八年
(19) 冨成哲也「大阪府昼神車塚古墳」『日本考古学協会年報』二九、一九七八年
(20) 井本英一「狩猟考」『深井晋司博士追悼シルクロード美術論集』吉川弘文館、一九八七年
(21) 石野博信「民と王の狩猟儀礼」『考古学と生活文化』同志社大学、一九九二年
石野博信「総括」『本郷大塚古墳』長野県須坂市教育委員会、一九九二年
(22) 江藤千万樹「弥生式末期に於ける原始漁撈聚落」『上代文化』一五、一九三七年
(23) 高桑　守「伝統的漁民の類型化にむけて―漁撈民俗研究への一試論」『国立歴史民俗博物館研究紀要』四、一九八四年
大野左千夫「漁撈」『古墳時代の研究』四、雄山閣、一九九一年
(24) 喜兵衛島発掘調査団『謎の師楽式』一九五六年
近藤義郎「師楽式遺跡における古墳塩生産の立証」『歴史学研究』二二三、一九五八年

(25) 近藤義郎編『日本塩業大系史料編　考古』日本専売公社、一九七八年
(26) 近藤義郎「土器製塩の考古学的研究」『日本塩業大系　原始・古代・中世（稿）』日本専売公社、一九八〇年
(27) 大山真充「製塩」『古墳時代の研究』四、雄山閣、一九九一年
(28) 藤田　等「初期農耕の発展に関する二、三の問題」『私たちの考古学』一九、一九五九年
(29) 森　浩一「日本古代史における鉄問題の推移」『日本史の研究』二九、一九六〇年
(30) 花田勝広「倭政権と鍛冶工房―畿内鍛冶専業集落を中心に―」『考古学研究』一四三、一九八九年
(31) 松井和幸「鉄生産」『古墳時代の研究』五、雄山閣、一九九一年
(32) 清永欣吾「鉄」『森浩一対談集　古代技術の復権』小学館、一九八七年
(33) 大澤正己「大県遺跡及び周辺遺跡出土鉄滓、鉄剣の金属学的調査」『大県・大県南遺跡―下水道管渠埋没工事に伴う―』柏原市古文化研究会、一九八四年
(34) 末永雅雄『日本上代の甲冑』岡書院、一九三四年
(35) 末永雅雄『日本上代の武器』弘文堂書房、一九四一年
(36) 田中晋作「武器の所有形態からみた古墳被葬者の性格」『ヒストリア』九三、一九八一年
(37) 石野博信「総論」『古墳時代の研究』三、雄山閣、一九九一年
(38) 木下　亘『柳生阪原遺跡現地説明会資料』奈良県立橿原考古学研究所、一九九三年
(39) 白石太一郎「大型古墳と群集墳」『橿原考古学研究所紀要』二、一九七三年
(40) 石野博信『古墳時代史』雄山閣、一九九〇年
(41) 亀井正道「浜松市坂上遺跡の土製模造品」『国立歴史民俗博物館研究報告』七、一九八五年
(42) 野島　稔「河内の馬飼」『万葉集の考古学』筑摩書房、一九八四年
(43) 瀬川芳則「馬飼集団の神まつり」『古墳時代の研究』三、雄山閣、一九九一年
都出比呂志「墳丘の型式」『古墳時代の研究』七、雄山閣、一九九二年

(44)石野博信「古墳の形が意味するもの」『季刊考古学』四〇、一九九二年
(45)末永雅雄『日本の古墳』朝日新聞社、一九六一年
(46)梅沢重昭「前方後円墳に附設する周堀について」『考古学雑誌』四五―三、一九五九年
(47)石野博信「前期古墳周辺区画の系譜」『森貞次郎博士古稀記念古文化論集』(のち『古墳文化出現期の研究』学生社に収録)、一九八二年
(48)間壁忠彦「木棺・石棺」『古墳時代の研究』七、雄山閣、一九九二年
(49)石野博信「地域性の強い埋葬施設」『季刊考古学』五(のち『古墳時代史』雄山閣に収録)、一九八三年
(50)河上邦彦「総論―副葬品概論」『古墳時代の研究』八、雄山閣、一九九一年
(51)小林三郎「鏡」『古墳時代の研究』八、雄山閣、一九九一年
(52)奈良国立文化財研究所『年輪に歴史を読む』奈良国立文化財研究所、一九九〇年
(53)樋口隆康『三角縁神獣鏡綜鑑』新潮社、一九九二年
(54)福永光司「道教における鏡と剣」『東方学報』一九七三年
(55)樋口隆康『古鏡』新潮社、一九七九年
(56)新納　泉「武器」『古墳時代の研究』八、雄山閣、一九九一年
(57)杉山秀宏「古墳時代の鉄鏃について」『橿原考古学研究所論集』八、一九八八年
(58)田中晋作「武具」『古墳時代の研究』八、雄山閣、一九九一年
(59)千賀　久「馬具」『古墳時代の研究』八、雄山閣、一九九一年
(60)古瀬清秀「農工具」『古墳時代の研究』八、雄山閣、一九九一年
(61)石野博信「古墳時代の農耕」『ゼミナール古代史』下、光文社(のち『古墳文化出現期の研究』学生社に収録)、一九八〇年
(62)早乙女雅博「新羅、伽耶の冠―小倉コレクションの研究(1)―」『MUSEAM』三七二、一九九〇年
(63)岡林孝作「冠帽」『古墳時代の研究』八、雄山閣、一九九一年

(64) 松本百合子「耳飾」『古墳時代の研究』八、雄山閣、一九九一年
(65) 坂　靖「帯」『古墳時代の研究』八、雄山閣、一九九一年
(66) 馬目順一「飾履」『古墳時代の研究』八、雄山閣、一九九一年
(67) 今尾文昭「配列の意味」『古墳時代の研究』八、雄山閣、一九九一年
(68) 望月幹夫「組成とその変遷」『古墳時代の研究』八、雄山閣、一九九一年
(69) 池田次郎「古墳人」『古墳時代の研究』一、雄山閣、一九九三年
(70) 日下雅義「地形と景観」『古墳時代の研究』一、雄山閣、一九九三年
(71) 丸山竜平「河内の開発における二つの画期」『日本史論叢』五、一九七五年
(72) 辻誠一郎「植物と気候」『古墳時代の研究』一、雄山閣、一九九三年
(73) 金子浩昌「動物遺体」『古墳時代の研究』一、雄山閣、一九九三年

第二章　豪族居館と祭祀

一　集落と居館

弥生時代後期の佐賀県吉野ヶ里遺跡の集落には、外濠《そとぼり》と内濠《うちぼり》がめぐらされているという。そして、内濠の中には高《たか》屋《や》（高床住居）と「楼観」が建つらしい。もしそうであれば、弥生時代後期の大型環濠集落では、中枢地区と周辺地区を区別し、中枢地区を特別に区画する場合があることを示している。言いかえれば、弥生時代の首長は、集落構成員とともに一つのムラの中に居住したが、一定区域を溝や柵で区画し、占有する場合があった、ということである。

このような弥生集落のあり方は、神奈川県大塚遺跡のように穴屋（竪穴住居）だけからなるムラの姿を見ると、むしろ特殊なのであろう。吉野ヶ里遺跡は、拠点集落の一つの姿と考えておいた方がよい。しかし、北部九州における弥生時代早期以降の大型墓の展開（福岡県筑前町東小田峯遺跡、福岡市板付田端遺跡、樋渡遺跡、前原市三雲遺跡など）を見ると、拠点集落内の内濠による中枢地区の区画は、より早い段階から存在したであろうことを予測しておいた方がよいように思われる。

古墳時代集落の前史を、このように理解した上で集落と豪族居館について総括したい。

一、集落と豪族居館

（一）集落の中の居館

静岡県浜松市大平遺跡(1)で古墳時代前期のムラの全貌が明らかになった（図14）。比高二八メートルの丘陵縁辺にムラがある。一辺約五〇メートルの範囲を不整方形に柵で囲み屋敷地とする。ほぼ同規模の屋敷が八基前後連接する。

図14　静岡県大平遺跡の古墳前期のムラ
丘の上に柵で囲まれた屋敷が連続して並ぶ。柵の中には数棟の穴屋と高床建物が建つ。屋敷群から少し離れて居館を構える。弥生時代にはなかったムラの姿がここに出現する。

一つの屋敷内には複数の穴屋と高屋、高倉があり、消費単位として完結している。穴屋は三棟前後で、大一棟と小二〜三棟が単位となる。大きな穴屋には環溝がめぐる。屋敷群から五〇メートルほど離れて居館がある。

居館は、幅一メートル強の溝と柵で囲まれた三〇×五〇メートルの長方形宅地である。居館内には高屋二棟があるが未調査部分が多いため全体は明らかではない。

四世紀の大平ムラの構成は、さ

きにみた外濠と内濠をもつ弥生拠点集落の延長上にあるように思われる。首長居館が集落構成員の屋敷群とさほど距離をおかずに建てられている姿は、弥生環濠集落内の首長居宅が環濠外に出るとともに、環濠内の集落構成員も特定単位ごとに屋敷を構えながらも集住する状況に見える。屋敷の中の大型穴屋をとりまく環溝は、岡山県真庭市谷尻《たんじり》遺跡の巴形銅器をもつ大型穴屋(図15)の系譜に連なるものであろう。

(二) 方形環濠内の豪族居館

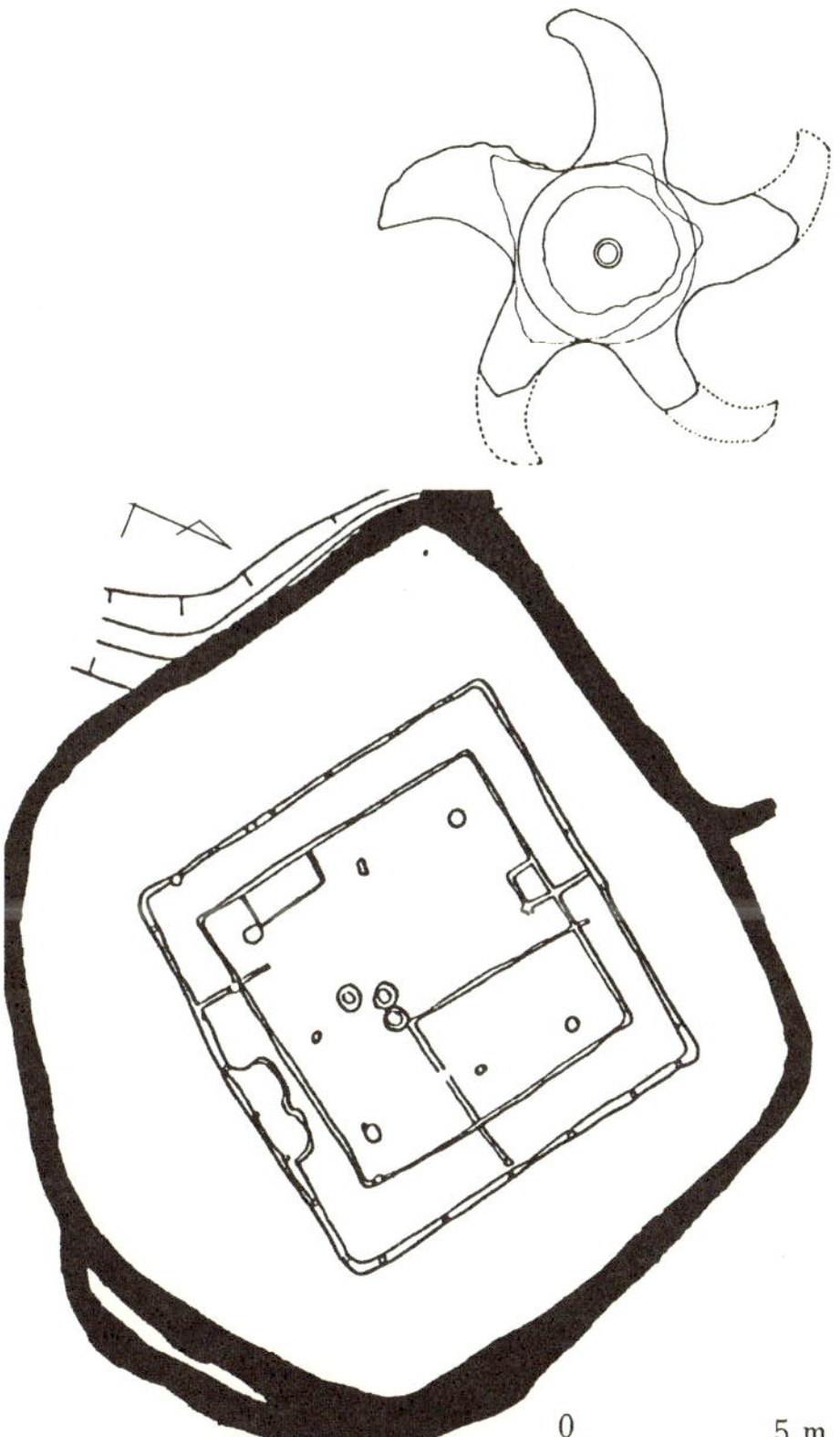

図15　岡山県谷尻遺跡の巴形銅器と大型穴屋(3世紀)
約90畳敷の巨大な穴屋を溝で囲う。住居の中には盾につけたであろう巴形の飾り金具が残されていた。邪を払う呪力を持つという。主は超能力者か。

弥生時代集落の外へ出た首長居宅は、その当初から方形区画をもったらしいことは、前項の大平遺跡の姿から類推できる。そして今、古墳前期の方形区画内豪族居館は、北部九州から東北南部で知られている。

従来、近畿では四世紀の豪族居館は未発見とされていたが、すでに一九七六年に京都府森山遺跡で検出されていた(図16)(2)。森山遺跡の居館は、実は調査前から一辺約三〇メートルの方形台状の盛土として地上に痕跡をとどめていた。調査の結果、居館は二段構成であることがわかり、下段で三九×三一・五メートル、上段で三三・五×二六・五メートルで、幅一~三メートルのテラス面をもつ。上段の高さは二〇~二六センチで、ほとんど盛土によってつくられている。周濠は幅四・二~四・七メートル、深さ一メートル前後で、周濠内と下段テラス面に柱穴列がある。台状

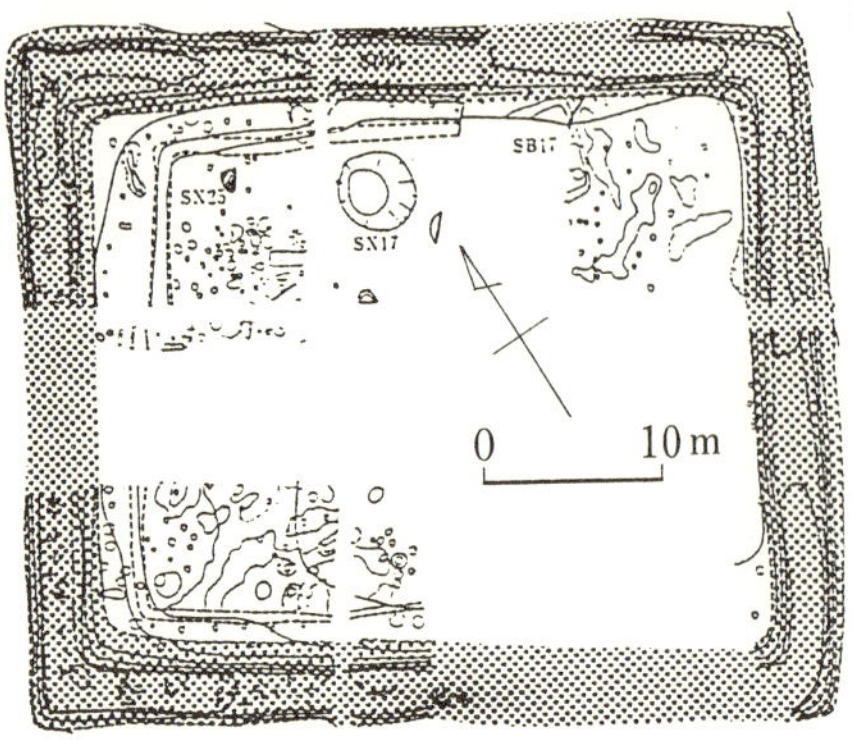

図16　京都府森山遺跡の豪族居館跡
居館を溝と柵で二重に囲む。方形に囲む居館としては最も古い発見。台状部は二段築成で１m近い盛土をしている。

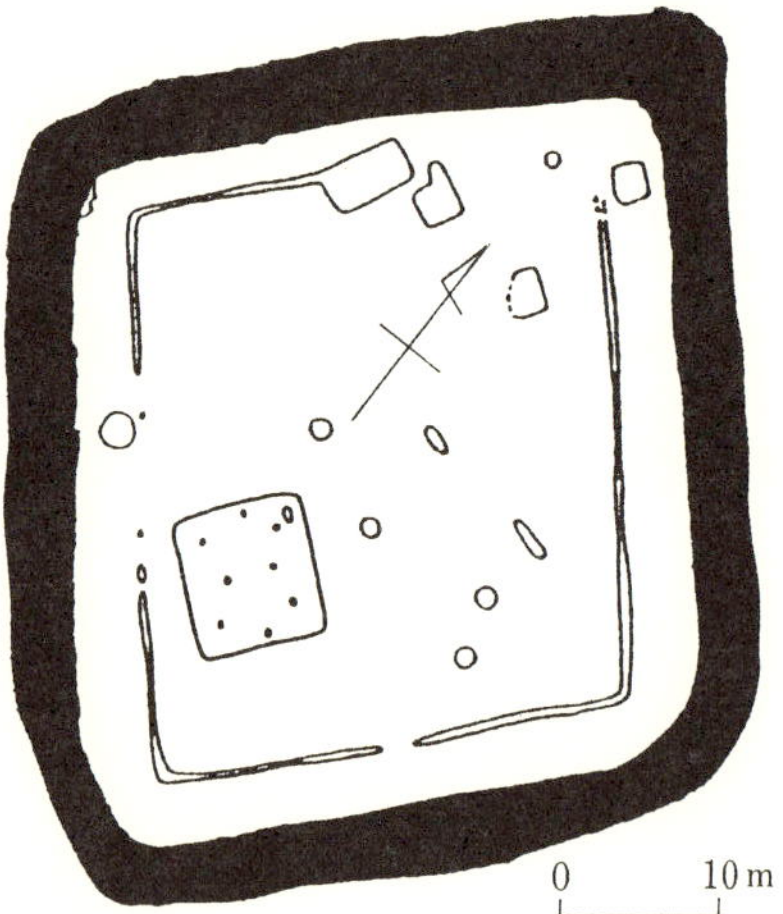

図17　栃木県堀越遺跡の居館

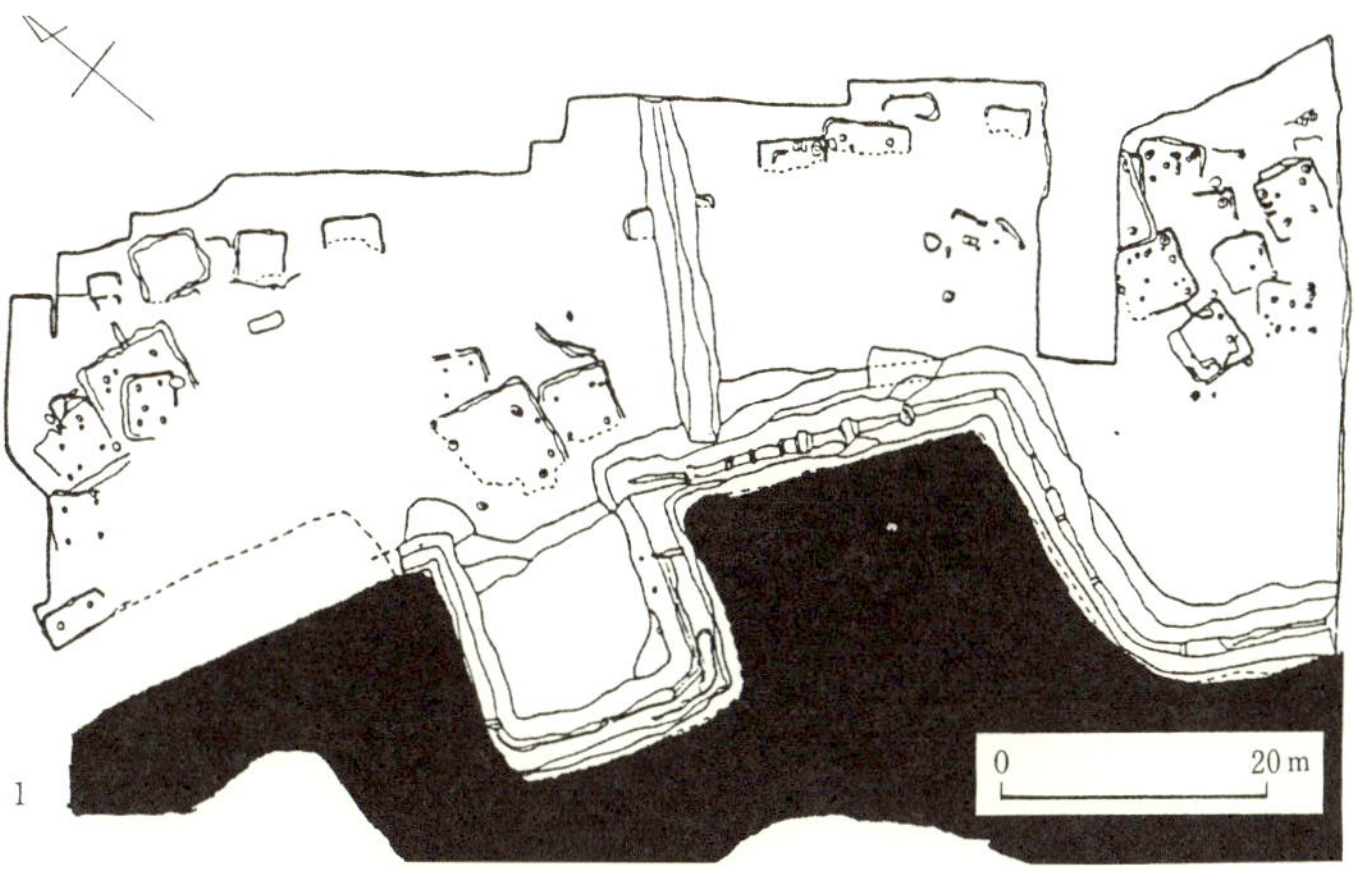

図18　宮城県山前遺跡の居館跡

4世紀の宮城県に、突堤をもつ居館がある。5世紀の群馬県三ツ寺Ⅰ遺跡などと同じ企画の居館が古くから各地にあることはきわめて重要である。

部に穴屋はないが、柱穴は多数あるので高屋の存在は推定できる。

森山遺跡によって、近畿にも四世紀に方形区画の豪族居館があることが明らかとなった。周濠と柵列で区画されている点は他の居館と共通し、二段構成で上段が盛土によって築成されているのは群馬県高崎市三ツ寺Ⅰ遺跡と同じである。

大分県日田市小迫辻原《おさこつじばる》遺跡(3)には連接する二基の方形居館があって高屋をもち、さらに同県宇佐市小部《こべ》遺跡には長辺一〇〇メートル余で四隅に円形突出部をもつ居館が検出された(4)。

関東では栃木県、茨城県などで四世紀の方形環濠と柵列をもつ穴屋群があり、東北・宮城県にはさらに張出部が付設される例がある。栃木県堀越(登内)遺跡(図17)(5)のように穴屋だけの方形環濠・柵の例が関東では多い。一つの理解としては神奈川県そとごう遺跡(6)のような長方形に近い弥生環濠集落からの展開とする見方がありうるが、四世紀には方形区画が比較的整然とし、小規模になる(弥生環濠集落にくらべて環濠内の居住者が限定される)点に注目すれば、高屋と穴屋の差異はあっても基本的には首長層の居宅と位置づけることが可能であろう。

宮城県小牛田町山前遺跡(図18)(7)の突堤と柵列は、五世紀後

図19　奈良県佐味田宝塚古墳出土家屋文鏡(部分、４世紀)

半の群馬県三ツ寺Ⅰ遺跡の先駆であり、東北南部も豪族居館の形成、ひいては豪族層の成長が関東・近畿と併行して進展していたことを考えさせる。

(三)　家屋文鏡の世界

四世紀の近畿の豪族居館をイメージする上で奈良県佐味田宝塚古墳出土の家屋文鏡を欠かすことはできない(図19)。家屋文鏡には高屋一、平屋一、高倉一、穴屋一の計四棟の建物が描かれている。これら四棟の建物によって豪族居館が形成されていたのか、当時の四種の建物を描いただけなのか、四棟ともそれぞれの機能をもった神のイエであるのかは明らかでない(8)。しかし、四世紀の首長は、同時に神であった可能性があり、衣笠《きぬがさ》のある高屋と穴屋から祭祀王の居館をイメージしても大きな間違いはないだろう。

高屋の主な使用空間は梯子のつく二階であろう。そこは板壁で窓は見えない。一階はアンペラで閉じられ、妻側に露台がつき、あたかも露台にさしかけるように大きな衣笠がかけられている。ベランダに出る梯子は見えない。おそらく二階の床中央に穴があり(大阪府八尾市美園古墳の家形埴輪)、そこから床下におりて、見えない床下から階段でベランダに出るのだろう。そこに衣笠があり、祭祀王の登場となる。

平屋は基壇上に建つ。壁と屋根の表現は、高屋の一階をとりさった形と全く同じである。高屋と平屋の屋根部分だけを大きく描いているのが穴屋である。穴屋には、突きあげ扉と露台と衣笠がつく。穴屋は古墳前期の一般的な住居であり、群馬県三ツ寺I遺跡などのように、豪族居館の中に高屋とともに穴屋がある例と考えやすい。しかし、家屋文鏡の穴屋には同鏡の高屋と同様に露台と衣笠が描かれており、やはり祭事に係わる建物と考えるべきであろう。

そして、高倉があり、階下は高屋同様アンペラで閉ざす。倉下の利用が恒常化していることを示す。

家屋文鏡の四棟の建物は、全長一二〇メートルの長突円墳(前方後円墳)に葬られる階層の四種の建物を象徴的に描いたのであろう。高屋と穴屋は共存するが、穴屋は大型で祭事に係わる特殊な機能をもったらしい。この点は巴形銅器をもつ岡山県谷尻遺跡の大型穴屋と共通する。

日常の住居と思われる平屋は、おそらく主屋・副屋など複数棟からなり、高倉もまた高倉群を形成したであろう。

(四) 五世紀に左右対称の官衙的建物配置はあるか

一九三三年、後藤守一によって群馬県伊勢崎市赤堀茶臼山古墳の家形埴輪群の配置が発表されてから(9)、五世紀代に左右対称の建物配置があるかのように理解されてきた。近年また、藤沢一夫(10)や小笠原好彦(11)によって新たな検討が加えられて、家形埴輪の配置復原から見ると、五世紀の豪族居館は主屋を中心に左右対称の建物配置をとったであろうことが定説化しつつある。私もまた、左右対称配置の淵源は弥生時代後期の集落配置に求めうることを述べたことがある(12)。

はたしてそうだろうか。古墳時代の豪族居館、ならびにその類似遺構は全国で四〇カ所をこえる。そのうち居館内の建物配置を類推しうるのは十数例にすぎないが、左右対称配置はない。

小笠原は、家形埴輪の配置がそのまま豪族居館の建物配置を表現しているとは言えないが、古墳時代の豪族居館が政治的空間(前庭)と経済的空間を理念として分離していたと考えられた(11)。理念としての分離であれば、佐賀県吉野ヶ里遺跡の内郭と外濠より外側の高倉群にその萌芽をみることができるし、五世紀の大型倉庫の集中は、その徹底した表現であろう。古墳時代豪族居館の左右対称配置は、ありうることではあるが、そのことにこだわらずに居館内の空間利用区分を復原しうるような調査を行なうべきであろう。

（五）　大型倉庫群の集中管理

一九八二年、和歌山市鳴滝《なるたき》遺跡で大型倉庫七棟が、軒を接し、柱通りを揃えて整然と現われた（図20）(13)。高倉一棟の大きさは八×一〇メートル（三間×四間）で、柱穴は一辺約八〇センチの方形である。古墳時代の高屋・高倉の柱穴はほとんど円穴で方穴は少ない。もし、柱をぬきとった穴に五世紀前半の土器群をまとめて置いてなかったならば、おそらく飛鳥・奈良時代ぐらいに考えられたであろう。なお、建物内には、柱通りに合わない柱穴が二個あり、大型倉庫としての特殊な建築構造が考えられている。

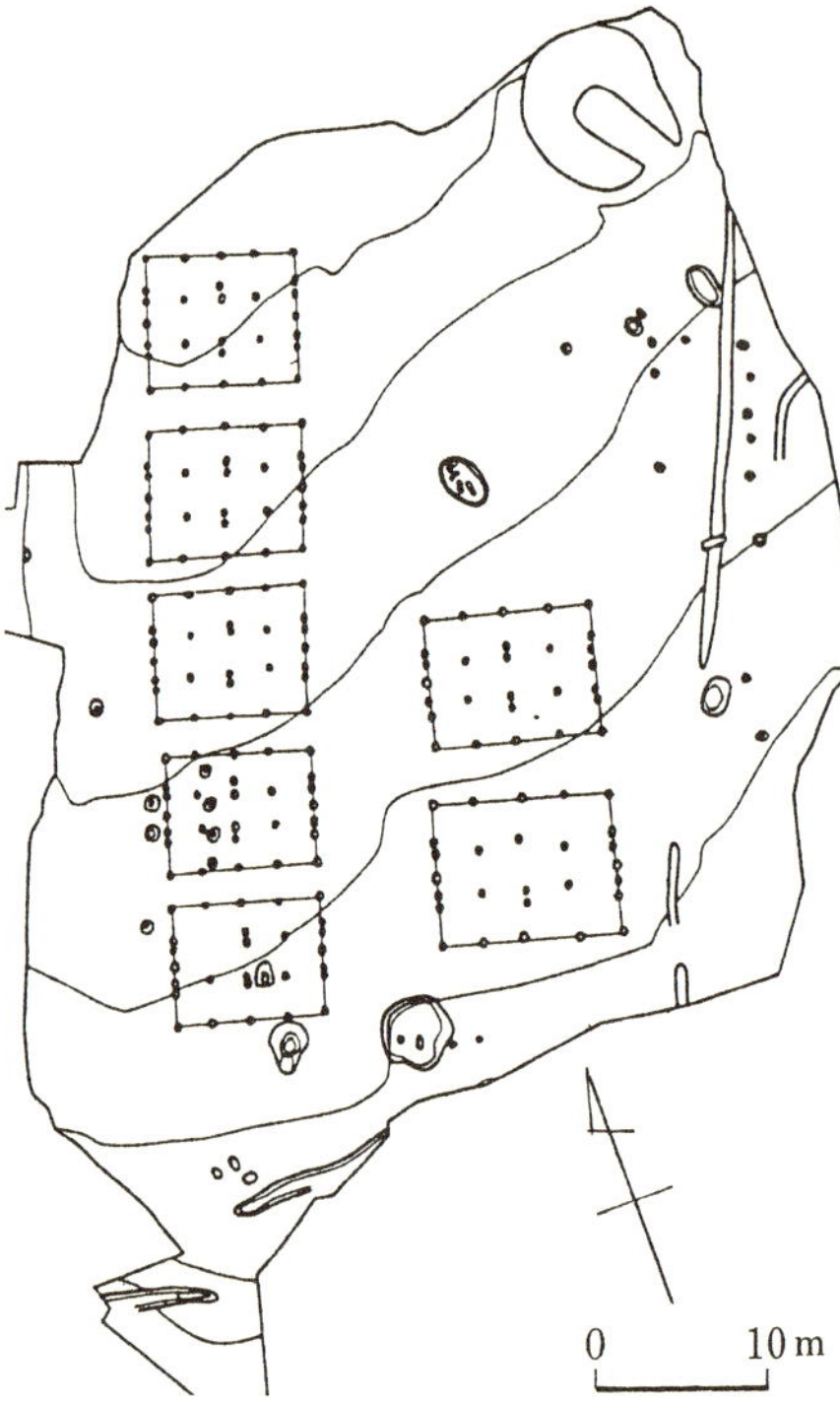

図20　和歌山県鳴滝遺跡の高倉群

高倉群の位置は、紀ノ川河口に近い山合いで、川岸からは望見できない。五世紀後半のワカタケル大王（雄略天皇）の宮殿が泊《はつ》瀬《せ》朝倉宮で、泊瀬は〝隠国《こもりく》の初瀬〟（万葉集）と呼ばれ、宮殿には〝大蔵《おおくら》〟があったという記事（清寧即位前紀）を想起させる。

文献でも遺構としても、五世紀には大型

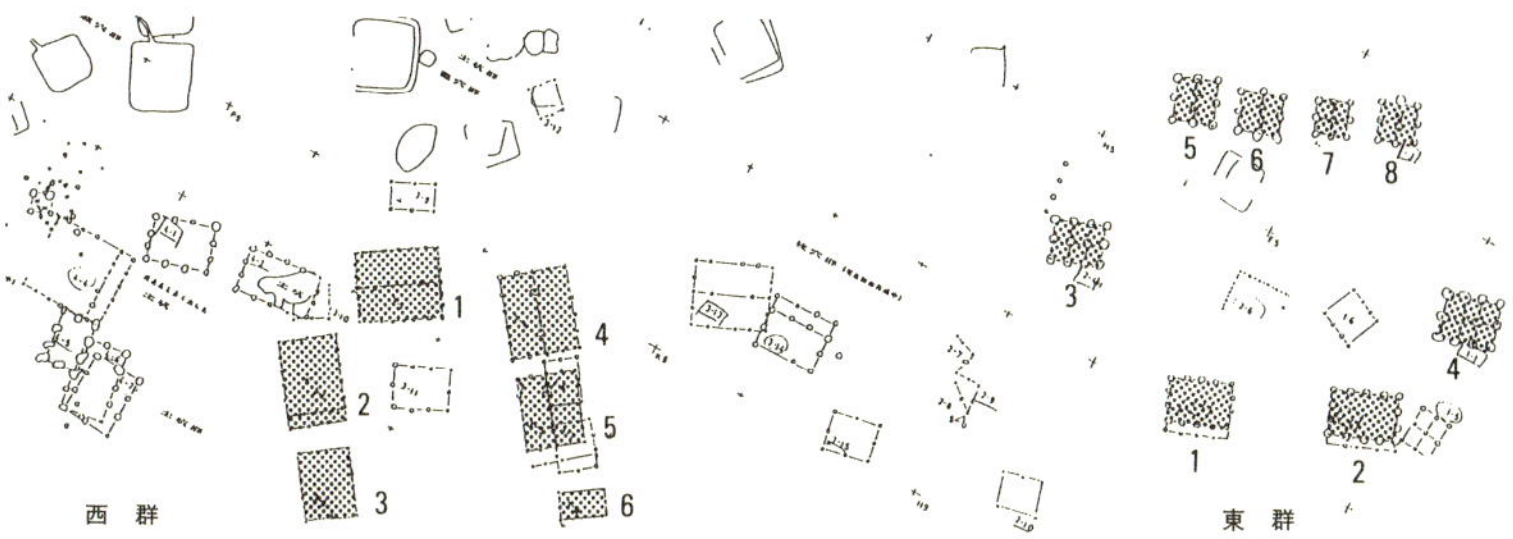

図21　静岡県古新田遺跡の５世紀の居館跡
高床の住居と倉を一定の敷地内にもつ居館。西群は「祭・政」、東群は「経」の機能分離が行なわれていたか。その間に穴屋(竪穴住居)があり、方形４本柱。

倉庫群があることが確認されて間もなく、一九八七年に大阪市法円坂遺跡で、さらに大規模な高倉が一二棟、軒を揃えて検出された[14]。高倉一棟は約九×一〇メートル(五間×五間)、柱穴は一辺約八〇〜九〇センチと大きい。隣接する五世紀の遺構が明らかでないため居館との関係は明らかでないが、大型倉庫だけを集中している可能性が高い。

高倉の集中は、租税体制が確立する飛鳥時代の律令政治段階の中央・地方の官衙にともなうものと考えられていた。しかし、文献では三世紀の邪馬台国には〝租賦を収める邸閣〟があり、五世紀のワカタケル大王の居館には〝大蔵〟があると記録されていた。吉野ヶ里遺跡の高倉群と鳴滝、法円坂両遺跡の高倉群の検出によって、二世紀と五世紀の収税体制と税物の集中管理体制を考えうるようになった。簡単に言えば二世紀の高倉群は一棟の大きさも建物配置もバラツキがあるが、五世紀の大王、あるいは大豪族に所属する高倉群は建物規模も配置も整然としている。五世紀には収税も収納も、したがって消費も、計画的な管理システムに基づいて行なわれていたものと思われる。

(六)　豪族居館の整備

五世紀の居館で左右対称に近い建物配置をとる例が静岡県袋井市古新田遺跡[15]にある(図21)。東西約二〇〇メートルの範囲に多くの高屋・高倉群があるが、柴田稔の建物方位による分類によると、まとまりのよい二つの群がうかび上がる。

西群は、約三〇メートル四方の範囲に東西棟(建物1)を中心にコ字型に南北棟を二棟ずつ配置する。建物1は四・二×六・二メートル(三間×三間)で、四つの南北棟の大きさもさほど変わらない。建物4・5には身舎内に棟持柱があり、より頑丈につくられている。中央に約二〇メートル四方の広場をもつ。

東群は、約二五×三五メートルの中央広場に沿って八棟の建物がある。南辺の二棟(建物1・2)は南面に廂《ひさし》をもつ高屋か平屋で、身舎は約四×七メートル(三間×四間)である。北辺には四棟の高倉が並ぶ。高倉は約三・八メートル四方(二間×二間)とほぼ大きさは等しいが建物5・7・8には建物内に二本の棟持柱があって構造が異なる。建物3・4は広場の東西にそれぞれ建ち、いずれも約四・二×五・二メートル(二間×三間)の大きさである。両者とも総柱の建物で高倉と見るのが普通であろうが、その位置から、祭祀を含む他の機能を考えておきたい。

東群は、建物1と2、建物6と7の間に中軸線をひけば南東面する左右対称の建物配置となる。

西群と東群がもし同時に存在しえたとすれば一つの解釈がありうる。

西群には主屋(建物1)の北方に建物がなく、東群には主屋がなく二棟の副屋の南方に建物群がない。西群は副屋四棟を含む前庭を政治的空間として使用し、東群は副屋二棟を仲介として後庭を祭祀と経済の空間として使用したのであろうか。

いずれにせよ未だ定型化されてはいないが、五世紀後半の左右対称に近い建物配置をとる居館として重要である。

古墳時代の豪族居館の遺構として最初に認識された群馬県三ツ寺I遺跡は、その後の資料の増加にもかかわらず、今なお、最も整備された居館として著名である(16)。その特質を要約すれば次のとおりである。
①自然河川をつけかえ、方形の島をつくるという居館地造成

②居館内を柵によって区画し、主屋＋祭祀空間と他とを区別する。

①には、居館を囲む幅三〇～四〇メートルの周濠、古墳葺石の技術で積む石垣、居館台状部の版築状の盛土、突堤（張出部）による船着場、あるいは祭場の造成などの工事が付随する。

石垣をもつ居館は、群馬県富岡市本宿《もとじゅく》・郷土《ごうど》遺跡(17)や奈良県天理市布留遺跡(18)や同御所市名柄遺跡(19)などが加わり、居館の一つの指標となったが、規模の雄大さで傑出している。台状部の盛土は、四世紀の京都府森山遺跡にあり、突堤（四世紀・大分県小部遺跡、五世紀・奈良県布留遺跡）とともに近畿との関係を考えさせる。

群馬県三ツ寺Ⅰ遺跡の場合、突堤は利根川をさかのぼって来た船の船着場であり、そのために水深を三・五メートルと深くしていたのではないか。「三ツ」は「御津」で、「寺」は「役所」（埼玉県行田市稲荷山古墳出土鉄剣銘文）であり、「三ツ寺」は「御津の公館」であろう。大阪市三津寺町や兵庫県御津町はじめ各地にあるミツ地名は、公津を復原する上で重要な地名である。

②には、あたかも複廊のような二重の柵列や各種の建築物、石敷祭場への木樋による浄水の導入などが伴う。二重・三重の柵列は遺構としての類例はないものの、伊勢神宮の玉垣を思わせる。小笠原好彦も指摘しているように(20)、居館の囲郭施設と考えられる囲形埴輪の先端が三角形につくられているのも参考になる。

導水施設は、滋賀県野洲市服部遺跡（古墳早期）(21)や大阪府東大阪市西ノ辻遺跡（古墳中期）(22)や奈良県桜井市纒向《まきむく》遺跡（古墳早期）(23)などに類例がある。いずれも木樋で水を導き、石敷区画を通過する。木樋が残っていない場合は、石敷区画の中央部を貫通して溝状に石が抜けている。三ツ寺Ⅰ遺跡の二カ所の石敷はまさにそのものである。古い類例が近畿に多い点から、三ツ寺居館の導水施設の系譜、ひいては浄水を導いての祭祀行為の源が近畿に求められるかもしれない。

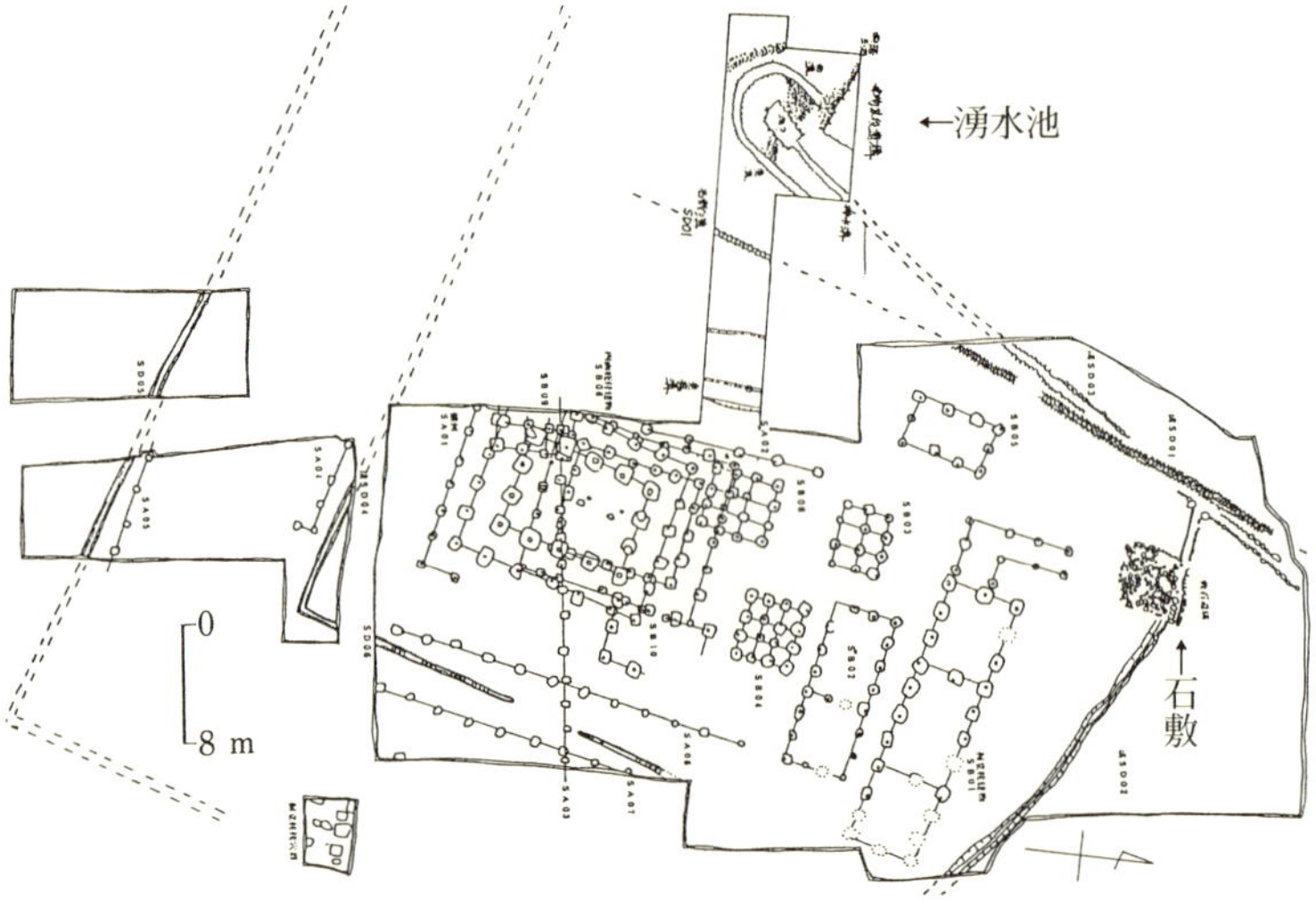

図22　奈良県上之宮遺跡の園池を持つ建物群（6世紀～7世紀）
豪族層の居館にともなう園池の構造は未知であり、想いは朝鮮半島にとぶ。

時代は降るが、石敷区画への導水は六世紀後半の奈良県桜井市上《うえ》之《の》宮《みや》遺跡にある（図22）。横穴石室のような石組の湧水池から石組の溝がのび、石敷区画は木樋で通したらしい。豪族居館内の施設の一部という点でも三ツ寺居館の石敷と共通する。

（七）　豪族居館の階層差

大王も豪族の一つの階層であるとすれば、古墳時代の豪族居館には大王から郡の長ぐらいまで階層差がある。

四世紀には、奈良県佐味田宝塚古墳の家屋文鏡の世界が王クラスであり、大分県小迫辻原居館や京都府森山居館は郡長クラスであろう。

五世紀には、和歌山県鳴滝高倉群の管理者は王クラスであろうし、大阪府法円坂高倉群の管理者は大王クラスであろう。居館の北辺に並ぶ七世紀の福岡市比恵遺跡の高倉群（図23）はその延長上に位置づけることができる。

六世紀には各地に様々な形態の居館がつくられたようだ。当該地の最大の長突円墳より広い土地を占有する居館がある。群馬県伊勢崎市原之城遺跡の居館(24)は、約一〇五×一

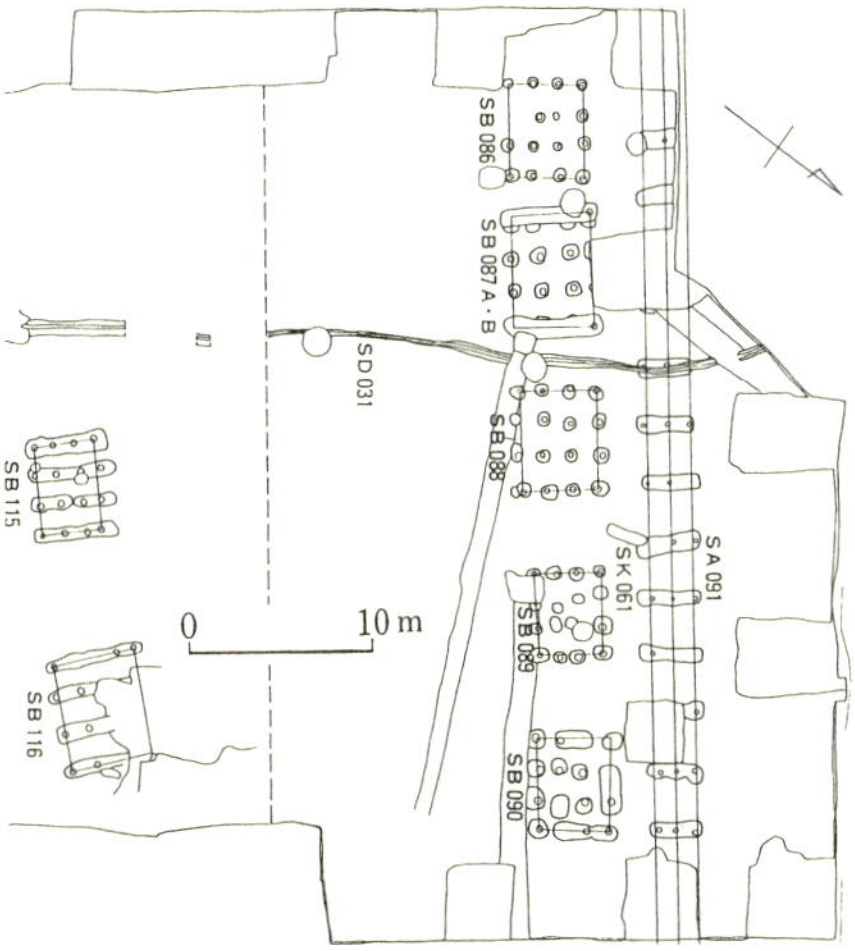

図23　福岡県比恵遺跡の高倉群
那《な》ノ津《つ》の屯倉《みやけ》の候補ともされる官衙の高倉群。

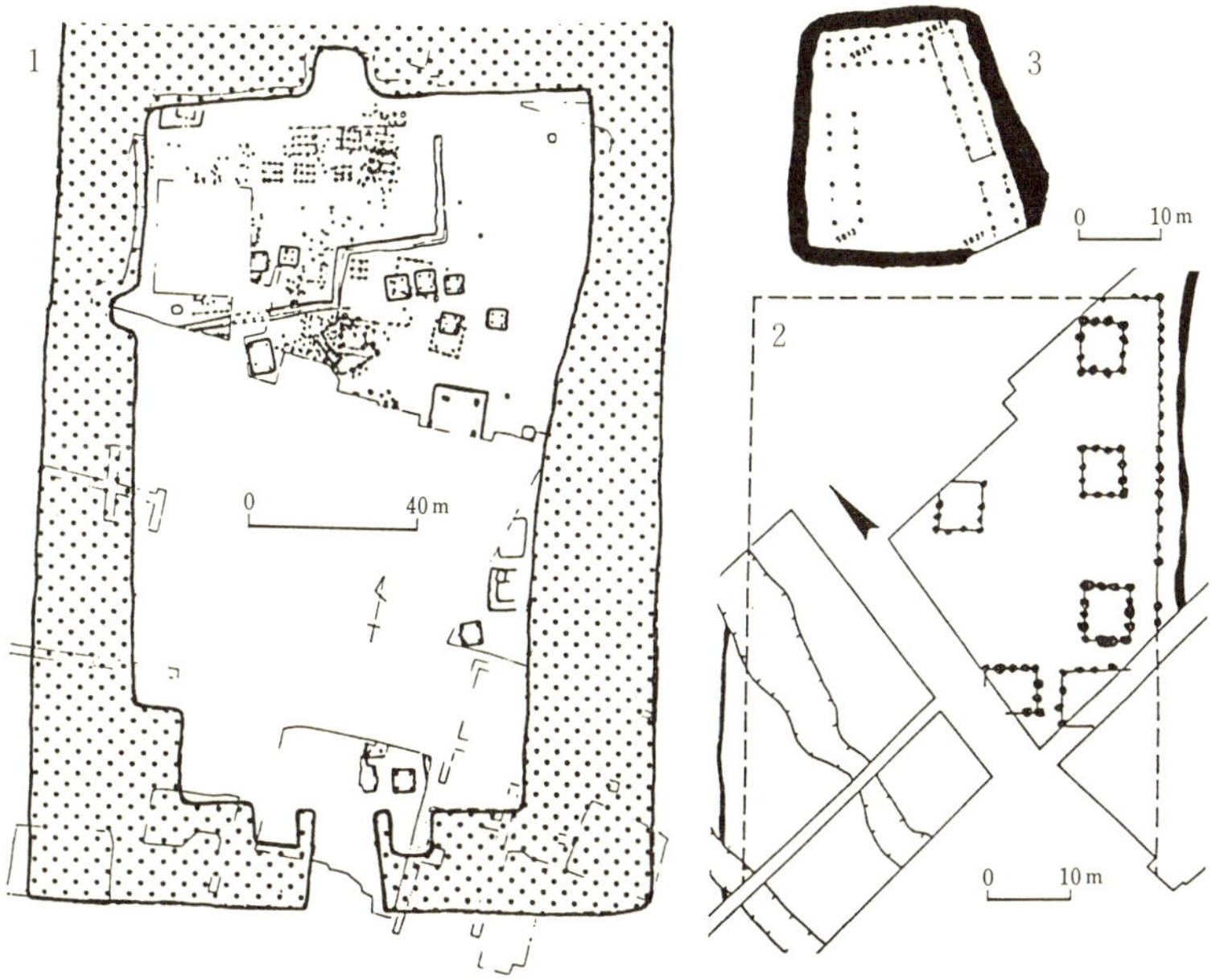

図24　豪族居館の大小
1：群馬県原之城遺跡　2：奈良県高殿遺跡(仮称)　3：広島県大宮遺跡
(2、3に縮尺を合わせれば、1はこれより面積で4倍)

六五メートルの不整長方形で、まわりに幅約二〇メートルの周濠をもち、数カ所に突堤がある(図24)。居館内の北側には階段状の区画内に高倉群と穴屋があり、他の広い範囲には穴屋と平屋、あるいは高屋が共存するらしい。南辺中央の陸橋部両側や各辺に設けられた突堤にはヤグラを想定したいが、遺構としては未確認である。

群馬県富岡市本宿、郷土遺跡には石垣をもつ八五×一〇〇メートルの居館があり、やはり各県のトップクラスの長突円墳の規模に匹敵する。

奈良県橿原市高殿遺跡(藤原宮東方官衙下層遺構)(25)は、中規模の居館であろう(図24)。溝と柵で五〇×八〇メートルの長方形区画をつくり、北半部に南北棟の建物を、南半部に東西棟の建物をつくるらしい。建物の配列は整然としていないし、区画溝も幅一〜二メートルとせまい。

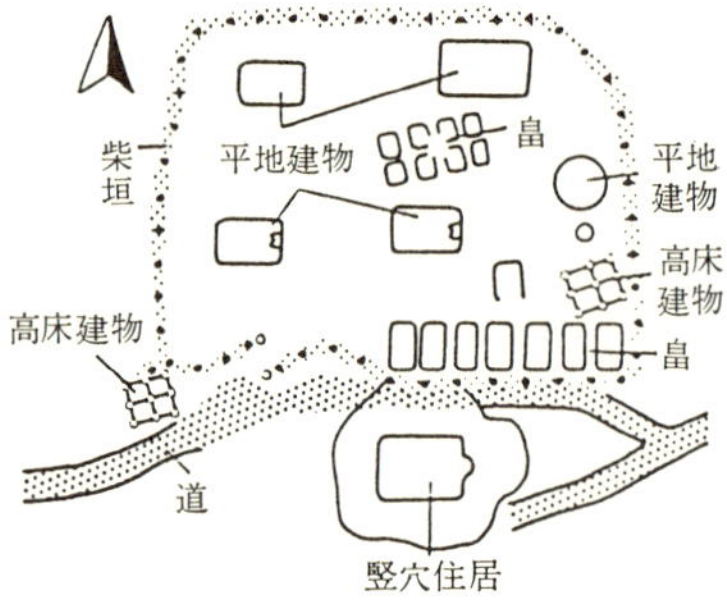

図25　山村の屋敷
群馬県黒井峯遺跡、6世紀

一辺三〇〜四〇メートルの不整方形区画を設けて居館とする小規模なグループがある。

兵庫県神戸市松野遺跡(26)は、溝と柵で約四〇×五〇メートルの方形区画をつくり、中に三棟の平屋・高屋・高倉をつくる。

広島県神辺町大宮遺跡には一辺約三〇メートルの溝による台形区画があり、区画内に一間×九間、二間×六間などの長棟の建物がある(図24)(27)。

松野・大宮両遺跡は、区画の形にも建物配置にも規格性はない。一定面積を区画する、という点だけ穴屋群と異なるにすぎない。

なお、豪族居館と無縁であるが、複数の建物を柵で区画する山間部の屋敷が群馬県渋川市黒井峯遺跡にある(図25)。一辺三〇〜四〇メートルの範囲を柵で不整形に囲み、中に平屋、穴屋、家畜小屋などを建てる。畠作を主体とするごく普通の山村で、区画の有無を重視しすぎて居館などと錯覚してはいけないことを教えている。

（八）　豪族居館と集落

四世紀の豪族居館と集落の一つの典型は、さきに見た静岡県大平遺跡にある。大平遺跡は、大小の穴屋と平屋・高屋からなる二〇〇平方メートル程度の屋敷が連続し、その一端に一五〇平方メートルほどの居館が建つ。おそらく周辺には、穴屋を主体とする集落がいくつか点在するであろう。その中の優勢者の集落が大平遺跡であり、かつての弥生拠点集落の首長層を含む。

五世紀の一集落の変遷が清水真一によって分析されている(28)。鳥取県米子市青木遺跡C地区のムラは、五世紀を通じて表2のように変遷したらしい。主屋（大型平屋・高屋）は各世代を通じて継続し、それに副屋（中・小型の平屋・高屋）が三棟付設される。高倉はつねに一・二棟で、さらに六〜八棟の穴屋がつく。平屋・高屋と穴屋を合わせて一時的に一〇〜一二棟の構成員のうち、古墳に葬られるのは一・二棟（古墳一・二基）の人々に限られていた。

大型住居一・二棟＋小型住居二（＋高倉）という組み合わせは、大阪府八尾南遺跡や大園遺跡の五世紀代にあり、西日本の五世紀集落の一つのあり方を示しているように思われる。

六世紀は豪族居館の大・中・小規模の階層差が定着するように見うけられる。その中で、近畿の農村（大園遺跡集落E）では、大型住居（五〇平方メートル前後）二＋高倉二（gグループ）、

表2　鳥取県青木遺跡C地区（5世紀）の建物構成

期	平屋・高屋			高倉	穴屋			古墳	
	大	中	小		大	中	小	数	墳丘径（単位：m）
Ⅰ	1	3		1	2	2	2		
Ⅱ	1	2	1	1	2	4	2	1	
Ⅲ	1	0	3	2	3	0	3	2	16
Ⅳ	1	3		2	2	3	2	2	12
Ⅴ								9	7〜11

大型住居一＋小型住居（二〇平方メートル以下）二＋高倉二（bグループ）、中型住居二＋高倉一（cグループ）という三棟の格差が生まれる(29)。しかし、各グループとも高倉をもつ点で穴屋だけの集落とくらべて優位なムラであり、居館の場合と同様、優位者の中の階層差と言える。

二、穴屋と平屋・高屋と高倉

古墳時代の建物に様々な種類があったことは、家屋文鏡や家形埴輪によって早くから知られていた。その種類は、穴屋（竪穴住居）と平屋（平地住居）・高屋（高床住居）と高倉（高床倉庫）を主体とし、ほかに納屋や釜屋や霊屋など特殊な機能をもった建物が存在したであろう。

最も多いのは穴屋で、縄文時代以来六世紀に至るまで全日本列島に拡がる。七世紀から一二世紀にかけても、穴屋は九州や関東・東北地方の住居の主流であり、さらに中世以降、近・現代まで特定地域や特定機能の建物として存続した。

「屋」という語は、住居《すまい》としての建築物を指し、「伏屋」の意は、伏せた住居・低い住居・屋根を伏せた住居として使用する。「伏屋」（四二一）は万葉集にも「伏廬《ふせいほ》」（三二七〇）や「屋」、「高屋」とともに使用されている。なお、伏屋を竪穴住居に限定する意はないので、平地建物でも屋根を伏せた建物は含むことになる。竪穴住居に限定する場合には、近世に使用されている「穴屋《あなや》」の語がふさわしい。

古墳時代を通じて、穴屋は各階層の住居として使用されている。四世紀の全長一一〇メートルの長突円墳被葬者の居館を反映したであろう家屋文鏡に衣笠をさしかけた穴屋があることや、四世紀の全長一四〇メートルの長突円墳である奈良県天理市東大寺山古墳出土の鉄刀に穴屋のつく環頭があることなどから端的に言える。

平屋は平地住居で、いわゆる掘立柱建物の多くはこれに属するであろう。掘立柱建物とは、穴を掘って柱を建てる建物のことである。竪穴住居の柱の建て方も掘立柱であるので、本来、用語としては適切でない。

家形埴輪の多くは平屋であり、群馬県黒井峯遺跡で土間と板間の平屋が現実に調査された(図26)(30)。平屋は後世に床面が削平されて残っていない場合が多い。したがって、調査によって平屋と高屋を区別することは難しいが、東大阪市久宝寺遺跡の古墳早期(庄内式期)の建物は、炭化材と焼土が散在していて平屋であることが判明した(31)。平屋

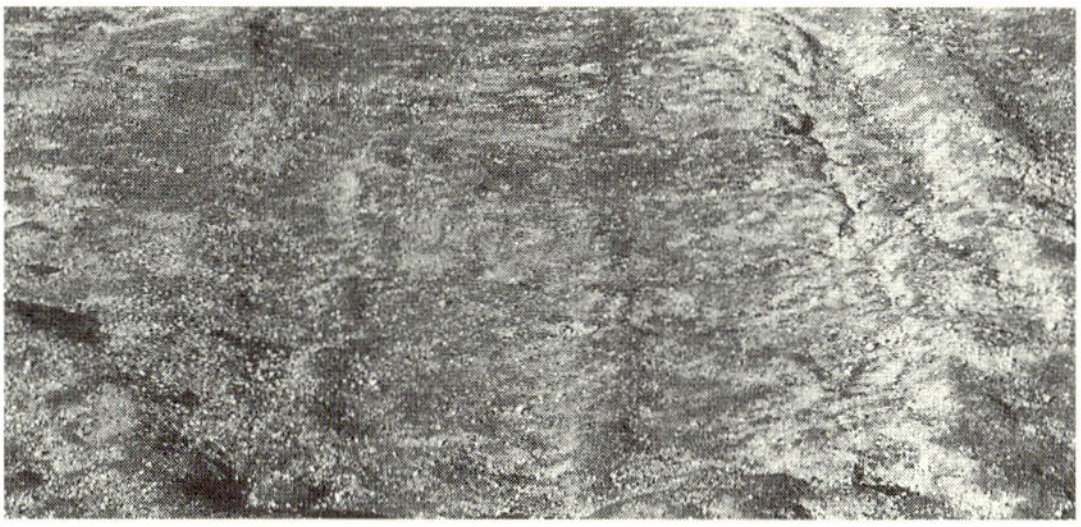

図26　群馬県黒井峯遺跡の土間と板間の平屋

図27　兵庫県玉津田中遺跡の弥生中期の平屋

図28　滋賀県穴太遺跡の床(6世紀)

は弥生時代中期にもある。兵庫県神戸市玉津田中遺跡では、平屋の半分は土間で有孔の完形土器が十数個体おかれており、他の半分は板間でとくに物はおかれていなかった(図27)(32)。

高屋には床高に高低の差があるように思われる。家屋文鏡の高屋のように、おそらく人の身長と同程度の床高をもつ建物と、岡山県美咲町月の輪古墳の埴輪のように床下と床上のバランスが1：2程度の差をもつ建物がある。さらに床下が低いのは、滋賀県大津市穴太遺跡の建物で、残存した床束から五〇センチ程度の高さが推定されている(図28)(33)。床下高が二階の桁梁高の三分の一未満の建物を仮に半高屋と仮称しておきたい。現代の木造住居のように、床下が五〇センチ程度の建物は半高屋に入る。

家形埴輪で半高屋が少ないのは、平屋と高屋が歴然とつくり分けられていて機能差がはっきりしているからであろう。半高屋が普及するのは、絵巻物に見られる平安時代以降と考えられる。

高倉は、弥生時代の銅鐸や土器絵画以来、切妻造が主流となるが、埴輪には寄棟造の高倉がある。小笠原は切妻造高倉は穀物を、寄棟造高倉は武器などの器物(武器庫)と考えている(20)。確かに、静岡県古新田遺跡東群の四棟の高倉には構造上の差があり、収納物の荷重差に対する工夫と考えることができる。

三、住居の中

住居の中には生活に必要な多くの施設がつくられ、用具がおかれる。全体としては、一室をとくに区分せずに多目的に使用する段階から、屋内が目的別に区分される段階へと進む。台所や寝室という機能による屋内区分が徹底すると、機能別分棟(例：台所→釜屋)へと展開する。

住居には出入口がある。穴屋では梯子穴や張出部で識別することが多い。家形埴輪の出入口は、単に長方形に口をあけているだけのものが多いが、稀に廂や扉うけの軸木などを表現している場合がある（大阪府柏原市玉手山遺跡、図29）(34)。東大阪市美園古墳の家形埴輪には出入口の内側に扉軸受けの穴があり、神奈川県厚木市登山《どうやま》古墳の家形埴輪には扉板が半開きの状態でついている例がある(35)。

扉板の実物は弥生後期の静岡市登呂遺跡に例があるが、古墳時代の古い例としては奈良県天理市和爾森本遺跡にあり(36)、実用されていたことがわかる。

図29　大阪府玉手山古墳出土家形埴輪の出入口（6世紀）

図30　復原カマド

なお、穴屋の扉は家屋文鏡や東大寺山古墳環頭大刀では、突上げの板戸のようだが、そのほか、草を編んだムシロのようなものを下げる場合もあったであろう。

五世紀前半、陶質土器に象徴される朝鮮半島系文物の多量流入とともに、カマドが導入された。文物の多量流入は人の移動を示すものであり、カマドという新しい調理施設を迎えることとなった。九州の古いカマドとしては福岡県塚堂《つかんどう》遺跡（五世紀前半）(37)であり、近畿では和歌山市田屋《たや》遺跡(38)や大阪府和泉市四ツ池遺跡（五世紀中葉）などにある。

図31　群馬県中筋遺跡出土のカマド（6世紀）

六世紀になるとカマドは日本列島に広く普及する。今のクドと同じように、ときには一つのカマドに二つ、あるいは三つの甕をかけて煮炊きしたこともあったらしい。

カマドの上にはおそらく棚があり、様々な台所用具がおかれたであろう（図30）。突然の火山噴火で倒壊した群馬県渋川市中筋遺跡では、カマドにかかったままの甕や容器類がそのままの状態で現われた（図31）(39)。

カマドが導入されたことによって、自然と屋内の台所が固定し、屋内の区分利用が促進された。また、カマドを設けることによって、それまで屋内の火処《ひどころ》として活用されていた炉が消滅するが、ときには六世紀前半の兵庫県東有年《ひがしうね》沖田《おきた》遺跡のように検出された十数基のうち約七〇％の住居が、炉とカマドを併設している場合もある(40)。

なお、平屋でカマドを持つ例は近年、群馬県黒井峯遺跡で検出されたが、高屋でも炉あるいはカマドを設けることは可能である。

山形県天童市西沼田《にしぬまた》遺跡で五世紀後半～六世紀前半に湿地につくられた平屋群が現われた(図32)(41)。枕木のような材木を敷き並べて基礎とし、床をつくる。板床のところどころに一・五メートルぐらいの範囲で土と礫が固まる部分がある。この部分を火処とすれば板床でも火を焚くことは可能であり、類例は新石器時代のスウェーデン・アルバストラ遺跡(42)にある。

なお、中国雲南省の現代の高屋には、二階の板床に炉をきっており、同様の工夫をしているものと思われる。つまり、高屋の調査に際しては、付近の土坑などに廃棄されている可能性がある焼土・焼礫に注意しなければならない。

四・五世紀には方形穴屋の一隅か一辺中央、六世紀にはカマド横に、一辺四〇～五〇センチの方形土坑がつくられており、普通、貯蔵穴と呼ばれている。群馬県中筋遺跡で木蓋で密封されたままの状態で見つかったが、中はからであったという(図33上)。はたして貯蔵穴なのか、何を貯蔵したのか、不明である。

弥生後期の長野県橋原遺跡(43)では、壺に籾を入れて屋根裏に懸けていたのが、落ちて散乱して見つかった(図33下左)。このような懸垂貯蔵は、あらゆる地域、あらゆる時代に行なわれていたであろうし、吊棚もまた屋内各所につくられたであろう(図33下右)。

公的貯蔵は高倉群で、ムラの貯蔵は一・二棟の高倉で、屋内貯蔵は屋根裏でそれぞれ行なっていたのかもしれない。

穴屋の壁に沿って幅一メートルほどで一段高い部分をつくっている場合があり、屋内高床部と呼んでいる。寝所と想定してベッドと呼ぶ場合もあるが明らかでない。長方形住居の中央に炉が、両短辺に屋内高床部をつくるのが北部九州、古墳早期の一般的形態であるが、たまたまデンマーク・ロスキレ市のレイヤー野外博物館に移築されている民家とよく似ている。デンマークの民家の場合はベッドであり、板で仕切っているが、同様に板で区切る例が大分県日田市小迫辻原遺跡(古墳前期)にある(図34)。

図32　山形県西沼田遺跡の平屋群

図33　群馬県中筋遺跡の貯蔵穴？（上）と長野県橋原遺跡の落ちた籾（下左）、木地師小屋のつり棚（下右、復原）

屋内高床部は、その上に土器をおいたり（図35）、コの字型に配置したり（図36）、用途も形も多様である。ときには幅五〇センチほどのせまい屋内高床部もあり、ベンチと考えた方がよいだろう。壁ぎわのベンチは、北欧の民家に多い。古墳時代の穴屋の一つの特色として、主柱と周壁との間に小溝をつくる例がよくある。五世紀の福岡県宮原遺跡では、小溝のかわりに板を打ちこんだ痕跡があり、板で間仕切りとしていたことがわかる(44)。小溝に丸太を伏せ、丸

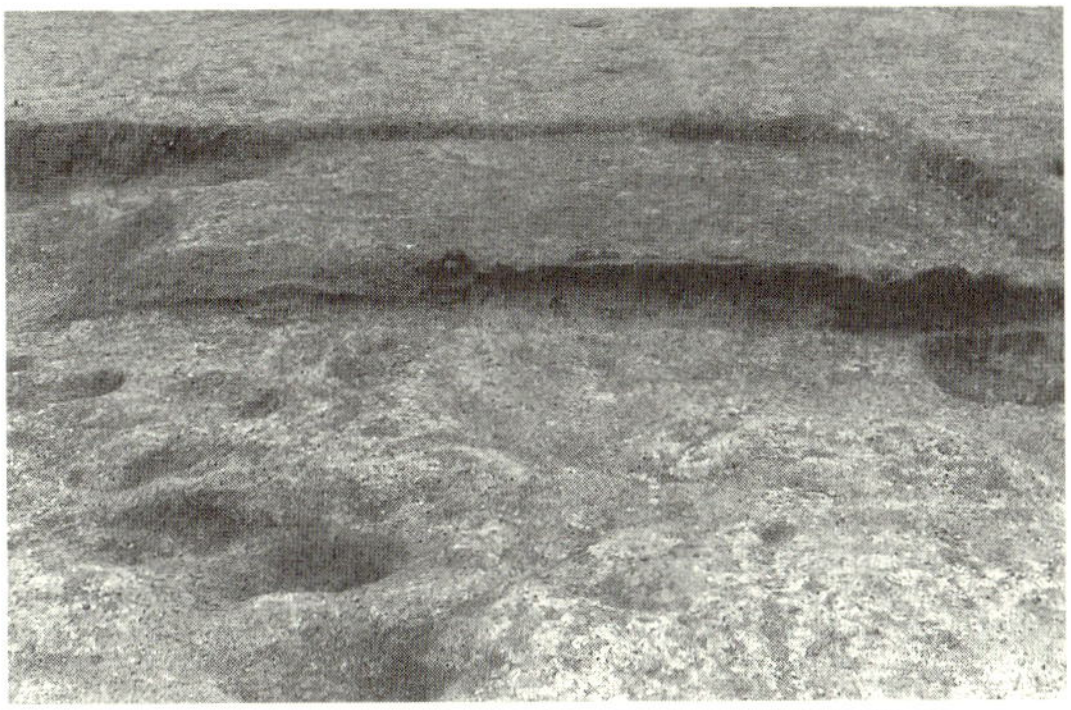

図34　大分県小迫辻原遺跡の板で区切る屋内高床部

図35　福岡県犬竹遺跡の屋内高床部に土器を置く例

図36　千葉県高岡遺跡のコの字型配置の屋内高床部

太に柱を立てて仕切りができるし、丸太に板を数枚のせて板床をつくることもできる。板床とした場合には、屋内高床部と同じ機能を類推させる。

古墳早期の長野県南部を中心として、独特の間仕切りがある。長方形穴屋の長軸に沿って、屋内を縦に二分するように柱穴列がある（図37）。長野県辰野町樋口内城館遺跡では五〇基余の住居すべてに柱穴列がある(45)ので、人の住《すま》居《い》であろう。したがって、アフリカ、タンザニアのニャキュウサ族の家畜小屋の縦の柱列(46)とよく似ているが直ちに参考にはできない。日常的な住居を細長く二分する必要性は何だろうか。

四、上屋の復原

穴屋も平屋・高屋・高倉もすべて建物跡であって上屋構造は不明である。上屋復原の資料としては、①建物跡の柱穴ほかの痕跡、②火災住居の炭化材、③出土建築部材、④家形埴輪の四点が主なものである。このほか数少ない資料として、鏡や土器に描かれた絵画や家形土器がある。

古墳時代の建物跡の復原で、他の時代と比べて圧倒的に有利なのは家形埴輪の存在である。現実の建物をどの程度忠実に模倣しているのか明らかではないが、その時に存在したであろう建物の姿を、立体的に表現している点では他にかけがえない。以下、家形埴輪を中心素材として、古墳時代建物の上屋復原の可能性を検討してみたい（47）。

図37　長野県山岸遺跡の間仕切り

（一）穴　屋

穴屋の埴輪は、宮崎県西都市西都原《さいとばる》古墳群出土の著名な子持ち家形埴輪と大阪府藤井寺市野中宮山古墳出土の二棟だけである。かわって、絵画・彫塑として家屋文鏡と環頭大刀柄頭がある。ただし、これらの資料からは、主柱・桁・梁などの構造材については全くわからない。

穴屋の遺構（竪穴住居跡）からは、主柱の配置と周壁の形がわかる。残りのよい火災住居であれば、主柱と桁・梁や放射状の垂木などがわかる。さらに周壁がそのまま倒れていると細木を格子状に組んだりしている壁材がわかる（図

38）。周壁については、等間隔の杭痕から比較的高い壁を類推しうる（図39）。各地で復原されている穴屋の上屋が、妥当であるかどうかはわからない。

（二）平屋と高屋

家形埴輪は、圧倒的に平屋と高屋が多い。形象埴輪をもつ古墳被葬者階層の住居を反映しているのであろう。

図38　長野県黒岩城遺跡の火災住居

図39　千葉県草刈遺跡の周壁

かれない。

【柱】　家形埴輪の柱は、普通、線刻か突帯で表現される。ただし、大壁の場合は柱をぬりこめてしまうので柱は描かれない。

平屋と高屋のそれぞれ大型品と思われる大阪府高槻市今城塚古墳と同八尾市美園古墳の家形埴輪でも柱間は二間×二間と少ない。奈良県御所市宮山古墳の二間×三間の寄棟造平屋が主屋の一つの型であろう。

柱の側面観が二本の線、あるいは一本の粘土帯で表現された場合には、角柱か丸柱かは不明である。ところが稀には丸柱の家形埴輪がある。大阪府柏原市玉手山遺跡(六世紀、二間×二間、切妻造高屋)、奈良市平城宮跡下層(四世紀、

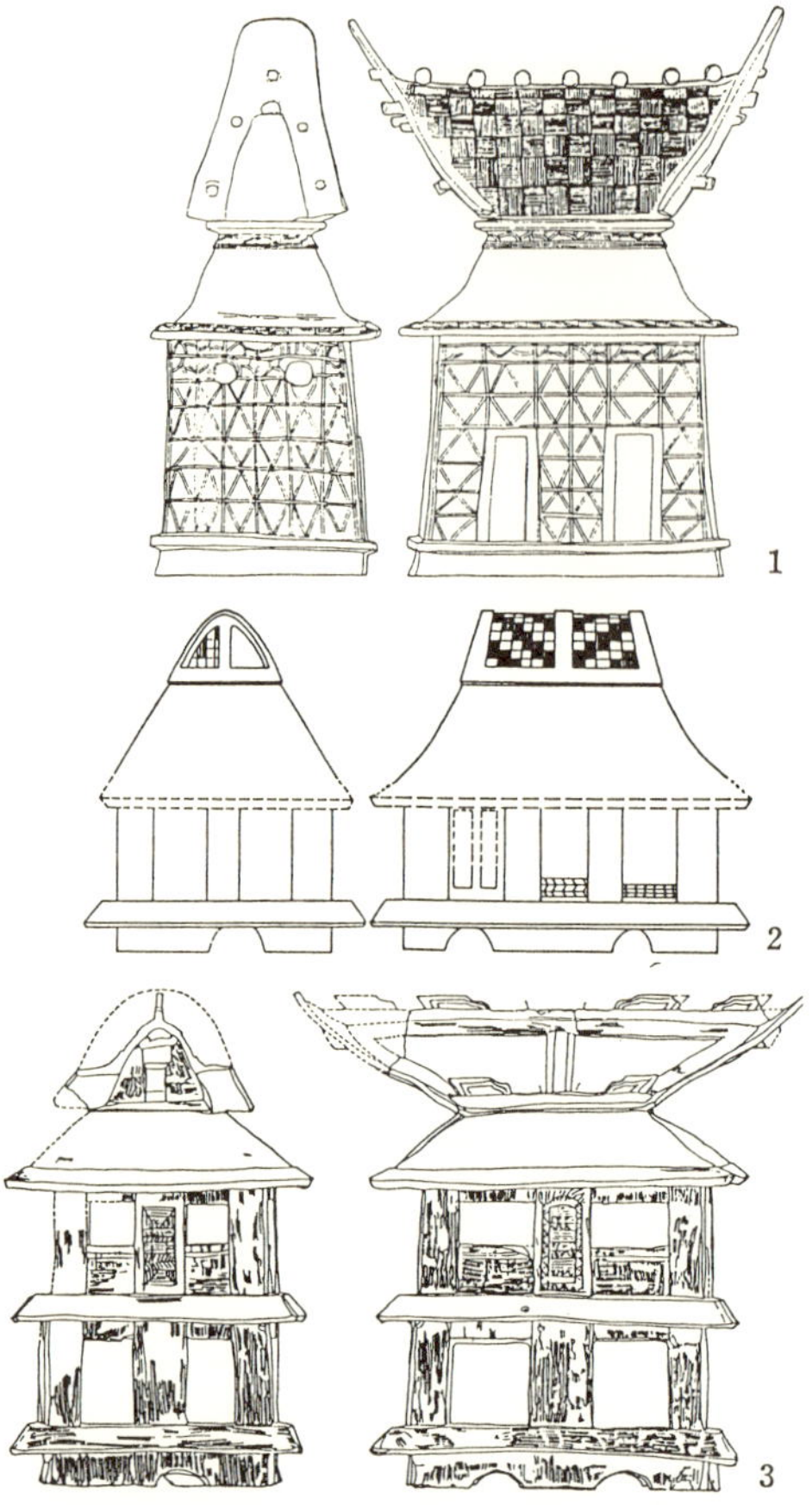

図40　家形埴輪、平屋と高屋
1：大阪府今城塚古墳　2：奈良県宮山古墳
3：大阪府美園古墳

図41　切妻造平屋の棟持柱
群馬県白石稲荷山古墳

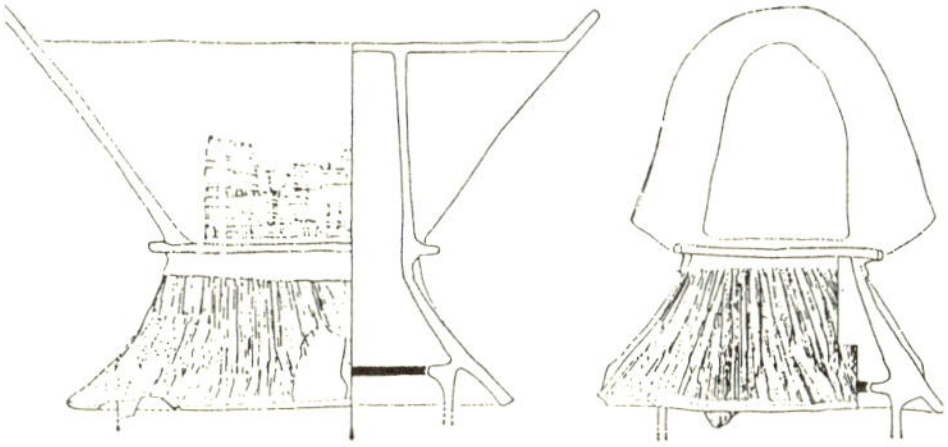

図42　桁・梁を表現する平屋〈太線〉
大阪府大平寺古墳群

切妻造平屋)(48)、奈良県河合町河合大塚山古墳(五世紀、盾つきの丸柱一本)(49)、埼玉県行田市瓦塚古墳(五世紀、二間×二間、寄棟造高楼)(50)などがそうである。柱穴に残っている柱根もほとんどすべて丸柱であり、奈良県橿原市高殿遺跡の五世紀の建物に角材が使われている程度である。したがって、古墳時代の平屋・高屋の柱は基本的には丸柱と考えてよいだろう。

なお、切妻造平屋で柱通りに棟持柱をもつ例が群馬県白石稲荷山古墳(六世紀、長突円墳)などにあるが数少ない(図41)。

【桁《ケタ》と梁《ハリ》】 建築構造材として、平屋、高屋に桁・梁は必要である。しかし、事実として家形埴輪に桁・梁が描かれることはない。切妻造・寄棟造・入母屋造のいずれであっても、側面観では桁・梁は屋根の下に隠れてしまうからである。それは、家屋文鏡でも同様である。

外からは見えない桁・梁が家形埴輪の内壁に表現されている例が稀にはある。大阪府柏原市大平寺六・七号墳の入母屋造平屋の壁上部内側の四周に突帯が水平につけられている(図42)。位置としては桁・梁そのものの部分であり、そのように考えておきたい。他にいくつかの類例はあるが数は少ない。

穴屋の炭化材に桁・梁らしい構造材が認められることはあるが確定は難しい。

【棟木《ムナギ》と棟束《ムナヅカ》と枡《マス》と妻横木】

切妻造や入母屋造の屋根の妻に棟木・棟束・枡・妻飾りを個々に、あるいは組み合わせて描く例がいくつかある。

棟木には、円形棒（広島県福山市池の内二号墳、六世紀、切妻造平屋）、半円形棒（和歌山市大谷山二二号墳、五世紀、入母屋造）、半円形空心棒（東広島市三ッ城古墳、五世紀、切妻造平屋）、半円形樋状など形態差があるが、円形棒と半円形棒のものが多い。

棟束は二本の平行線（奈良県五条市猫塚古墳、五世紀、入母屋造）、粘土棒（長野県須坂市天神一号墳、五世紀、切妻造平屋）などで表わす。棟束に枡を加えている例は数少ないが、三重県石山古墳や大阪府美園古墳などにある（図40）。

棟束に直交して粘土棒や粘土板を付設するものを妻横木と仮称する。構造材としての意味は明らかでない。長野県天神一号墳（51）と大阪府高槻市今城塚古

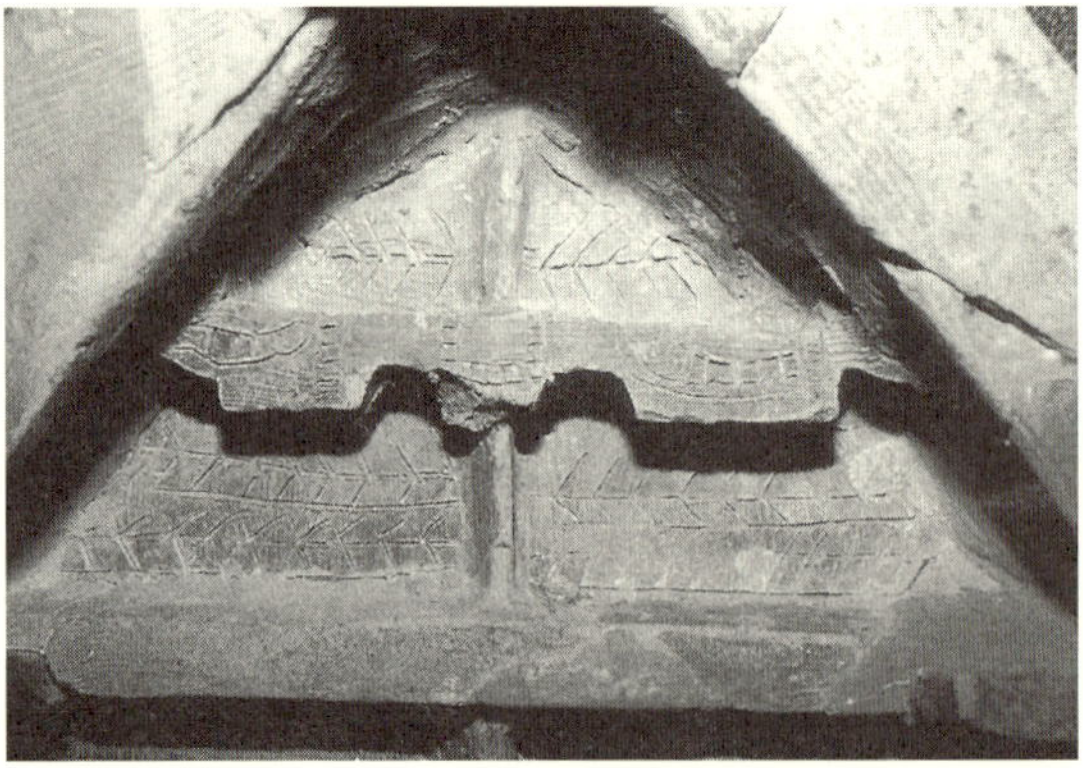

図43　長野県天神１号墳出土家形埴輪の文様

図44　新潟・長野県境の秋山郷の民家（日本民家集落博物館）

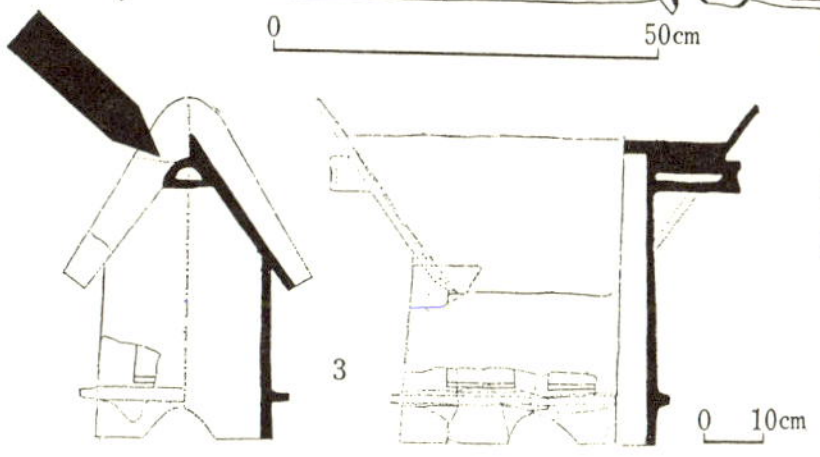

図45　棟木の形

1：広島県池の内 2 号墳
2：和歌山県大谷22号墳
3：広島県三ツ城古墳

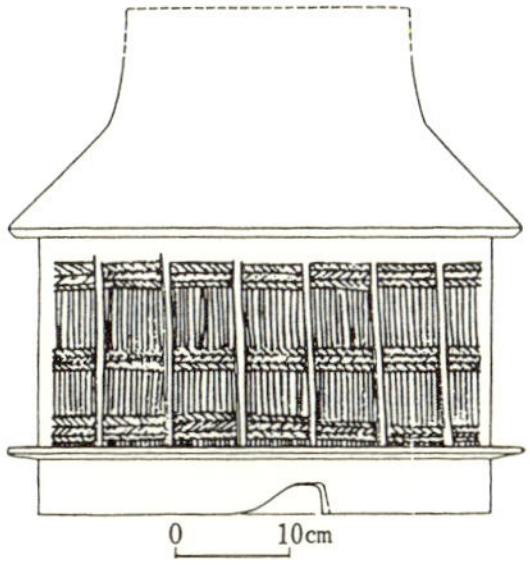

図47　桟壁の平屋
福井県六呂瀬山古墳

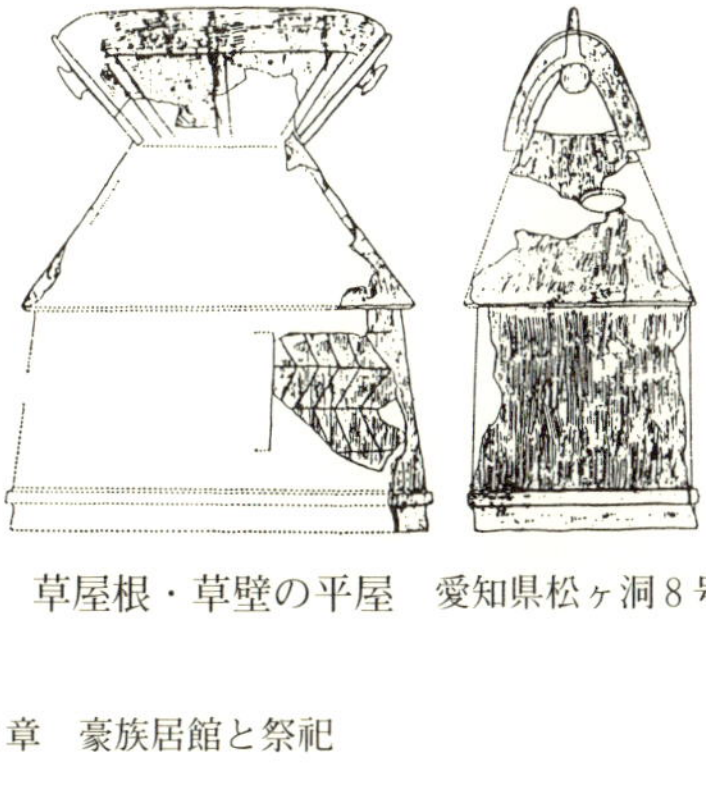

図46　草屋根・草壁の平屋　愛知県松ヶ洞 8 号墳

墳では板の妻横木に文様を刻む（図43）。

【壁】　家形埴輪の壁は柱と柱の間を横の平行線で結ぶ板壁の表現が圧倒的に多い。他方、家形埴輪の壁表面を縦に刷毛整形するもの（愛知県名古屋市松ガ洞八号墳）の中には、草壁があるかもしれない。草壁の民俗例には、新潟・長野の県境にある秋山郷の民家がよく知られている（図44）。

図48　奈良県纒向遺跡南飛塚地区出土の棧の組物

図49　群馬県黒井峯遺跡の平屋の壁（矢印）

なお、桟をつないで壁材としたらしい家形埴輪が福井県丸岡町六呂瀬山古墳群に一例だけある(図47)。奈良県桜井市纒向遺跡南飛塚地区から出土した桟の組物(図48)が壁材であるとすれば(52)、六呂瀬山の家形埴輪の壁表現が最も近い。平屋の壁が遺構として立ったまま検出されたのは群馬県黒井峯遺跡がはじめてである(図49)。火山礫が平屋の内と外に堆積し、立ったまま蒸し焼き状態になったらしい。しかし、残念ながら壁の構造まではわからない。

【窓】 同じ黒井峯遺跡で窓の発掘調査が行なわれた。窓は空間であり、立ったまま炭化した壁をたんねんに壁材の

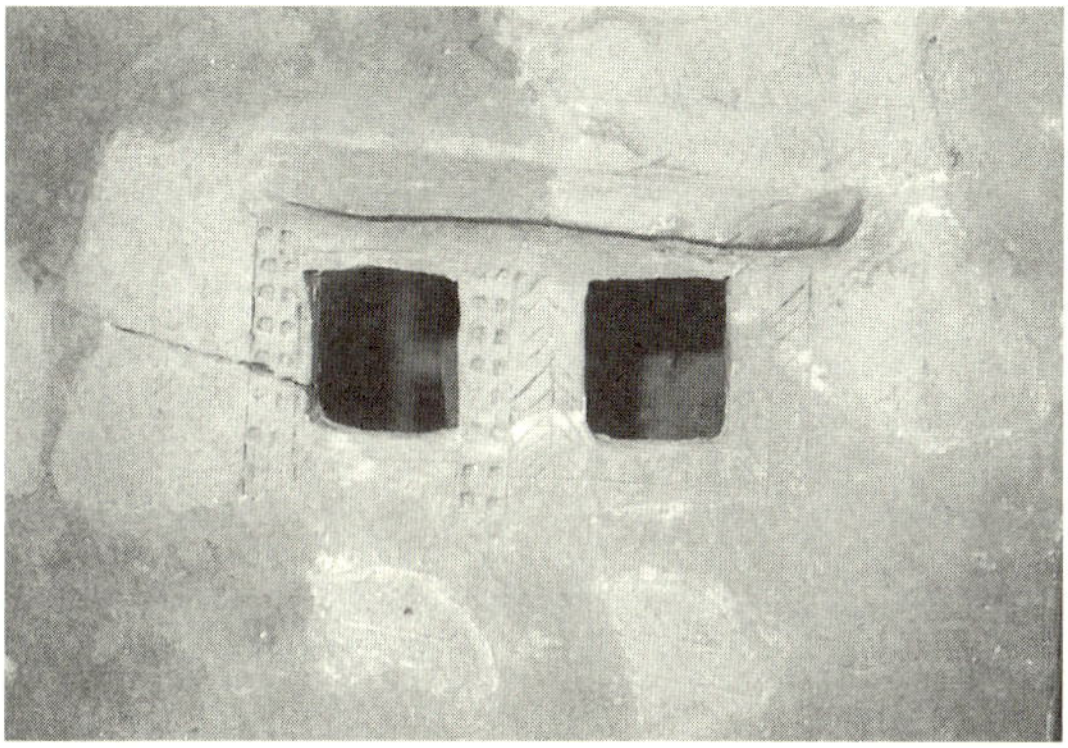
図50　滋賀県狐塚古墳出土家形埴輪の窓

図51　東・西日本の屋根葺代の相違
1：茨城県舟塚古墳　　2：鳥取県長瀬高浜遺跡

調査をして空白部分に窓を見出したのである。

家形埴輪の窓は、長方形の空白部分として数多くの埴輪に表現されている。その中で、窓枠を描いたらしい線刻や装飾がときどき見うけられる(図50)。

五世紀の滋賀県米原市狐塚古墳の家形埴輪では、平屋の短辺に二つの窓があり、一つの窓には列点文が、もう一つの窓には綾杉文が、それぞれめぐっており、その上に廂がある。これほど装飾的ではないが、窓枠の表現は群馬県太田市塚廻四号墳の入母屋造平屋の埴輪にある。

【屋根】 完全に焼けおちた屋根ではなく、陥没途中の屋根が発掘調査できるなどということは夢のまた夢であった。それが群馬県の黒井峯遺跡や中筋遺跡で現実におきた。中筋遺跡では穴屋の土壁に突きさしていた垂木から屋根の勾配が復原された。

以前から、家形埴輪によって入母屋・寄棟・四注・切妻など各種の屋根があることは知られていた。そしてまた、棟や屋根全体にある三角形文やアンペラなどの様々な文様は、屋根葺き(仕上がり)の相異を示していた。

入母屋造平屋や寄棟造平屋の屋根全体に三角連続文があるのは関東に多い(茨城県舟塚古墳、群馬県塚廻四号墳、千葉県殿部田一号墳など)。

入母屋・寄棟・切妻の平屋の棟や屋根の各縁にアンペラなどをあて、紐状のものでおさえるのは近畿や中国に多い(奈良県宮山古墳、大阪府美園古墳、岡山県月ノ輪古墳、鳥取県長瀬高浜遺跡など)。

さらに細かな検討が必要であろうが、屋根葺きの東・西日本の差があるらしいことは推測できる。

古墳時代建物の上屋構造は、家形埴輪など縄文・弥生時代にくらべればきわめて資料が豊富である。建物の部分ごとに、概略をのべたが、同地域・同時代の中で建物総体の検討も可能であろう。

五、要　約

集落と豪族居館の個々の要素について概括した。
豪族居館の要素を摘出すれば次のとおりである。
①方形の環濠と土塁・柵
②居館内の祭・政と経の区画分離
③居館の門と突堤の役割
④居館周辺の集落の計画配置の有無
①は、現在、豪族居館の指標としてもっともよく認識されている。土塁や柵を欠く場合があるが、本来欠いていたのか、のちに削平されたのかを検討しなければならない。柵は土塁上に設けられ、ともに削平されることもありうる。その場合は、居館台状部外縁が一定幅で無遺構地帯でなければならない。
②は、五世紀後半の群馬県三ツ寺Ⅰ遺跡で主屋にともなう石組祭場として認められ、六世紀後半の奈良県上之宮遺跡に継続している。さかのぼれば、四世紀の奈良県佐味田宝塚古墳の家屋文鏡に描かれている衣笠をもつ建物の祭祀性に及ぶ。
③豪族居館の性格が集落構成員からの隔絶であり、なおかつ対外的な防禦機能をもつものであれば、門と突堤の役割は大きい。群馬県原之城遺跡では、居館南辺の中央に陸橋部があり、その両側に突堤をつくる。おそらくそこに門があったであろう。門両側の突堤はヤグラにふさわしいし、流路を利用して居館を構えた場合には御津の船着場にもなったであろう。

④の検証はこれからである。静岡県大平遺跡の柵をもつ屋敷群と居館は、計画村落を想定させる。大分県小迫辻原居館と調査されつつある周辺の同時期の穴屋群との関係、群馬県三ツ寺Ⅰ居館と五〇棟以上の穴屋からなる井出村東集落との関係など、検討に値する。

屋はヒトの住居《すまい》である。平屋・高屋は資料的に難しいが、穴屋は日々くらした床面が残っているので、住居の中の生活の復原に注意すべきである。そういう視点から、穴屋の中の各部分をとりあげてみた。一つの限界は、屋を移るときに主要な用具は持ち出していることであり、日常生活の復原はやさしいことではない。

上屋の構造については、家形埴輪を素材に考えてみた。家形埴輪は、平屋・高屋が中心で穴屋がほとんどない点が制約である。今後建築史の人々と調査段階から共同で、建築遺構はもとより火災住居の炭化材、出土建築部材、家形埴輪を総合的に検討すべきであろう。

註

(1) 浜松市文化協会『佐鳴湖西岸遺跡群』一九九二年
(2) 近藤義行「森山遺跡発掘調査概報」『城陽市文化財調査報告書』六、一九七七年
(3) 田中裕介ほか『小迫辻原遺跡』Ⅰ、大分県教育委員会、一九九九年
(4) 佐藤良二郎「大分県小部遺跡」『考古学ジャーナル』三八四、一九九五年
(5) 和気敏章・鏑木理広「登内遺跡」『栃木県埋蔵文化財保護行政年報』栃木県教育委員会、一九八六年
(6) そとごう遺跡調査会『そとごう』一九七二年
(7) 小牛田町教育委員会『山前遺跡』一九七六年
(8) 木村徳国「鏡の画とイヘ」『家』日本古代文化の探求、社会思想社、一九七五年
(9) 後藤守一「上野国佐波郡赤堀村今井茶臼山古墳」『帝室博物館報告』六、一九三三年

(10) 野上丈助「埴輪生産をめぐる諸問題」『考古学雑誌』六一―三、一九七八年に引用
(11) 小笠原好彦「家形埴輪の配置と古墳時代の豪族居館」『考古学研究』一二四、一九八五年
(12) 石野博信「考古学から見た古代日本の住居」一九七五年(のち『日本原始・古代住居の研究』吉川弘文館、一九九〇年に収録)
(13) 和歌山県教育委員会『鳴滝遺跡調査概報』一九八三年
(14) 中尾芳治ほか『大阪市中央体育館地域における難波宮跡・大坂城跡発掘調査中間報告』大阪市文化財協会、一九八九年
(15) 柴田　稔『古新田』Ⅰ・Ⅱ、静岡県浅羽町教育委員会、一九九三年
(16) 下城　正ほか『三ツ寺Ⅰ遺跡』群馬県埋蔵文化財事業団、一九八八年
(17) 今井幹夫ほか『本宿・郷土遺跡発掘調査報告書』富岡市教育委員会、一九八一年
(18) 置田雅昭ほか『天理市布留遺跡、杣之内町木堂方字山本発掘調査概要』一九七八年
(19) 御所市教育委員会『名柄遺跡発掘調査現地説明会資料』一九八九年
(20) 小笠原好彦「住居と倉と井戸」『古墳時代の研究』二、雄山閣、一九九〇年
(21) 滋賀県教育委員会『服部遺跡』一九八〇年
(22) 松田順一郎・中西克弘「古墳時代の西ノ辻遺跡」『よみがえる河内の歴史』東大阪市文化財協会、一九八四年
(23) 石野博信編『大和・纒向遺跡』学生社、二〇〇五年
(24) 中沢貞治『原之城遺跡発掘調査報告書』伊勢崎市教育委員会、一九八八年
(25) 奈良国立文化財研究所『飛鳥・藤原宮発掘調査概報』一五、一九八五年
(26) 千種　浩『松野遺跡発掘調査概報』神戸市教育委員会、一九八三年
(27) 広島県埋蔵文化財調査センター『大宮遺跡発掘調査報告書兼代地区Ⅱ』一九八六年
(28) 清水真一「青木遺跡」『古墳時代の研究』二、雄山閣、一九九〇年
(29) 広瀬和雄「西日本の集落」『古墳時代の研究』二、雄山閣、一九九〇年

(30) 石井克巳『黒井峯遺跡発掘調査概報』群馬県子持村教育委員会、一九八七年
(31) 寺川史郎・金光正裕ほか『久宝寺北』大阪文化財センター、一九八七年
(32) 兵庫県教育委員会編『玉津田中遺跡』Ⅰ〜Ⅳ、二〇〇五年
(33) 林　博通・吉谷芳幸「渡来系集団の集落跡」『滋賀文化財だより』七三、一九八三年
吉水真彦「方形周溝状遺構の検討」『大津市文化財調査報告書』五、一九八二年
(34) 堅田　直「玉手山丘陵南端部の調査」『古代を考える』七、一九七六年
(35) 神奈川県立博物館の展示で実見。
(36) 中井一夫『和爾森本遺跡』橿原考古学研究所、一九八三年
(37) 馬田弘稔編『塚堂遺跡Ⅰ』福岡県教育委員会、一九八三年
(38) 和歌山県教育委員会『田屋遺跡現地説明会資料』一九八三年
(39) 渋川市教育委員会『中筋遺跡第二次発掘調査概要報告書』一九八八年
(40) 赤穂市教育委員会『東有年沖田遺跡現地説明会資料』一九九〇年
(41) 名和達朗『西沼田遺跡発掘調査報告書』山形県埋蔵文化財報告書第一〇一集、一九八六年
(42) スウェーデン国立歴史博物館で実見。
(43) 岡谷市教育委員会調査
(44) 児玉眞一編『九州横断自動車道関係埋蔵文化財調査報告書』一四、福岡県教育委員会、一九八八年
(45) 山田瑞穂「樋口内城館遺跡」『長野県中央道報告書・昭和四五年度』長野県教育委員会、一九七一年
(46) 人間博物館リトルワールドに移築展示。
(47) 以下、注記しない家形埴輪は、『形象埴輪の出土状況』(埋蔵文化財研究会、一九八五年)から引用した。
(48) 立木　修「円柱を表現する家形埴輪」『考古学雑誌』六七―二、一九八一年
(49) 河上邦彦・前園実知雄『佐味田坊塚古墳』橿原考古学研究所、一九七五年

(50) 金井塚良一ほか『瓦塚古墳』埼玉県教育委員会、一九八六年
(51) 関　孝一『長野県須坂市天神第一号墳確認調査報告書』須坂市教育委員会、一九七七年
(52) 桜井市教育委員会調査。註(23)

二　居館と祭祀

三九一年、倭王は海を渡って百済・新羅を破ったが高句麗に敗退し（広開土王碑）、四二一年から四七八年にかけては中国と外交交渉を行ない、朝鮮半島南部の権益を主張した（『宋書』）。広開土王碑や『宋書』のいう通りであれば、倭国は邪馬台国時代から百年にして隣国への侵略を開始し、富国強兵策を推進したことになる。明治以降の国策は初犯ではなかった。

本節は、四世紀末から五世紀の大王の事蹟について居館・祭祀などの項目ごとに整理し、巨大古墳を築いた背景を考えてみたい。

一、大王の居館

一九八七年一二月、〝仁徳天皇の高津宮か〟という見出しが新聞を飾った。仁徳天皇＝オオサザキ大王が実在かどうか検討されている今、直ちに信じ難い記事ではあるが、大阪市法円坂で五世紀の大倉庫群が見つかったことは事実である。

大阪市法円坂は上町台地の先端にあり、難波宮跡と重複していて「高津宮」のひそかな候補地でもあった。建物は、東西約九〇メートルの範囲に二列に一二棟並んでいる（その後、一二〇メートルの範囲に一六棟となる）。一棟の大きさは五間×五間（九×一〇メートル）で、総柱建物であるためすべて高倉であると考えられている。

高倉群は整然と並んでいるので計画的に配置されたのであり、すべてにコメをバラ積みしたとすれば約三万石を収納することができるという。稲穂のついた穎稲で収納したとしても一万石入る。三万石のコメは水田一万町歩に相当する。

調査を担当した大阪市文化財協会は、高倉群の時期を五世紀後半と発表した。その根拠は、高倉の一つが廃絶したあと、その上に五世紀後半の須恵器をもつ穴屋(竪穴式住居)がつくられているからだという。現地で穴屋を見せてもらったが、まさにその通りだった。計画的に配置された高倉群のうちの一棟が五世紀後半には壊れていた、ということはこの時には高倉群すべてが存在しなかった、と考えてよいだろう。

しかし、建設時期となると話は違う。〝五世紀後半には壊れていたから、五世紀後半に建設した〟というのはおかしい。〝遅くとも五世紀後半には建設されていた〟と考えるのが正しい。五世紀後半からどこまでさかのぼるかは難しいが、大阪平野に巨大古墳が建造される時期――四世紀末以降を検討の対象に加えておくべきだろう。

オオサザキ大王の難波高津宮か否かは全く検証しがたいことではあるけれども、大阪平野はじめての巨大古墳である藤井寺市津堂城山古墳(全長二〇八メートル)が築造される四世紀末から大王家による河内の開発が始まり、鉄と先端技術を求めて朝鮮半島南部への侵略が開始された。

その拠点の一つが、のちに難波津とよばれる上町台地の先端地域にある法円坂建物群である可能性が高い。拠点とした主体者は、全国に類例のない建

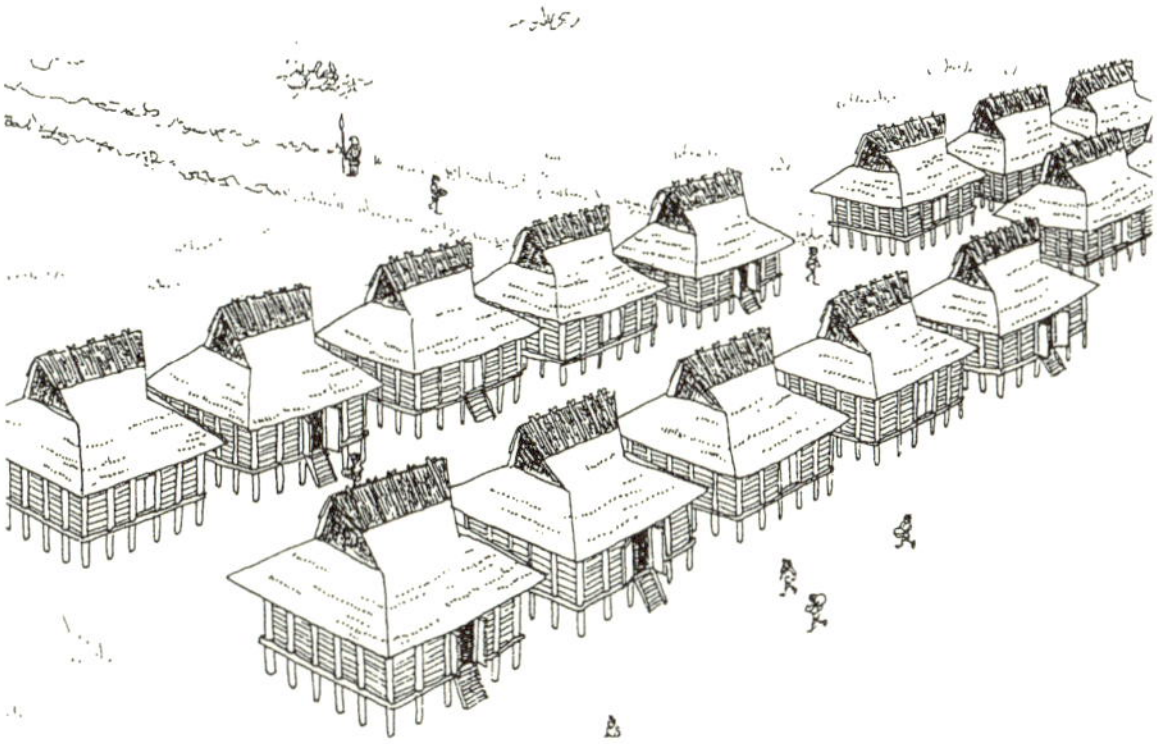

図52　法円坂遺跡の高倉群(5世紀)

物群の計画性と規模からみて大王＝ヤマト政権そのものと考えておきたい。

　大阪平野の計画的開発が始まる四世紀末の高倉群が、和歌山市鳴滝遺跡にもある。鳴滝遺跡は紀ノ川北岸のせまい台地上に七棟の高倉が並列している。高倉は三間×四間で、八×一〇メートルと六・七×八・七メートルの二種の建物がある。建物が廃絶した後の柱穴の上に四世紀末、五世紀初の陶質土器などがおかれていて、廃絶の時期を限定することができた。

図53　鳴滝遺跡の高倉群（5世紀）

　紀ノ川河口地帯は古代豪族紀氏の領域であり、その墓地と想定されている岩橋《いわせ》千塚古墳群は四世紀後半から六世紀まで継続的に営まれている。これとは別に、高倉群の西南六〇〇メートル余には馬甲・馬冑など朝鮮半島色の強い馬具が出土した五世紀後半の大谷古墳がある。地域の歴史的背景は鳴滝高倉群が紀氏一門の対外活動の拠点として建設されたことを示している。その場所は、紀ノ川沿岸の平野部からは見えない隠れ谷のような位置にあり、秘密基地の匂いを漂わせている。
　秘密基地のような雰囲気は、五世紀後半のワカタケル大王の宮殿にもある。「隠口《こもりく》の初瀬」（万葉集）とよばれた奈良盆地東南部奥の谷あいに、初瀬朝倉宮を定めたというワカタケル大王の宮殿の一画らしい建物跡が桜井市脇本遺跡から現われた。
　一九八四年、桜井市教育委員会と橿原考古学研究所が共同で設置した磯《し》城《き》・磐余《いわれ》諸宮調査会は、幻の飛鳥以前の宮殿探索に乗り出した。橿原考古学研究所では一九七六年から磐余地域の諸宮伝承地の遺跡分布調査や聞き取り調査を行なっていたので、今回は第一期対象地を初瀬谷にしぼり、古代史・考古学・歴史地理学の各分野による基礎的調査から始めた。

考古学を担当した萩原儀征（当時、桜井市教育委員会）と石野（当時、橿原考古学研究所）は初瀬谷を歩いた。これより少し前に和歌山市鳴滝遺跡で高倉群が検出されていた。石野は、鳴滝遺跡の隠れ谷のようなイメージを強く意識し、「隠口の初瀬」と重ねて考えていた。

そこで二人は、平地からは見えない谷あいに入り、段々畠や谷川に眼をこらして五世紀の土器片を探し求めた。なかった。いくつかの谷を歩いて、ぼんやり休憩しているときに「やっぱりあそこかナ」と二人の意見が一致した。そこは、かねてから五世紀を含む各時代の土器が採集されている脇本遺跡だった。

改めて脇本の地に立った。三輪山を背に、西に耳成山と二上山を遠望できる地であった。ワカタケル大王は、チイサコベノスガルに三輪山の神を捕えさせ、直ちに解き放ったという伝承をもつ。神をも恐れぬ所業と神への恐れを合わせもつ大王の宮殿にふさわしい土地と感じた。ここからは、三輪山頂に通じる間道もあるらしい。地主さんにお願いして一枚の水田をお借りした。

二、五世紀の居館の立地

一九八四年四月二三日、幻を現実に引き戻す発掘調査が始まった。幅五メートル、長さ二〇メートルの試掘溝を掘り進む。地表下五〇センチで五世紀後半の須恵器が出はじめた。脇本遺跡では特に珍しいわけではない。それに、明治年間以来の宮殿探査の歴史の中で、最初に選んだ遺跡の中の、一枚の水田の中の、小さな一つの試掘溝で、五世紀の建物跡が出るとは思ってもいなかった。

それなのに、二棟の建物跡が南北に並んで柱筋を揃えて出てきた。おまけに、建物跡の上には五世紀後半の土が覆っている。柱筋が揃っているのは、大阪市法円坂建物群と同様に計画的配置であることを示している。柱穴も九〇センチと大きく、柱も径二五〜三〇センチと太い。ただし、建物の規模は五・五×六・五メートルと小さく、とても五世紀の宮殿の中心建物とはいえない。

それなのに、新聞・テレビでは〝雄略天皇の宮殿跡発見〟となった。私たちは発表のときに、ワカタケルのワも言わなかった。しかし、眼は喜んでいたのだと思う。

そして調査は五年間継続した。様々な成果はあったけれども、二年目以降は五世紀後半の柱穴一つさえ見つけることができなかった。それでも、二棟の南北棟は正殿の前の脇殿ではないか、とひそかに考えている。そう考えたとき、正殿の候補地は現代の民家群の下に眠っていることになる。

五世紀の豪族居館の一端は、天理市布留《ふる》遺跡にもある。物部氏の武器庫とされている石上神宮の前面に、石垣をもつ建物跡の一部が現われた。調査面積がせまいため居館の全貌は不明だが、近畿地方の五世紀には石垣をもつ居館があったことを教えている。

五世紀の豪族居館の近畿以外の典型例は、群馬県三ツ寺I遺跡であろう。三ツ寺居館は、川をつけ替えて幅三〇メートル余の水濠をつくり、その中に一辺八〇メートル余の石垣をめぐらした方形台を設けて建物群を配置している。ただし、高倉群はない。

五世紀の大王家が所有したであろう法円坂高倉群や地域豪族の一つである紀氏の鳴滝高倉群と関東の豪族・上毛野氏の三ツ寺居館を合わせ考えると、一つの居館像がうかびあがる。法円坂と鳴滝両遺跡は高倉群だけで平屋・高屋(居住用建物)がなく、三ツ寺は平屋・高屋はあるが高倉群がない。つまり、法円坂と鳴滝には平屋・高倉が別にあり、三ツ寺には高倉群が別にあるのではないか。このように考えると『日本書紀』清寧天皇条の記述が参考になる(1)。

　星川皇子、――遂《つい》に大蔵《おおくら》の官《つかさ》を取れり。外門《ほかと》を鏁《さ》し閉《かた》めて、式《も》て難《わざわい》に備《そな》ふ。権勢《いきおい》の自由《ほしいまま》にして、官物《おおやけもの》を費用《ついや》す。

　――(大王側は)乃《すなわ》ち軍士《いくさ》を発《おこ》して大蔵を囲繞《かく》む。外《と》より拒《ふさ》き閉《かた》めて、火を縦《つ》けて燔殺《やきころ》す。

ワカタケル大王=雄略天皇が崩御したとき、吉備出身の星川皇子は大王位をねらって乱をおこし、(初瀬朝倉宮の)大蔵を占拠した。そこで大王側は軍をおこして大蔵を囲み焼き殺した、という。

ここでわかることは、五世紀の大王の宮殿には大蔵が別置されていたことである。大蔵には外門があり、大蔵だけを囲んで火を放っている。外門があれば内門もあったかもしれないし、それぞれに柵か塀が伴っていた可能性が高い。大蔵を囲んだとあるのは、大蔵が独立した建物群であることを示しており、宮殿の類焼には触れていない。ちなみに、脇本遺跡の南北二棟には火災痕跡はない。

法円坂高倉群の北方五〇メートルと南方一〇〇メートルには同時期の建物群はない。東西は未調査ではあるが、建物群の独立性は高い。鳴滝高倉群は、地形上独立した丘陵尾根上にあり、他の建物群の一部になることはない。七世紀の官衙が敷地内に高倉群を付設しているのとは大きな違いであり、大王権の質の差を表わしているように思われる。大王権の変質は五世紀末・六世紀初にあるように思われる。

三、大王の祭祀

四世紀後半、玄海灘の孤島、沖ノ島で国家的祭祀が始まった。巨岩上に小石室を設け、三角縁神獣鏡・内行花文鏡・車輪石・石釧・刀剣・玉など各地の代表的な前期古墳の副葬品と同種の品々が多数奉献されていた。祭祀は、四世紀後半〜五世紀前半、五世紀後半〜六世紀、七、八世紀と各期にピークをもちながら継続している。

四世紀後半は大王墓が奈良盆地北部に新たに造営され始めた時であり、同時に津堂城山古墳に象徴される河内の開拓が始まった時でもある。岡崎敬はその歴史的背景をつぎのように述べておられる(2)。

岩上の祭祀遺跡は、四世紀後半、百済との交渉の始まったこの時期に営まれたものではないか、――(そして倭は)朝鮮半島南部で生産された鉄材(鉄鋌)や高度の生産技術と技術者の獲得のため、百済や新羅などの国々と事をかまえる(こととなった。そのために)古代宗像の漁民やその豪族『胸肩君《むなかたのきみ》』の協力を必要としたので、胸肩君のいつきまつる宗像大神は、新しい祭儀と奉献品をもってまつられるようになった。

いいかえれば、沖ノ島祭祀の開始は、ヤマト大王家による朝鮮半島侵攻のための航海安全を祈願した場であった。ヤマトではこの時、神体山・三輪山と布留の杜(石上神宮)への祭祀が行なわれている。「国家的事業」を進めるに当たって、ヤマトの内外で大規模な祭祀が執行されたのであろう。

この時、「朝鮮半島南部で生産された鉄材や高度の生産技術と技術者の獲得」をめざしたのはヤマト大王家だけではなかった。ヤマトの豪族、葛城襲津彦《かつらぎそつびこ》は新羅を攻め「俘人《とりこ》」をつれて帰って「今の桑原《くわはら》・佐糜《さび》・高宮《たかみや》・忍海」の地に住まわせたという(『日本書紀』神功五年条)。

葛城襲津彦は『百済記』に「沙至比跪《さちひこ》」として登場する実在の人物であって対外交渉にたずさわり、自らの領地に朝鮮半島の先端技術者を確保していたと伝承されている。この伝承が史実であることが橿原考古学研究所による御所市南郷遺跡群の調査によって明らかにされつつある。

南郷柳原遺跡では四世紀末・五世紀初の大壁住居が検出された。大壁住居とは、柱を壁の中に塗りこめてしまう建物で朝鮮半島系の住居である。大壁住居があることは、明らかに朝鮮半島人の来住を示している。その上、韓式土器や先端技術を示す鉄滓・銅滓などの出土があり、伝承の信憑性を高めている。

さらに興味深いのは、南郷安田遺跡のユニークな祭殿である。五世紀前半、内・中・外と三重の方形柱列を配し、各柱筋は全く揃わない。外周で一辺約一七メートル。柱筋が通らなければ三重の方形柱列を一つの建物として建てることはできない。それなのに柱は径三〇〜五〇センチときわめて太い。柱の太さからみると、特異な高楼が建ちそうだ。

葛城襲津彦の娘で仁徳天皇皇后の磐之媛《いわのひめ》は、「我が見が欲し国は、葛城《かつらぎ》、高宮《たかみや》、我家《わぎえ》のあたり」（『日本書紀』仁徳三十年条）と歌を詠《よ》んでいる。「我家」とは襲津彦の居館であり、居館の近くに「高宮」が建っていた。高宮の地名は南郷の西南三キロにあるが、和田萃の研究によれば平安以降の地名である。「高宮」は、襲津彦の居館「我家」の有力候補地である名柄《ながら》遺跡から一・五キロの南郷安田の方がふさわしい。

南郷安田の「高宮」の西南四〇〇メートルに南郷大東の祭場がある。五世紀前半、石垣を組んで谷川をせきとめ、木樋で仮設の建物に導水している。仮設建物は柱に小穴（縦溝）を掘って板をおとしこむ板壁造りで、佐味田宝塚古墳の家屋文鏡の祭殿（平屋・高屋）の表現に近い。建物の実例としては最古例である。建物を囲む柵は、囲形埴輪《かこいがた》のように出入口が互い違いになっている。

建物の外の水路から多量の寄生虫卵が検出されたのは驚きだ。金原正明氏（天理大学）によると、一立方センチ当たり三千個余の寄生虫卵は、便槽内の糞尿塊の数値と等しいという。聖なる祭場で何がおこったのか。実は、祭場の糞尿塊は、三世紀後半の桜井市纒向遺跡の導水施設にもあった。

速須佐之男命《はやすさのおのみこと》、——天照大御神の営田の阿《あぜ》を離ち、其の溝を埋め、亦其の大嘗《おおにえ》を聞看《きこしめ》す殿《との》に屎麻理《くそまり》散らしき(3)

スサノオは、アマテラスの田の畦《あぜ》をこわし、溝を埋め、新穀を食べる建物で屎をし、まき散らした。今、行なわれている各地のまつりに鬼などの悪役が登場する例は多い。悪役を退治することによって善玉が浮かびあがる。そのような芸能が三〜五世紀に現実に行なわれていたのではないか。

以前には、遺跡から寄生虫卵を抽出する方法は確立していなかった。祭祀遺跡に寄生虫卵が存在することは、今も認知されていない。今後、抽出作業を進め基礎資料を集積した上で、古代芸能史の研究者と共同研究を進めていけば、大王をはじめ各地の豪族の芸能がよみがえってくるだろう。

倭の五王時代、五世紀前半の本格的な導水施設が東大阪市西ノ辻遺跡にある。浅い谷あいに九〇メートルにわたって木樋や石組の方形池を連ねて水を導いている。これらの施設は、六世紀前半に急に廃絶する。沖ノ島岩陰祭祀廃絶の時と一致しているのは偶然だろうか。

祭祀の内容は異なるけれども、大王ならびにその一族の拠点である河内湖の岸辺で行なわれた祭祀と沖ノ島の航海安全を願う祭祀に一つの関連があるように思えてならない。

四、大王の古墳

倭の五王の古墳はどこにあるのか。多くの人は、日本列島の中で四世紀末から五世紀を通じての巨大古墳が集中する大阪平野の古市古墳群と百舌鳥《もず》古墳群の中に求めている。『宋書』記載の倭の五王、讃・珍・済・興・武が、倭のどの大王に相当するかは不明であるとしても、考古学的には五世紀の巨大古墳を選考の対象とすればよい。

もっとも、大王墓はなぜ巨大古墳でなければならないのか、と改めて問われれば答えられない。同世代の地域豪族が大王より大きい古墳をつくることはない、というルールは考古学的に証明されているとはいえない。ただし、今は他に検証する方法がないので、同世代の全長二五〇メートルと二〇〇メートルの二つの長突円墳があれば、大きい方を大王墓とする通俗的立場をとる。

このように簡明な立場をとっても問題は古墳そのものの編年にある。

現地で永年、古市古墳群の研究を継続しておられる天野末喜の最近の成果がある(4)。天野の図によれば、五世紀百年の古墳が六段階に配列されており、各段の大古墳を選ぶと石津丘(履中陵)─造山─誉田山(応神陵)─大仙(仁徳陵)─土師ニサンザイ─岡ミサンザイ(仲哀陵)となる。石津丘古墳の前に古市古墳群創始者の津堂城山古墳を加えると七段階=七王となる。

一九九五年一一月に刊行された『全国古墳編年集成』の河内と和泉を担当した一瀬和夫、田中晋作両氏の編年案(5)では、津堂城山─仲津山─誉田山─石津丘─大仙─土師ニサンザイ─岡ミサンザイとなり、誉田山と石津丘の編年的位置が逆転する。そして、石部正志は、津堂城山─仲津山─石津丘・誉田山─大仙─土師ニサンザイ─岡ミサンザイとなり(6)、一瀬・田中案とほぼ等しい。

さらに石部は、倭の五王と古墳を安易に結びつけるべきではない、としながらも、讃=中津山か石津丘、珍=誉田山、済=百舌鳥大塚山、興=大仙、武=土師ニサンザイの各古墳に比定しておられる。

私は今、定見を持っていない。津堂城山古墳から岡ミサンザイ古墳に至る複数系列の古墳があること、埴輪によるこまかな編年を行なった上で、倭の五王の在位年数を参考にして五王の墓を比定することを常識的に考えている。

四世紀末から五世紀を通じて倭と古代朝鮮諸国との緊張関係が継続した。倭の五王は、ヤマトとカワチを根拠地として中国に対し朝鮮諸国での権益を主張した。その背景として、五世紀前半、オオサザキ大王とされた人物は宮殿を難波高津宮に定めるとともに大倉群を独立させた(法円坂高倉群)。それは、大王家だけではなく大王とともに対外活動を進めた紀氏など地域豪族も武器庫を含む「秘密基地」を設置していた(鳴滝高倉群)。〝隠谷〟に大倉群を独立させる考え方は五世紀後半のワカタケル大王の初瀬朝倉宮に継続している。

他方、ヤマト政権による河内の開拓とともに、瀬戸内海の高島や玄海灘の沖ノ島で航海安全を祈願する国家的祭祀が始まった。それと同時に、出兵する側のヤマトの三輪山祭祀や布留の杜祭祀が挙行された。祭祀は大王家だけではなく、対外交渉を積極的にすすめた葛城氏などでは大規模な祭殿や祭場を設け、恒常的に行なっていた。

倭の五王の古墳は、今、直ちに特定することはできない。巨大古墳の研究は重要ではあるが、倭の五王時代を復原するためには、居館・祭祀・外交・開発等々多くの分野について、個々の資料を総合して進めていきたい。

註

（1）「日本書紀　上」『日本古典文学大系』岩波書店、一九六七年
（2）岡崎　敬ほか『宗像・沖ノ島』宗像大社復興期成会、一九七九年
（3）「古事記 祝詞」『日本古典文学大系』岩波書店、一九五八年
（4）天野末喜『倭の五王の時代』藤井寺市教育委員会、一九九五年
（5）石野博信編『全国古墳編年集成』雄山閣、一九九五年
（6）石部正志「倭の五王と古市古墳群」『古市古墳群をめぐる諸問題』藤井寺市教育委員会、一九八九年

三　生活と祭祀

考古学では、身近なことでわからないことが多い。服の形は、色は、髪形は、食物は……。資料が少ないためにわからないことを、何とかわからせようと努力する。

古墳時代の祭祀は、生活と密着するとともに政治と深くかかわる。主要な祭祀は首長が司る。山でも、川でも、道でも……。そして、首長の葬儀は最高の祭祀であり、その終結として古墳をつくる。古墳祭祀は、様々な形で多くのまつりと関係するが、本節では他の多くの神まつりと弥生祭祀との決別を語ることとしたい。

一、祭祀の革新

倭国乱のあとの西暦一九〇年頃、卑弥呼は共立されて倭国王の位についた。そして、二三九年以降、倭王として魏と外交を展開し、二四八年頃に没した。

一九〇年頃は、纒向1式土器（近畿弥生第Ⅴ様式六期併行）の開始期であり、二一〇年ごろには纒向2式（庄内〈古〉式）がはじまり、二五〇年ごろには纒向3式（庄内〈新〉式）がはじまる。全長九三メートルの長突円墳である奈良県桜井市纒向石塚古墳は三世紀初頭に築造されており、三世紀後半には箸中山古墳（箸墓）が築造される。冒頭にあげた一九〇～二四八年の卑弥呼治世期間は、長突円墳の開始期に相当する。まさに古墳時代のあけぼのであり、古墳時代祭祀の創造期である。

古墳時代早期（従来の弥生後期終末段階〈近畿弥生第Ⅴ様式六期＝纒向1式期〉以降）に、弥生時代の青銅製祭具が破砕・廃棄・埋納された。
福岡県辻田《つじばたけ》遺跡では広形銅鉾の残骸が弥生終末の川の中に捨てられ、長崎県(対馬)木坂五号墓では広形銅鉾が四つに割られて弥生終末の墓に埋められた。大分県別府《びゅう》遺跡では押し潰された小銅鐸が弥生終末の集落に捨てられ、小型仿製鏡さえも多くのムラでは廃屋に捨てられた。

図54　奈良県大福遺跡の銅鐸埋納状況

近畿の銅鐸の運命も同じである。兵庫県豊岡市久田谷《くただに》遺跡では破砕された銅鐸のカケラを集めて埋め、奈良県纒向遺跡では銅鐸の飾耳が川に流された。今、各地で銅鐸が埋納されたままの状態で発見され、調査された例が一〇遺跡余ある。そのうち土器によって埋納時期を限定できるのは三遺跡(岡山市高塚遺跡、大阪府八尾市跡部遺跡、奈良県桜井市大福遺跡)で、例数は少ないがすべて弥生後期である。大福遺跡(図54)は纒向1式期(弥生末―古墳初)の可能性が高いし、大阪府羽曳野市西浦遺跡では庄内式期の土器包含層が銅鐸埋納坑の直上を覆っていた。

これらの例は、ツクシでも、キビでも、ヤマトでも、弥生人が弥生青銅製祭具とその背景にある弥生のカミを否定したことを物語っている。その時期は、弥生後期末・古墳早期を中心とするときであり、西暦一九〇年～二一〇年のころであろう。

卑弥呼は倭国王であると同時に司祭者であった。一九〇年ごろに即位した卑弥呼、ならびに卑弥呼を共立した人々は弥生青銅製祭具に象徴される弥生のカミの否定を積極的に進めたのではないか。まさに〝廃仏毀釈〟である。何故このとき、ここまでしなければならなかったのか。

『魏志』武帝紀と『後漢書』南天紀のともに興平元年（一九四年）の条には、異常気象のため大飢饉がつづき、「人相食」状況が記録されている。気象学の山本武夫によれば、この時小氷河期で飢饉は東アジア全体に及んだらしい。銅矛で、銅剣で、銅鐸で、各地の人々が王とともに祈っても願っても、連年の飢饉はおさまらなかった。『魏志』韓伝によれば共同体の願いがかなえられないときには王の弑逆が行なわれるという。おそらく倭のクニグニでも「王殺し」がつづき、それでもおさまらない飢饉の前に、ついに弥生のカミの否定となったのではないか。

倭の女王卑弥呼は、景初三年（二三九年）以降、さかんに魏と外交交渉を展開して「汝好物―銅鏡百枚」を入手し、「国中の人に示し」た。

弥生のカミを否定したあと、新しいカミを求め、人々に示さなければならない。卑弥呼は新しいカミを魏に求め、その象徴として銅鏡の大量輸入をはかったのではないか。

この時卑弥呼が、邪馬台国の女王としてではなく、倭国の女王として魏と外交をすすめたことは、山尾幸久、西嶋定生らによって検証されている(1)。そうであれば、この時に倭国共通の理念・思想・体制がなければならない。三世紀前半にこれを示す考古資料を求めれば、長突円墳と銅鏡をおいて他にない。まさに祭祀の革新である。

長突円墳は、本来、宗教的建造物として築造され、やがて政治的色彩を強くおびるようになった。もし三世紀前半（纏向2式＝庄内〈古〉式）に長突円墳に象徴される倭国共通の体制がなかったとすれば、卑弥呼の外交も、卑弥呼の長期政権も存在しえなかったに違いない。そうであれば、三世紀前半の祭祀の革新、新たな宗教行為を示す遺構は他にないのだろうか。

（二）祭殿を建てる

奈良県纏向遺跡の居住地北方の中州に纏向2・3式期の奇妙な建物跡がある。二間×三間（四四〇×五二八センチ）の高屋（高床建物）を柵で囲み、その推定両側に一間四方（一六〇×一八〇センチ）の高屋が付く。前者の柱径は約二〇センチある（図55）。

宮大工の木村房之はこの建築遺構を検討し、「神社建築の祖型」とした(2)。主殿は妻入りで正しく西面し、構造上

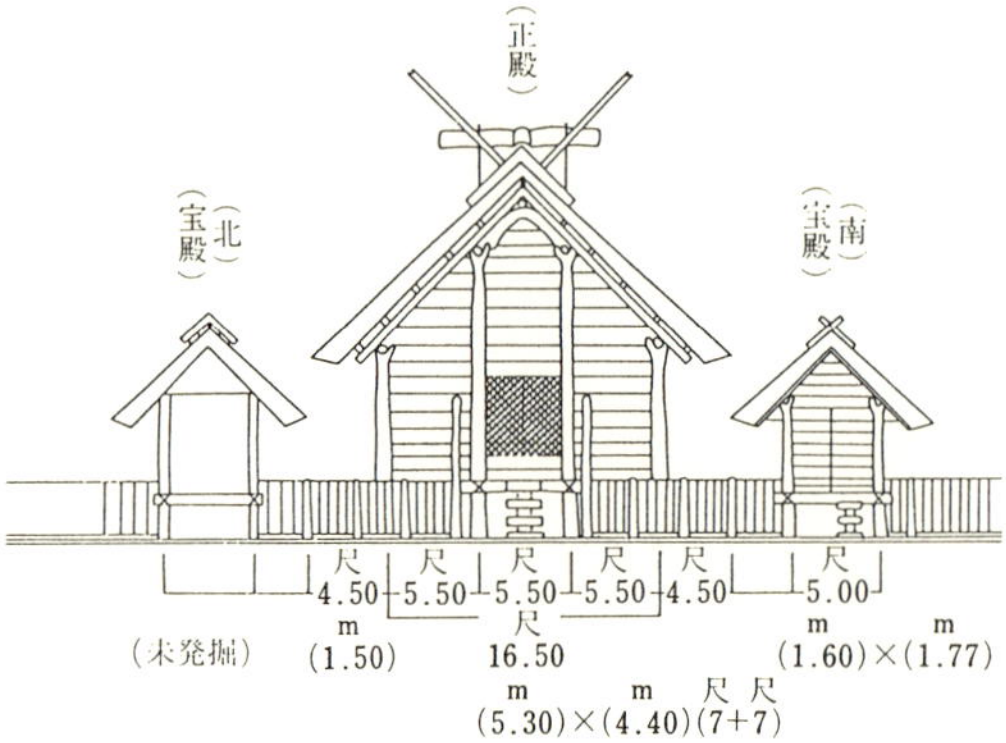

図55　纏向遺跡の祭殿復原図（数字は魯般尺）

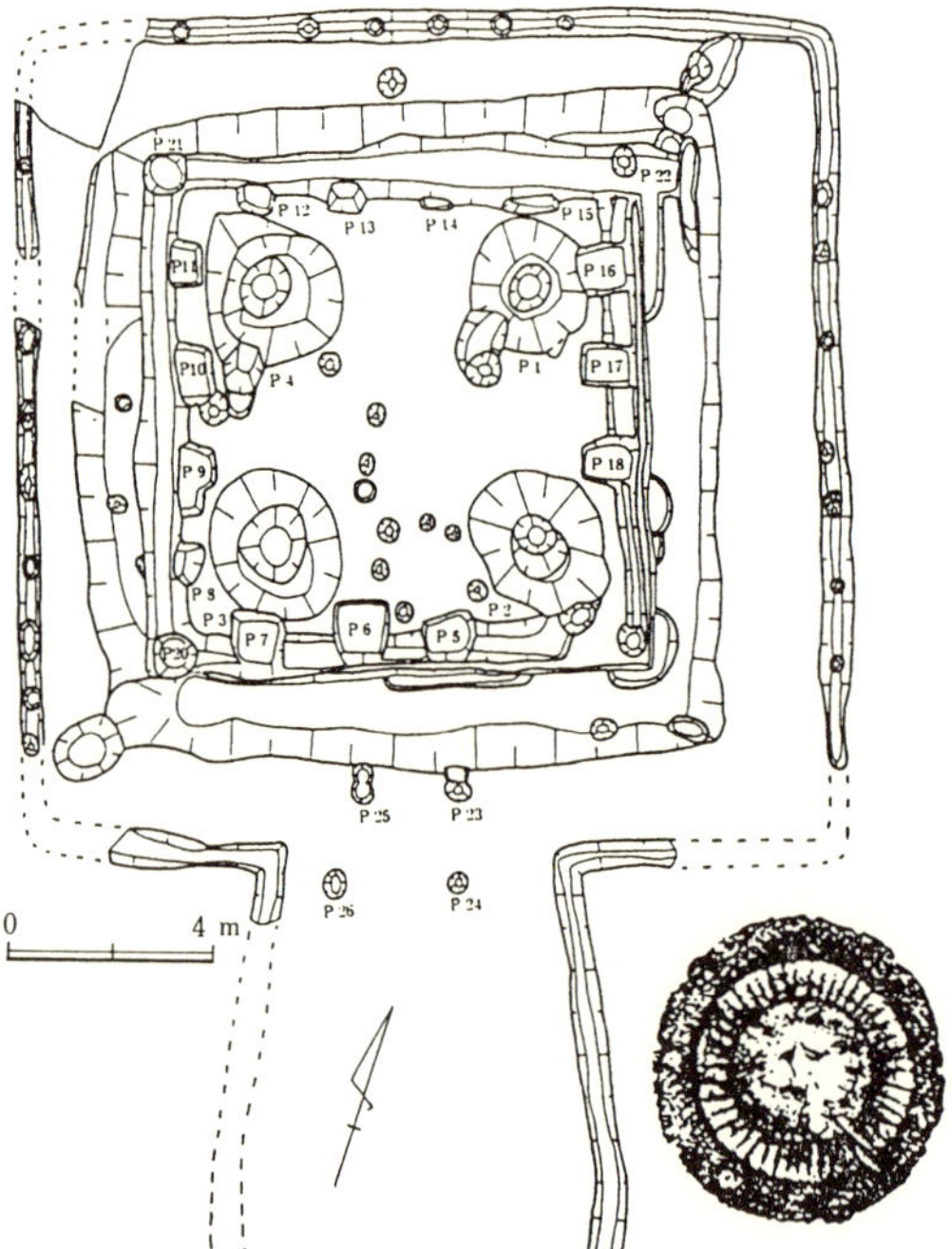

図56　祭殿跡と鏡（鳥取県長瀬高浜遺跡）

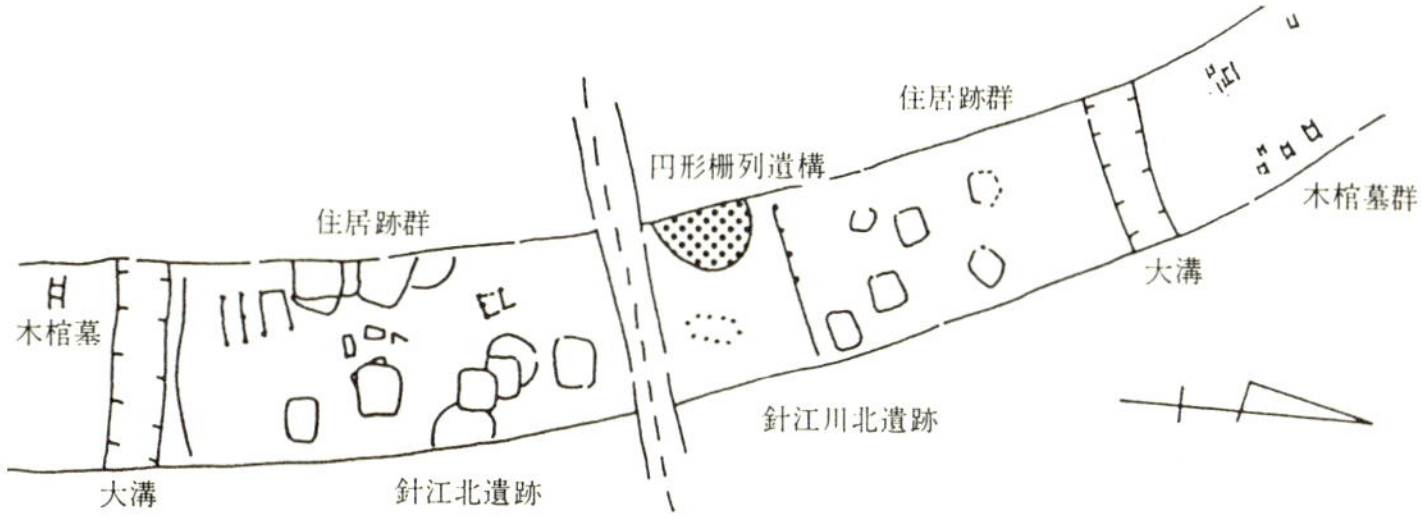

図57　4世紀のムラの中の祭場(滋賀県針江川北遺跡)

関係のない〃心の御柱〃と〃棟持柱〃がある。「建築形式から考察すれば、伊勢神宮と同じ平面構成をうかがわせ、『大社造り』と『神明造り』の中間形式である」という。さらにその尺度を検討され、魏の「正始年間(二四〇〜二四八年)に使用された『正始弩尺』と称する魏尺に吉寸として一・〇五尺」があり、その数値は三二センチ弱で、「纒向遺跡建物群の一尺＝三二センチ」にあてはまる。「この尺度は『魯般尺』と称され、一名『北斗尺』、『天皇尺』といわれ、『銅尺』として存在していた」という。

これが事実であれば、その歴史的背景は重い。三世紀前半に魏の尺度が伝来していたこと、その尺度によって神殿風建物が建てられていること、その建物には副殿があり、ともに建物主軸を方位にあわせていることなど、すべて弥生時代の建物には認められない点である。これが神殿、あるいは祭殿であれば、独立した宗教的建造物としてはじめてのものであり、祭祀の革新の一端を担うこととなる。

鳥取県長瀬高浜の砂丘にも巨大な楼屋が建っていたらしい(3)。古墳前期の多くの建物のうち、四〇号建物の構造は異常である(図56)。一辺五メートル余の方形建物のまわりに一辺一六メートルの長突方形の柵をめぐらし、突出部分は階段になるらしい。柱穴は二〜三メートルと大きく、高さ一〇メートルをこえる楼屋が想定されている。この建物がカミの社である根拠はとくにないが、小銅鏡がともなうなど非日常的な建造物であることだけは確かである。

また例数は少ないが集落の一画に「祭場」を固定する例が弥生時代末・古墳時代初頭の滋賀県高島市針江川北遺跡にある(図57)。ここでは居住地と居住地の間に柵を設け、その中に長径三五～四〇メートル、短径二三メートルの長円形に板柵をめぐらす。その内部には幅約五〇センチの板が六メートル間隔で埋められているほか、建物跡もあるらしい(4)。祭場であることを証明するのは今後の課題であるとしても、期待できる遺構である。

図58　滋賀県服部遺跡の導水施設

(二)　浄水を導く(導水施設)

滋賀県守山市服部遺跡では古墳時代前期の導水施設が居住地から離れた河道内に設けられていた(図58)。ほぼ三メートルの範囲に礫を敷き、その中央に大きな槽をおく。槽の上流側には板を直交して立てて水量を調節し、下流側には長さ四メートル余の樋管をおく。石敷部分には小さな柱穴が点在しているので仮設建物があったかもしれない。石敷部分から一二メートルほど上流側に三×四メートルの範囲を長方形に杭と板で囲む構造物がある。長方形の中は四〇センチほど凹んでいたらしい。さらに上流から導かれた水が、ここで浄化され、祭場?(石敷部分)へと送られたのであろうか。祭祀的遺物はとくにない。土器群がないのは、ここでは多人数の飲食は行なわなかったのであろう。

図59　奈良県纒向遺跡出土の木槽

ほぼ同じ施設が奈良県纒向遺跡にある(図59・60)。三世紀の〝都市・纒向〟北辺の丘陵末端に、交差する二本の導水施設と一間四方(一・八×一・五メートル)の高屋がある。導水路は一辺一メートル余の槽を二つつなぎ、まわりに石を敷き、導水路Bは石敷部分から木樋を通す。木樋の口に板をおいて水量を調節するのは服部遺跡と等しい。導水路A・Bは東西方向に併行して敷設されている。さらに、導水路Aには直交する素掘の給水溝が伴い、槽にはU字形の切り口がつけられて水が通るようになっているが、導水路Bでは石敷下層に入り立体交差している。つまり、導水施設はさらに広い範囲に広がり、交差する導水路の中に建物が設けられていることになる。

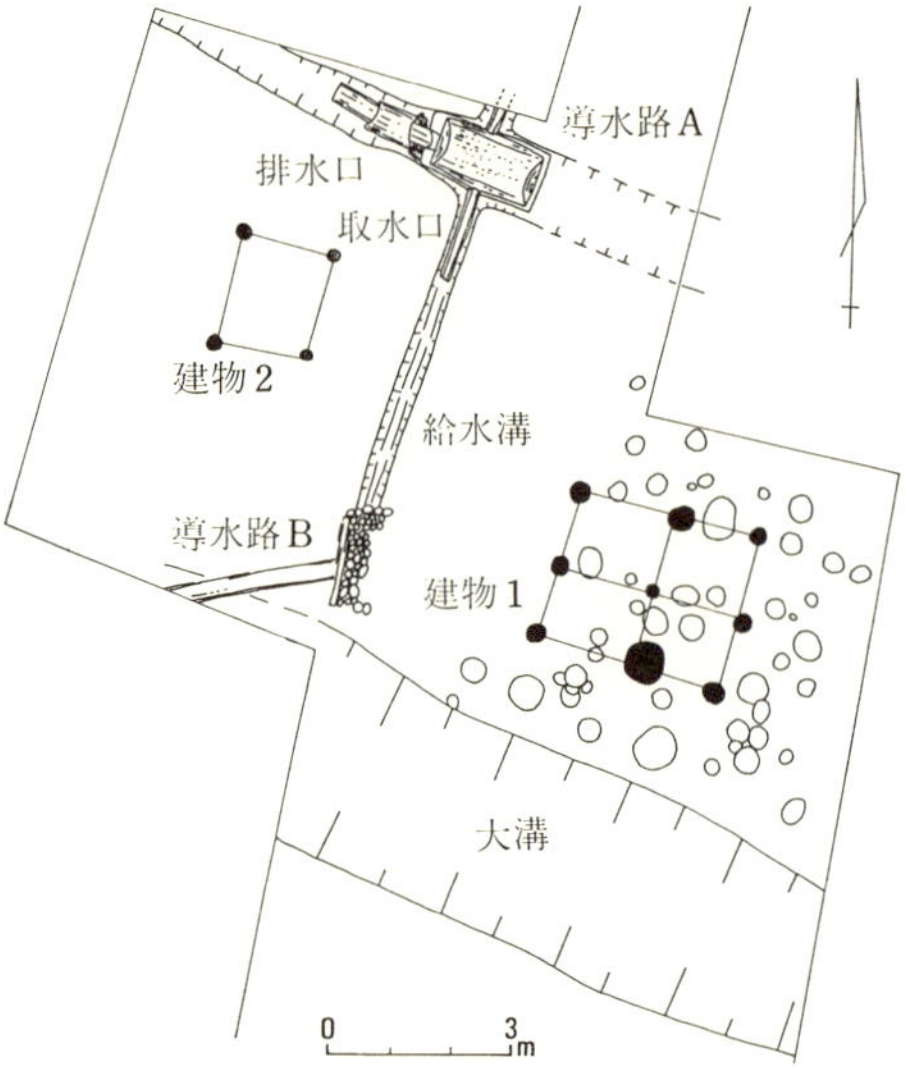

図60　奈良県纒向遺跡の導水施設

図61　大阪府西ノ辻遺跡の導水施設

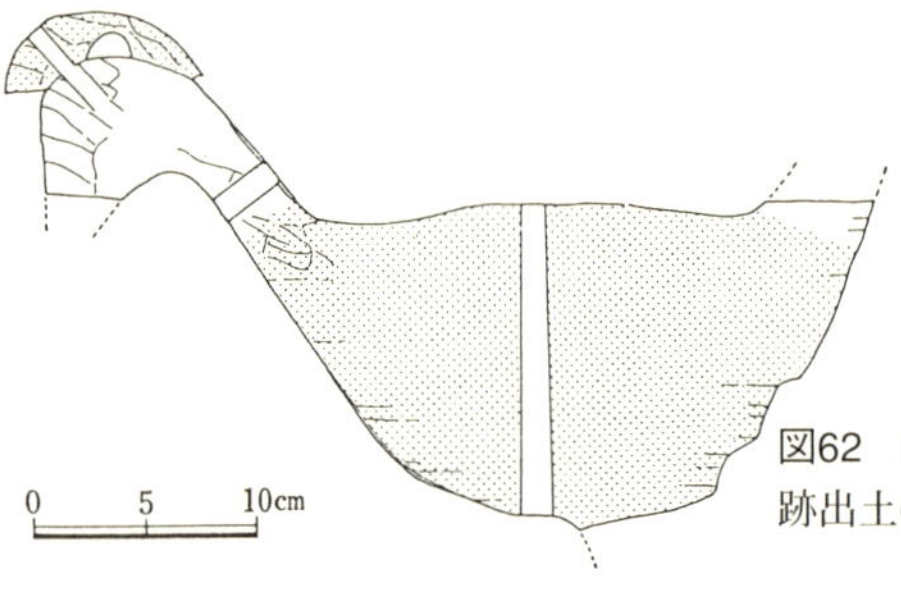

図62　奈良県纒向遺跡出土の鶏形木製品

導水施設は五・六世紀に継続してつくられている。大阪府東大阪市西ノ辻遺跡では一本の水路の一部に石敷があり(図61)、群馬県高崎市三ツ寺Ⅰ遺跡では豪族居館の中に水道橋で水を導いて石敷部分につながり、そこには滑石製模造品群があって、祭場であることを思わせる。

奈良県桜井市上之宮遺跡では六世紀後半の豪族居館の中に石組の湧水池から石組溝で水をひき石敷部分に至る一連の導水施設がある。三世紀以来の祭場の流れをくむ居館内の苑池であろう。

(三) 鶏鳴と立柱

纒向石塚古墳のくびれ部周濠内には径二〇センチの白木の柱が数本立ち、後円部周濠には朱塗り板製の鶏が二羽おかれていた(図62)。白木の柱には弧文円板が掛けられた可能性があり、木の鶏は死者の復活を願う殯の儀礼に用いられたのであろう。〝木の埴輪〟は滋賀県守山市服部遺跡など前期の小古墳にも認められるし、鶏形埴輪もまた福岡県小郡市津古生掛古墳など初期の古墳から出現している。

長突円墳の出現とともに登場した新たな祭祀の一端を示す。

弥生系祭祀の払拭と新たな祭祀の登場は、三世紀前半に卑弥呼主導のもとに進められ、新しい時代の幕あけとなった。

二、生　活

前一世紀(弥生中期)の倭人の衣服が奈良県坪井遺跡の土器に描かれている(図63)。「魏志倭人伝」に記録されている倭人の衣服をもとにした辰巳和弘の推定である。貫頭衣を着て、領巾《ひれ》を振る呪的所作が「倭人伝」の倭人と大和の弥生人に共通するという。

図63　前1世紀の倭人の衣服(奈良県坪井遺跡)

図64　6世紀の倭人の衣服(奈良県石見遺跡)

飛鳥時代の「大宮人」の絵画が奈良県高松塚古墳にある。高松塚古墳の壁画群像は、岸俊男によれば「日本の朝儀と共通する威儀の群像」(5)であり、したがって飛鳥の地で見られた姿と言える。高句麗人や中国人の姿態を絵画として模しただけではないという。さらに、高松塚の飛鳥人の姿は、群馬県伊勢崎市八寸の埴輪女子像とも共通し、高句麗風の衣服が関東にも広がっていたことがわかる。余談ではあるが、呪的所作をする弥生人と類似するらしい領巾を七世紀後半の妥女も着けていた(天武紀一一年・六八二)ことは興味深い。

三世紀と七世紀の、古墳時代では最古・最新の段階の衣服のイメージを描いたが、四～六世紀の衣服は埴輪に求めるほかはない。人物埴輪は、祭儀にかかわる特別な階層の人々である可能性が高く、必ずしも古墳時代人を代表させるのは難しいが、それを前提とした上で六世紀前半の大和人の衣服を見ることにしたい。

奈良県石見遺跡は六世紀前半の祭場(古墳説も有力)であるが、衣服のわかる多くの埴輪が出土している点でも重要である(図64)。

特にスカートをはく男子像はほかに例がない(図64―1)。辰巳が指摘しているように、彼は天武紀に見える「衣・袴・褶・腰帯・脚帯(足結の紐)」のすべてを着用しており、律令期の衣服制との関連が考えられている。ほかに、紐で左衽を合わせる男子(6)、袍を着る巫女(3～5)、腰帯だけの人(2)など多彩である。

千葉県芝山町立芝山古墳・はにわ博物館と歴史の里・芝山ミューゼアムでは、埴輪をもとに衣服を復原し、わかりやすく展示している。もとになる人物埴輪の中に、上衣と下衣に赤い円点をたくさん描く例がある(図65)。これは六世紀の宝馬古墳と経僧塚古墳の人物埴輪で、衣服にスパンコールを着けているらしい。古墳時代のスパンコールは奈良県藤ノ木古墳ではじめて検出された。径三センチ余の円形金銅製品で小孔に紐を通して衣服に着ける(図66)。高松塚古墳の高句麗風衣服が群馬県の埴輪女子像に共通することを思えば、大いにありうることであろう。

六・七世紀の畿内と関東の衣服の共通性は、重要な歴史的事実の一端を垣間見せているようだ。

三、祭祀の場

三世紀の〝祭祀の革新〟期に、祭殿を設けたり、祭場を囲郭して一定場所で神まつりが行なわれるようになりはじめたことはさきに述べた。本項では、それ以外の様々な神まつりについて考えてみたい。

(一) イエの中の祭壇

六世紀の竪穴住居の奥の壁ぎわに約一メートルほど礫を敷いて祭壇とする例が滋賀県高月町高月南遺跡にある。祭壇には滑石製勾玉・同管玉や同有孔円板(鏡)が散在していたが、本来は木の枝に掛けていたらしい。他の住居と異なるのは石製紡錘車を六個も

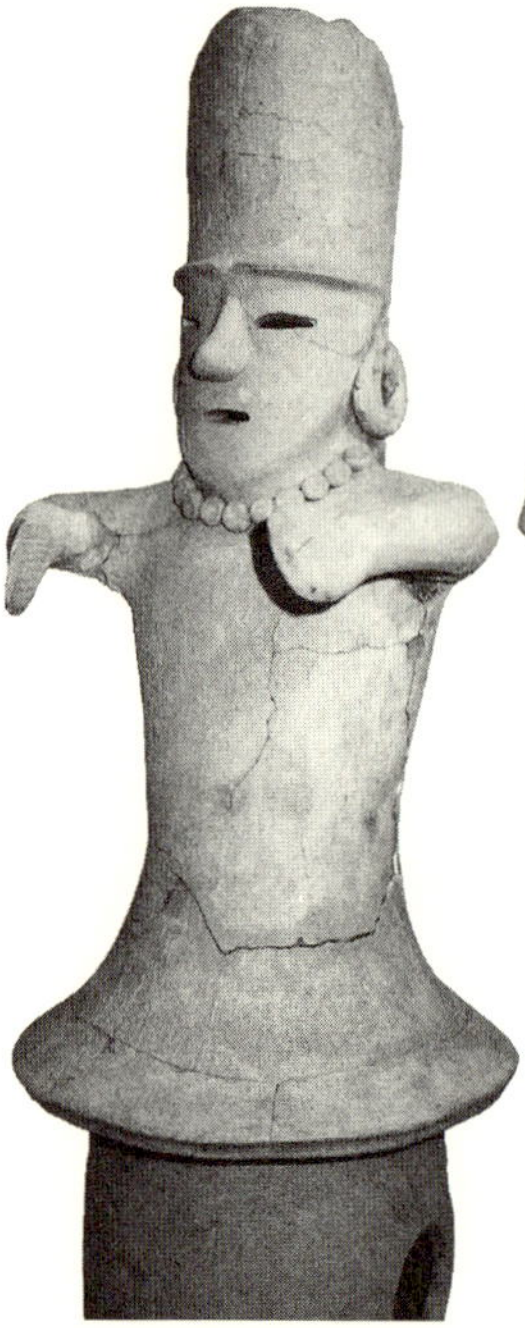

図65　房総の人物埴輪(左：宝馬古墳、右：経僧塚古墳)

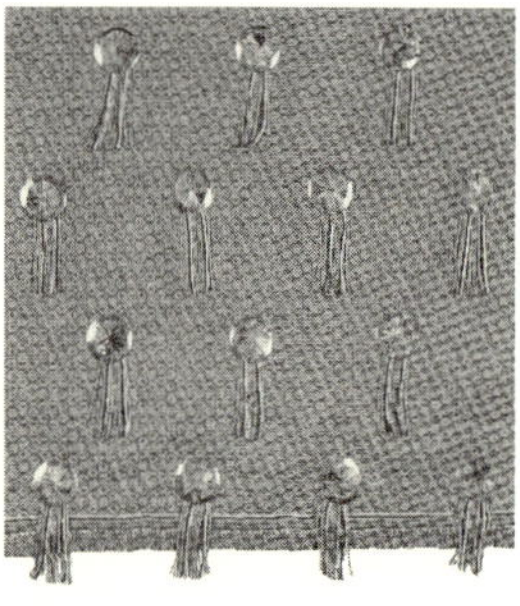

図66　奈良県藤ノ木古墳出土のスパンコール(復元)

持っていることで、カミの衣を織るイエかと思わせる。

住居の中にミニチュア土器をおいてイエのカミを祭る風習は、長野県岡谷市橋原遺跡をはじめ弥生時代から知られている。これとは別に、五世紀後半以降、イエの中に滑石製品を持つ住居が増加する。他の祭場における滑石製祭具の多量奉献と軌を一にした動きと思われるが、住居内の堆積土に多くの滑石製品をもつムラが埼玉県川越市御伊勢原遺跡にある(6)。

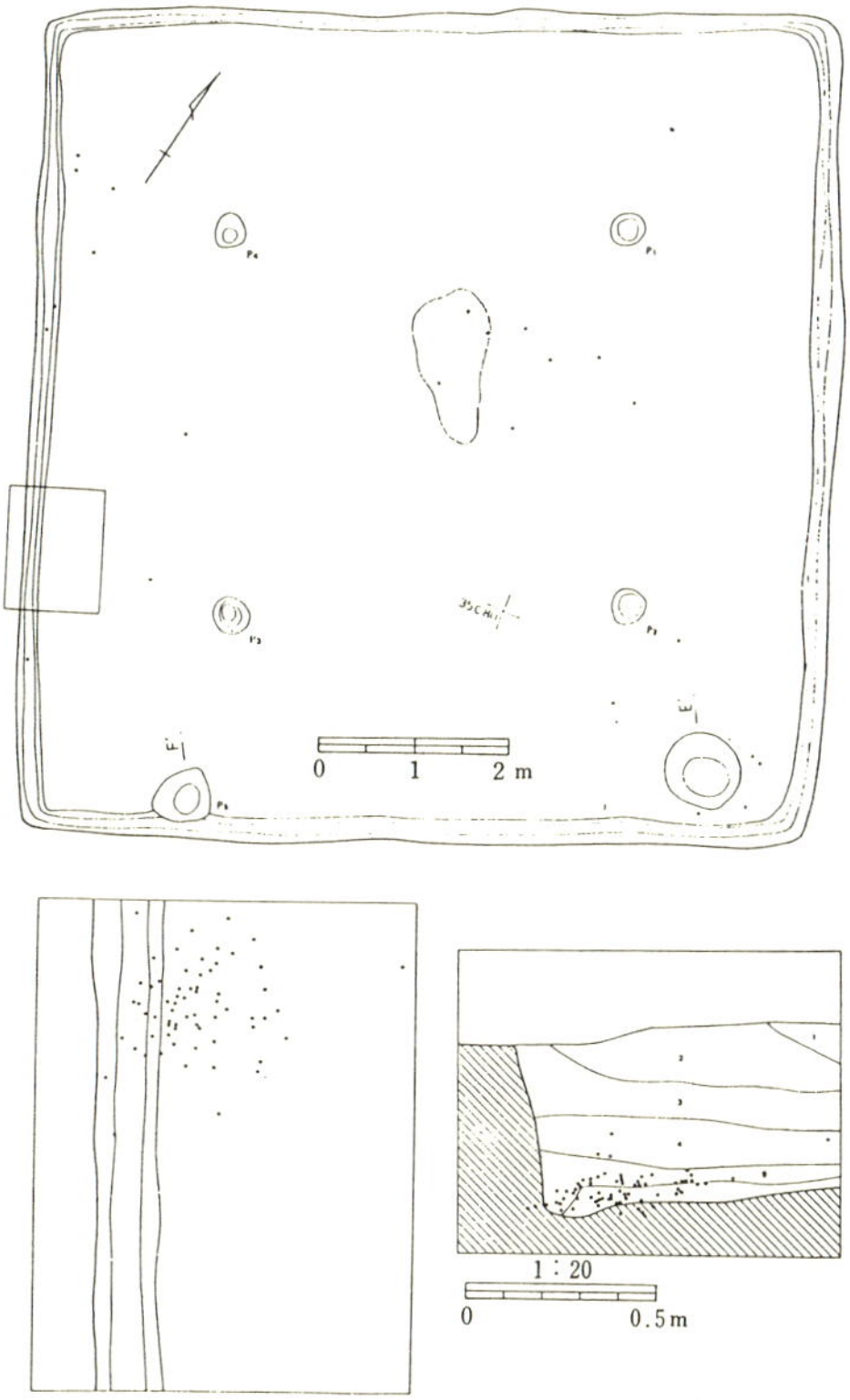

図67　住居内の臼玉群(埼玉県御伊勢原遺跡)

五世紀中葉(和泉式〈新〉~鬼高式〈古〉)の「住居跡六八軒の内、四三軒の住居跡から臼玉ないしは石製模造品と祭祀関係と思われる遺物が出土し、臼玉を出土した住居だけでも二二軒に上る」。「御伊勢原遺跡の住居跡から出土した祭祀関係遺物の総数は、勾玉一三点(模造品七点)、有孔円板九点、剣形石製模造品五点、紡錘車三点、管玉三点、臼玉五九七点、不明品一点である」。ただし、「確実に住居跡に伴なう例として第四五号住居跡の掘り方から有孔円板一点が出土している」だけであり、その他は「祭祀行為を想定できるような状態で出土したものはほとんどない」と考えられている(6)。はたしてそうだろうか。安易に祭祀と結びつける考えに対する注意としては聞くべき意見であるが、ムラの中で滑石製品がこれほど自然に散らばるほど雑に扱われていたのだろうか。坏の中に臼玉五個ほどを入れて埋める事例（奈良県桜井市阿部六の坪遺跡、群馬県畑脇遺跡など）から見ても疑問に思う。

例えば、第四七号住居では「臼玉一二七点と管玉二点が出土している。このうち出土位置のわかるものを図示した（図67）。集中部の六四点の臼玉は確実に住居跡に伴うものと思われる。しかし、土器やその他の祭祀遺物が検出されず屋内祭祀を想定できるような出土状態ではない」と否定される(6)。綿密な調査と整理の上での結論であり、尊重すべきであるが、検討してみたい。図67の断面図を見ると臼玉は住居掘り方直上の置土面、言いかえれば住居内の生活面上下に集中している。指摘のとおり住居に伴う出土状態である。可能性としては、実用品として臼玉一連の頸飾りがおかれていたのか、臼玉と木製祭祀具などを掛ける祭祀が行なわれていたのかが想定されるが、量産期の滑石製臼玉の実用頸飾りは考え難い。住居廃棄に伴う祭祀も含め、屋内祭祀の一例としたい。

（二）屋敷とムラの祭場

六世紀初頭の秋、群馬県渋川市中筋のムラが榛名山の噴火による火砕流のため一瞬のうちに壊滅した(7)。ムラの中の一つの屋敷には四軒の穴屋（竪穴住居）と二軒の平屋（平地住居）がある。まつりは、屋敷の中と外で行なわれていた。秋の収穫を祝うまつりのようだ。

屋敷の中には垣根に接して一・八×二・五メートルの範囲に礫があり、中央に五〇センチほどの河原石が据えおかれていた（第二号祭祀跡）。河原石の上に生け贄のイノシシを捧げたらしく、まわりにはイノシシの歯と滑石製臼玉（三点）がある。河原石の前には土師器坏が立っていた。屋敷内の人々によるまつりであろう。

屋敷の南東一〇メートルほどのところにムラの祭場がある（第一号祭祀跡）。四・六×七・七メートルの不整長円形の基壇状施設の中央に司祭者の場と思われる何もない空間がある。そのすぐ東に一・五×二・五メートルの長円形配石があり、その中央に大甕三個が据えられている(図68)。大甕と配石の間には八個の土師器坏がおかれ、さらに周辺には土師器の壺・小壺・高坏・坏・甕などがあり、坏の中には滑石製臼玉が一五個入っていた。司祭者の場の南側には、四〇～六〇センチの河原石が三個あり、ここにイノシシを捧げたらしい。六世紀初頭の中筋ムラにはムラ人の祭場と屋敷の人の祭場がそれぞれ設けられていたことがわかる。

図68　ムラの祭場(群馬県中筋遺跡)

図69　ムラの祭場(群馬県黒井峯遺跡)

六世紀中葉の群馬県渋川市黒井峯にも様々なムラの中のまつりの場がある。一つは、住居に囲まれた一〇メートルほどの広場の中央に径一・五メートルの配石をもつ皿状のくぼみに十数個の土師器坏・高坏・壺などをおき、若干の滑石製臼玉を持つ。ムラの中の祭場らしい(8)。

その後、道で結ばれた六つの屋敷群が明らかになり、屋敷の中の樹木の根元に土器をおいてまつる例や十字路のまつり場(図69)などが克明に調査された(9)。

祭祀用具がムラの中に一括埋納されていたのが埼玉県川越市御伊勢原遺跡である。五世紀中葉の居住地の一端に何の構造物もなしに多量の滑石製模造品が集中していた。その内容は、復原不可能な土器の破片数千点と勾玉七点、滑石製有孔円板四一点、滑石製剣形品六五点、滑石製臼玉一、九九九点、グリーンタフによく似た珪質シルト岩一四八グラムなどである。祭場そのものは明らかではないが、古墳祭祀と同様の滑石製模造品を多量に使用する村落祭祀が行なわれていたことは確かである。五世紀に普及する多種多量の専用祭具を奉献する祭祀が古墳以外の場で盛んに行なわれていたことを示す事例である。

五世紀にムラはずれの丘上に祭壇を設ける例が三重県松阪市草山遺跡にある(10)。八×九メートルで高さ一メートルほどの方形壇をつくり祭場とする。そこで用いられた祭具は、土製の人形・動物・玉などで滑石製のような画一性はない。土地に根ざしたまつりが行なわれたのだろうか。

同じ土製品を使ったまつりでも、一辺四〇メートルの方形環溝内に祭場を定め、五・六世紀を通じて継続的に祭祀を継続したのが大阪府四条畷市奈良井遺跡である。溝内には、六頭の馬が捧げられており、馬飼集団の特別の祭場の可能性があるが、使用する祭具にはさほどの差はない。

ムラの中の祭祀は、屋敷内の樹木のもとでも、道ばたでも行なわれるとともに、基壇風の祭場を設け、定期的に行なわれる大祭もあった。黒井峯ムラでは初夏の、中筋ムラでは秋の、祭りの一端が具体的に姿を現わしはじめた。

(三) 田畑のまつり

農耕儀礼は、初春の予祝儀礼から秋の収穫祭まで、様々な段階で行なわれる。畦に鶏をぬりこめて田の神をまつる(群馬県高崎市畑脇遺跡、六世紀)のは極めて珍しい例だが、水口などにミニチュア土器をおいてまつるのは比較的多い。坏などに滑石製祭具を入れて用水路に流すのも同じ祭祀であろう。

(四) 海・山・川と道

海に漕ぎ出し、〝山あて〟をしながら航海する。川を上下して両岸をつなぎ、道を行き交い峠の神に祈る。〝海・山・川と道〟は、それぞれ神の宿る場であるとともに、神も人も常に行き交う道でもある。『常陸国風土記』に榎の浦の「伝駅使等、初めて国に臨らむには、先づ口と手とを洗ひ、東に面きて香島の大神を拝みて、然して後に入ることを得るなり。」(11)という幹道での国入りに際して、約四〇キロも離れた鹿島神宮への遙拝の場は考古資料ではとても確定できない。

祭祀用具の出土地点が祭祀の場とは限らない。祭具が川の中から集中しても川の神をまつったとは限らないし、山頂に出土しても山ノ神をまつったとは言いきれない。このことを意識しながらも、実際には祭具の出土地点をもとに個々について考えてみたい。

(五) 樹木のまつり

胸高径二メートル、根のはり径二八メートル、高さ一〇メートルをこえるクスノキの巨木が愛媛県松山市の宮前川の川べりに立っていた(図70)。巨木の根もと五〇メートル余りには夥しい量の三世紀の土器や土製品がおかれている(12)。土器の総数は二、五〇〇個体、うち甕が圧倒的に多くて一、〇〇〇個体をこえ、ついで壺、坏、埦、小型丸底壺などがそれぞれ二〇〇個体をこえる。さらに一つの特色は、外来系土器とミニチュア土器が比較的多いことである。外来形土器は四一個体で全体の二%弱で、近畿、吉備・山陰など、松山市よりは東方系の土器群が多い。ミニチュア土器は六一個体と二%強で、うち、個人用食器である坏・埦類が五〇%をこえる点が特異である(13)。『報告書』では「河神信仰」、あるいは単なる祭祀ではなく外来形土器が多い点と遺跡が河口に近い点から港津的性格を考えているらしい。

遺跡の性格としては、あえて港津を当てなくても松山平野の中心的集落=市や祭場を備えた「都市」を想定した方がわかりやすい。祭祀の内容は、巨木のまわりに土器群が集中する点から聖樹信仰の要素を含むであろうし、同じ地点の「龍」ともみえる線刻土器[13]を重視して「河神信仰」も捨て難い。おそらく複数の要素をもつ祭祀が、およそ一〇〇年余続けられていたのであろう。まつりの時には、多くの外来系甕に象徴されるように、他地域の人々とともに煮炊きし、ミニチュアの坏・埦に象徴される神との共食儀礼が主な行事ではなかったろうか。まつりに使用した用

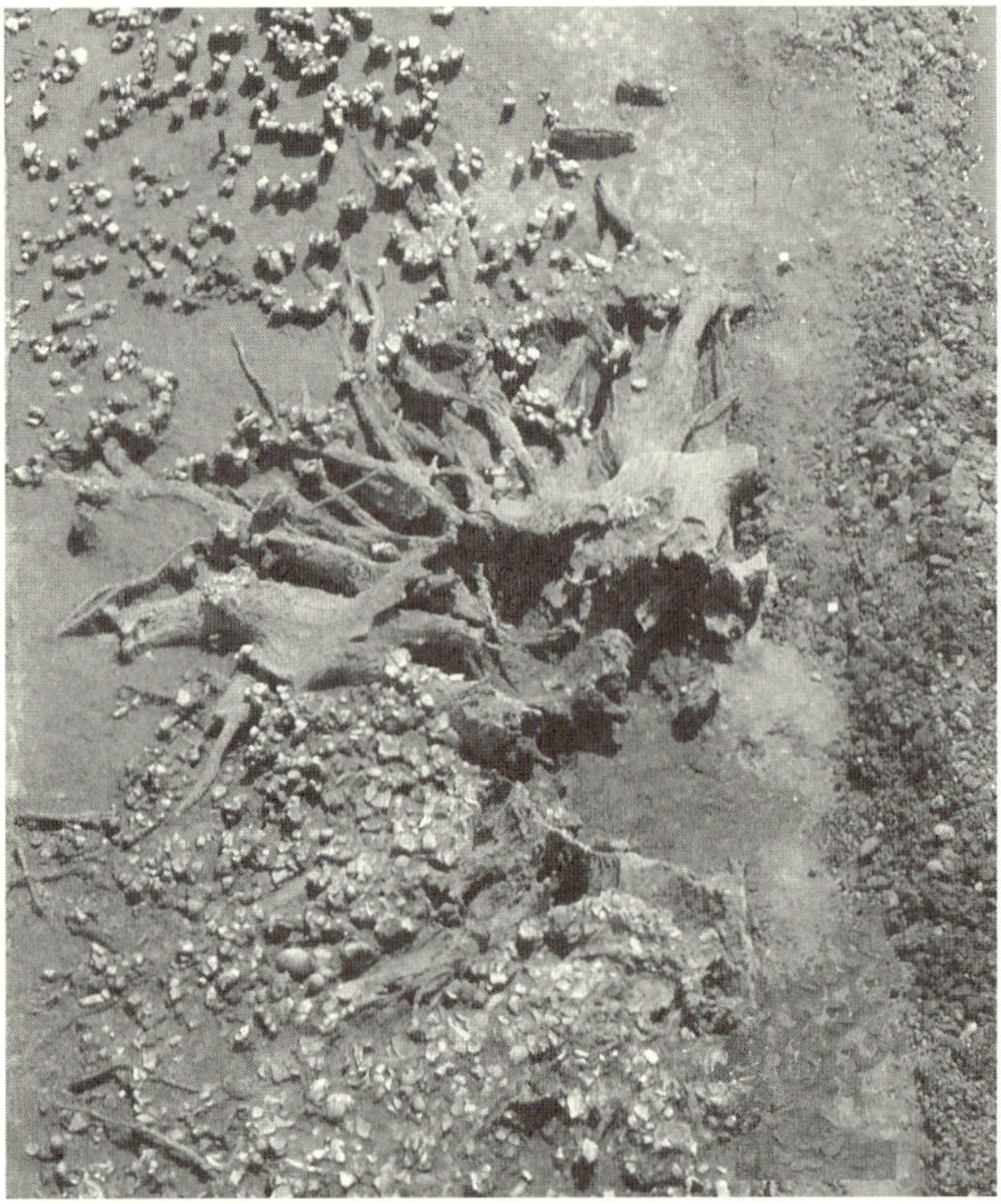

図70　樹木のまつり（愛媛県宮前川遺跡）

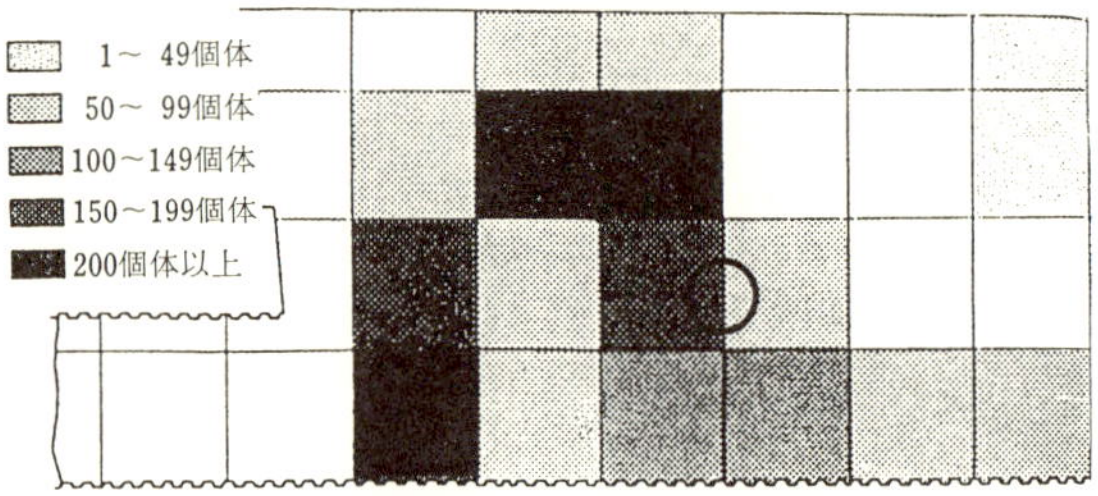

図71　愛媛県宮前川遺跡の巨木周辺の土器分布図
○印は巨木、1目盛5ｍ

具を永年にわたって納置した場、それが巨木の周辺であった。

山城国風土記逸文の桂の里の地名起源説話に「湯津桂の樹」があり、「湯津《ゆつ》」は「斎忌」の意で神聖な、神の降臨する樹とされている(11)。聖樹のもとでどのような祭祀が行なわれたか明らかでないが各地にあった信仰であろう。

前項で見たムラの中の祭祀でも、屋敷の樹木、ムラの樹木の根もとに食物を入れた土器が捧げられている。群馬県中筋遺跡や同黒井峯遺跡の六世紀の事例もその一つであろう。

(六) 川に流された祭具

祭具が川から出土する例は数多い。三・四世紀の宮前川、旧巻向川(奈良県纒向遺跡)、五世紀の旧布留川(奈良県天理市布留遺跡)、六・七世紀の元宮川(静岡市大谷川遺跡)、八世紀の「稗田川」(奈良県大和郡山市稗田遺跡)などがある。「稗田川」は平城京南辺の埋没河川で調査によって墨書人面土器・土馬・人形・斎串・ミニチュアカマドなどがそれぞれ一〇〇点前後出土している(14)。平城京の人々がそれぞれの病や厄災を払うべく水に流した祓川《はらいがわ》であり、川の神へのまつりではない。

三世紀の約一〇〇年間と四世紀前半に行なわれた旧巻向川沿いの中州で行なわれた祭祀も河神信仰とは言い難い(15)。祭祀に使用された土器と木製品などは纒向1式~同3式(弥生近畿5式・庄内古式・庄内新式)は中州上の土坑に、纒向4式(布留1式)は川におさめている。中州には推定九二基の土坑がある。各土坑の共通点は、すべて湧水層まで掘られている点で、浄水を汲みあげたのだろう。土坑のかたわらに一間四方の高屋(高床建物)を伴う例が二カ所ある。おそらく祭事は高屋で行なわれ、終了後、祭具は浄水をくんだ土坑内に埋納したのであろう。纒向1式~同3式期は専用祭具は十分に発達していないため、転用祭具、つまり実用具を祭祀に使用している場合が多い。最も内容の豊かな辻土坑4について紹介しよう(16)。

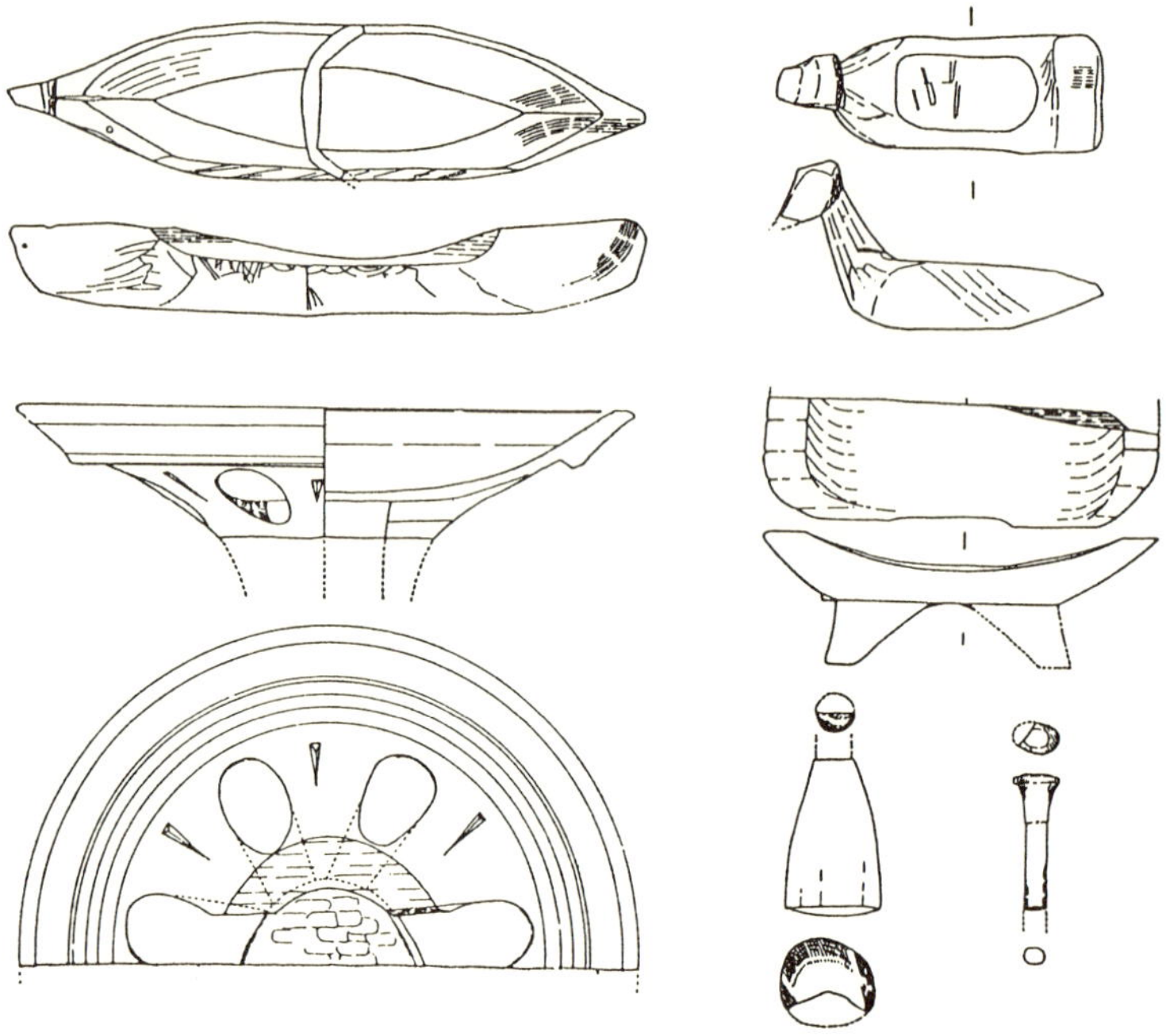

図72　祭祀に用いられた木製品（奈良県纒向遺跡辻土坑４、３世紀）

土器〔壺二一、甕三七、鉢一八、高坏七、器台六、土製支脚五〕

木製品〔黒漆塗丸木弓、竪杵、機織具、腰掛、杓子、篦、朱彩大型高坏、黒漆塗盤、把手付鉢、箸状細棒、籠、箕、船形、鳥船形、儀杖、有頭棒、板、杭、柱、割木、自然木、ヒョウタン皮、フジツル〕

籾殻多量

土坑４の土器の中には、他地域の土器が比較的多い。とくに甕の中の河内系三、東海系一〇、山陰・北陸形三は顕著であり、その他では山陰系の鼓形器台一と土製支脚五がある。また、木製品については各種一点のものがほとんどであるが、杭・割木・自然木などは一〇〇点に近い。

土坑４の埋納品を機能別に分ければ次の通りである。

食　料　　多量のコメ

食料調理具　竪杵

いれもの　箕・籠
炊飯具　甕・土製支脚
食　器　土器、木器（大型高坏・盤）
機織具　経巻具・布巻具など
儀　器　鳥船形木製品・舟形木製品・儀杖
その他　多量の割木・自然木

遺物群から推測されるまつりの内容は、稲籾を脱穀し、炊飯し、盛りつけ、儀礼ののち共食する過程が考えられる。機織具はこれら祭事に際して新たに布が織られたことを示すものであろう。

纒向辻土坑4の埋納品セットは、のちの新嘗祭に共通する用具が多い。つまり、農耕儀礼としての要素が濃いが、外来系土器が多いことを重視して岡田精司の「ニイナメオスクニ儀礼」（新嘗祭における地方豪族からの食物供献儀礼）がもっともふさわしいと考える。ニイナメオスクニ儀礼は、少なくとも三世紀前半（庄内古式）以降、各地域の「都市」で行なわれていたにちがいない。「都市」には王の居館があり、ニイナメオスクニ儀礼を行なう要件が揃っている。

『肥前国風土記』の佐嘉郡の条に土の人形《ひとがた》・馬形《うまがた》をつくって神をまつる話がある(11)。

佐嘉川の「川上に荒ぶる神ありて、往来の人、半を生かし、半を殺しき。県主等の祖大荒田占問ひき。時に、土蜘蛛、大山田女・狭山田女というものあり、この女子の云いしく、『下田の村の土を取りて、人形・馬形を作りて、此の神を祭祀らば、必ず応和なむ』といいき。大荒田、即ち其の辞の随に、此の神を祭るに、神、此の祭りを歆けて、遂に応和ぎき」。

族長が川上の荒ぶる神をやわらげる術を土地の巫女にきくと、巫女は自ら土地の土で人形・馬形をつくってまつることをすすめた。豪族がその通りにしたら神はやわらいだという。

五世紀後半になると滑石製祭具とともに土製祭具が使われるようになり、六世紀後半以降には滑石製祭具にとって変わるようになる。土製祭具の中心は人形と馬形であり、川の中から最も多量に出土しているのが静岡市大谷川遺跡である。

大谷川遺跡の東北一キロ余には白山神社があり、道は神社の辺りで坂にさしかかる。「荒ぶる神」が蟠居しただろうか。川の中の祭具は平安時代まで続いており、遺跡地の小字名、「神明原」、「元宮川」に遺称されているように神の原であり、宮川、つまり祭具を流す祓川であった。墨書土器「神」は、このことを端的に教えている。

『播磨国風土記』揖保郡の条には、山にある神が「行く人を遮え、半ば死に、半ば生き」る状であったので、山麓に屋形をつくり、酒屋をつくって宴遊し、川の中で押し合い祭をやったという話がある。大谷川のように道をさえぎる神を川でまつる例が間々あったように思われる。

他方、大谷川の人形と馬形は一つの組み合わせがある。人形の股間がU字形に開き、馬形の背が丸くなる(図73)。これを組み合わせると大きい人形と小さい馬形の騎馬像となる。藁の騎馬像は日本各地の虫送り行事に登場する。〝虫送り〟は、稲田の害虫退治が目的で、行列をつくって田の畦を歩き、藁人形を行列の中心にして終わったあと焼いてしまう。これとよく似た行事が中国の「旱神《かんしん》送り」という雨乞いで、『山海経』の「大荒西経」につぎのような話がある(17)。「昔、不老長寿であった黄帝が、邪悪な神・蚩尤《しゆう》と戦ったさい、蚩尤は風と雨の神を招いて暴風雨で困らせた。そこで黄帝は娘で、日照りの神の魃《ばつ》を天下らせた。ところが、魃は天に帰ることができなくなったので、北方に住まわせた。——この魃の神については、身長二尺、目は頭の上にある。中国では、この魃神を疫神として、北に送る行事が盛んだったらしい」。

図73　人形と馬形(静岡県大谷川遺跡、6世紀)

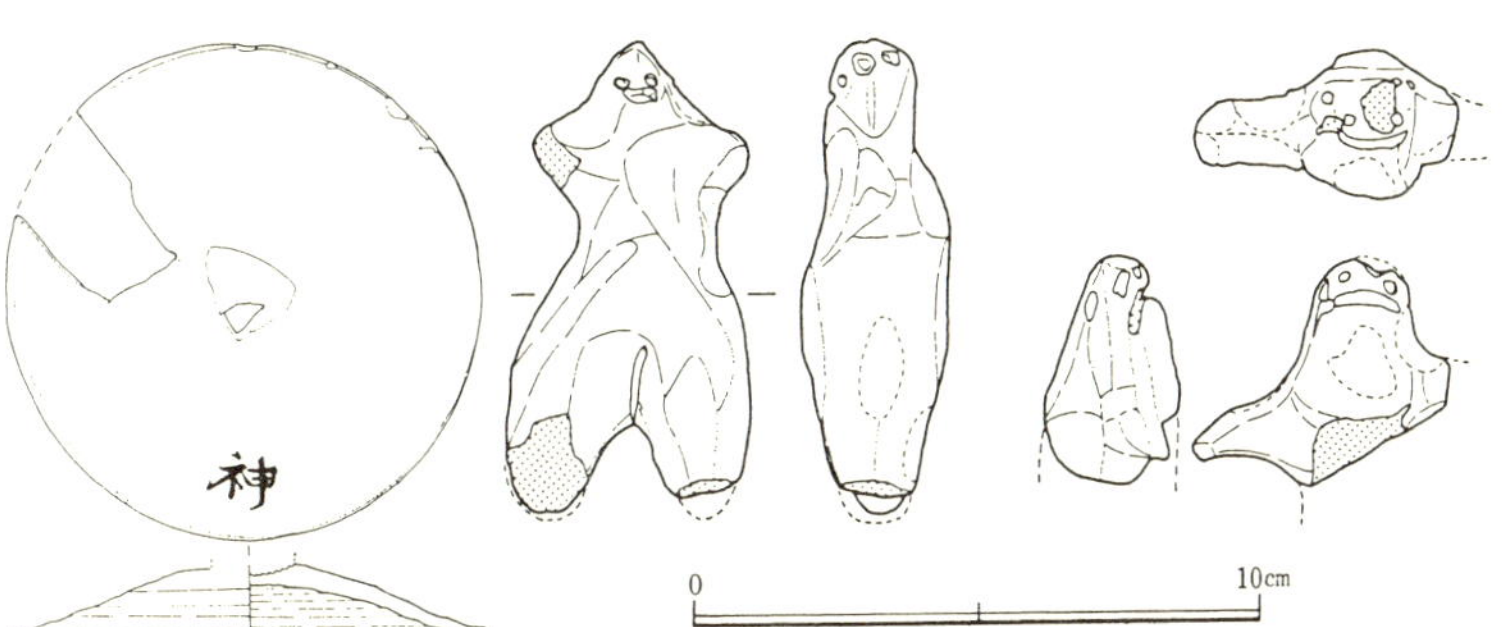

図74　墨書「神」と目が頭につく土の人形(静岡県大谷川遺跡)

ここで気になるのは、「身長二尺、目は頭にある」という魃神の特徴である。全国の土人形には様々な姿態があるが、大谷川遺跡の多くの土人形の中に体躯短小で目が頭につく小像が一〇体ほどある(図74)。ほぼ同類の像がまとまってあることは、偶然の作ではなく、「魃神」を形どった可能性があり、中国思想――道教による虫送りが行なわれていたと考えることができるのではないか。

土製の人形と馬形の騎馬像は、ソ連ウズベク共和国のダルベルジン・テペ(三世紀~五世紀)にある。ダルベルジン・テペは三世紀クシャーン朝(大月氏国)の仏教遺跡でもあり、中国思想の導入はありうる。

(七) 山嶺に祀る先住神・三輪山

三輪山は「神奈備三諸山・三諸の神奈備山」(万葉集)であり、大国主神が祀られたいと希望した山であるという(古事記)。

山麓に展開する三世紀の「都市」纒向の王は永眠してなお三輪山を遥拝したらしい。三世紀前半の長突円墳、纒向石塚古墳の円丘部に立って方丘部を見ると、その延長線上に三輪山山頂がある(図75)。そして、纒向遺跡辻地区の祭場には祭具を納めた土坑をともなう高屋が二棟あるが、いずれも一辺の方向は三輪山を向いている。情況証拠ではあるが、祭場を固定して三輪山信仰を定着せしめたのは纒向に「都市」を建設したとき、二世紀末の頃から三世紀前半にかけてであろう。

『播磨国風土記』揖保郡の条にある「山の岑《みね》に在《いま》す神、伊和の大神のみ子」を「社を山本に立てて敬《うやま》い祭りき」とあるのは、山頂の神を山麓で祭る、という形であるとともに『常陸国風土記』行方郡の条の「此より上は神の地と為《な》すことを聴《ゆる》さん。此より下は人の田と作《な》すべし」として先住神を山頂に移して新たな開発を行なう、言いかえれば、新しい神が山麓を占居した過程を示している。

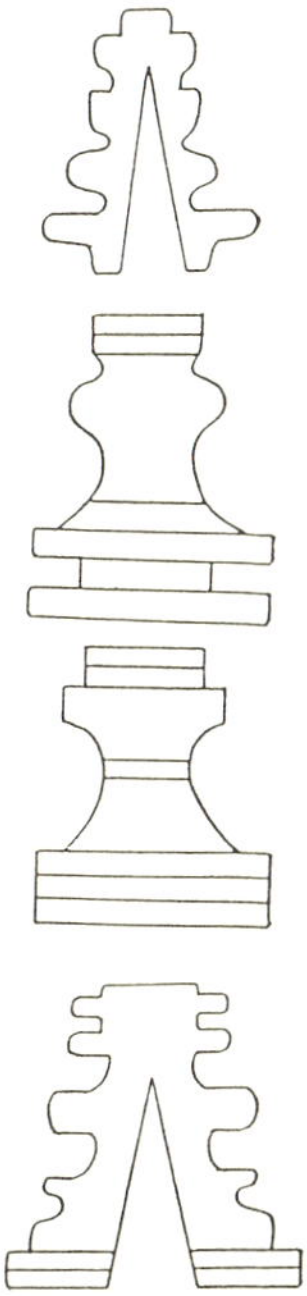

図76　三輪山の琴柱形石製品

図75　奈良県纒向石塚古墳より三輪山を望む（手前の白線は前方部）

このことを三輪山に当てはめてみよう。大国主命は三輪山に祭られることを希望したのではなくて、移されたのであり、移したのは山麓の新来者、纒向1式期以降の新来者、さきに述べた〝祭祀の革新〟を実行した人々となる。

しかし、この段階の〝祭祀の革新〟は、ニイナメオスクニ儀礼に際しても三輪山の神を意識し、自らの死に際しても三輪山を敬するという矛盾を内包したものであった。矛盾を払拭するのは、三世紀後半の箸中山古墳の三輪山との側面対比――長突円墳が最も雄大に見える側面観の背景に三輪山を持つ――と四世紀後半・五世紀前半の琴柱形石製品と子持勾玉などの禁足地への埋納（図76、『雲根志』）の二つの段階を経てからであろう。それでもなお、三輪山の神は五世紀後半ワカタケル大王が少子部蠃《すが》に命じて三輪山の神を捉えてもすぐ離さなければならない神威を持ち、神が指名した陶邑の太田田根子に祭らしめてはじめて和らぐのである(崇神紀)。纒向遺跡には陶邑産の五世紀後半の須恵器の大甕が据えおかれた土坑がある(辻地区土坑35)。このときすでに「都市」纒向は消滅していたが、太田田根子による三輪山祭祀はかつての「聖地」でも執行されたのであろう。

(八) 発掘された山岳信仰

磐座が巨石信仰を本とせず、山岳信仰の場であることを発掘調査によって実証し、それを印象的な映像に撮したのが図77である。群馬県西大室丸山遺跡の磐座は二メートル余の自然石であり、そのまわりに六世紀の滑石製祭具が多量に散布していた。赤城山への信仰が山腹の櫃石や小沼だけではなく、遠く離れた丘陵上でも行なわれていたことを実証した意味は大きい。山岳信仰の直接の信仰圏を考える一つの根拠である。

図77 磐座(群馬県西大室丸山遺跡)

図78 海中での沐浴(福岡県沖ノ島)

(九) 海と磐座

宗像・沖ノ島。玄海灘に浮かぶ国家の祭場。先に述べたことがあるのでここでは触れない(18)。ただ、一九八三年五月に渡島したとき、まず海中で沐浴したこと(図78)、磐座で祈る修験者に出会ったことが印象的であった。沐浴する人々は手を合わせる。

磐座では、沖縄のウタキがすさまじい。夏の明るい太陽のもとから一歩ウタキに入ると暗く、静謐で、まつりの痕が処々にそのままある。巨岩は十数メートルに達するであろう。

近江国風土記逸文にも登場する琵琶湖の竹生島では、今も善男善女の祈りをこめたカワラケが社殿の下から湖岸へと積もる。航海の安全は木や土でミニチュアの舟をつくって神に祈り、海神への御幣は、海に面した洞穴に捧げる。伊豆半島の東海岸は、とくに海に面した祭祀遺跡が多く、中心には火達祭を伝える下田市白浜神社(三島神社)がまつられる(19)。

(一〇) 道を塞ぐ

荒ぶる神が道を塞ぎ、往来する人の半数を殺すという風土記の記載は、さきにも引用したように多くの国々に認められる。したがって、道の神、峠の神への祭祀は盛んで、発掘調査された例も多い。長野県阿智村神坂峠もその一つで、鏡・剣・玉など各種の滑石製祭具が多量に捧げられている(図79)。

四、祭祀具

(一) 滑石製祭具セットの奉献

五世紀には滑石製有孔円板、滑石製剣形品、滑石製臼玉を万単位で使用する祭祀が行なわれるようになった。高橋健自以来、有孔円板は鏡、剣形品は剣、臼玉は管玉の形代《かたしろ》とされ(20)、大場磐雄によってさらに遺跡と文献に即した研究が進められた(19)。

図79　峠の祭祀（長野県神坂峠、5世紀）

高橋は剣形品の小孔に注意し、樹枝にかけるものとされたが、大場はさらに有孔円板、臼玉とともに古事記・日本書紀記載の賢木に掛けたものと考えられた。景行紀の周防の神夏磯媛が賢木を抜き取り、上枝に八握剣、中枝に八咫鏡、下枝に八咫瓊をかけ天皇を迎えた記事や仲哀紀の筑紫崗県主の祖熊鰐が五百枝の賢木に十握剣をかけて恭順を示したという記事などである。

三世紀後半～四世紀(庄内新式～布留2式)の祭具埋納土坑にサカキを伴う例が奈良県大和郡山市発志院遺跡にある(21)。一辺一・一メートル四方の方形土坑(土坑15)の中に数次にわたる土器群の埋納が認められ、サカキを含む小枝が多い。時期的に、滑石製品を掛けたサカキではないが、文献記載のサカキ利用の萌芽として興味深い。

五世紀後半から六世紀の滑石製品の量産体制は大王主導のもとに進められたらしく、奈良県橿原市曽我遺跡の三〇万個の製品としてその一端を垣間見せている(22)。そこでは滑石製品を中心としてあらゆる石材で、あらゆる種類の製品をつくり、各地に供給したらしい。これを受ける消費地の実例としては従来から知られていた二万個の滑石製品をもつ大阪府堺市カトンボ山古墳のほかに大阪府藤井寺市野中古墳の周濠から四万個の滑石製臼玉をはじめ剣形品、有孔円板、勾玉が出土した(23)。土壌水洗によるこのような調査実例をみると、生産遺跡の一部で三〇万個の製品破損品があっても驚くに当たらないことがわかる。

各地各種の祭祀遺跡で夥しい滑石製品が出土している。神社境内で、神奈備山の山麓で、峠で。一遺跡で何十万個という祭具が数十年間を通じて使用され、埋納されているのである。五世紀後半から六世紀前半には、滑石製の有孔円板・剣形品・臼玉の祭具セットが定着し、全国的に普及した。この現象は、おそらくワカタケル大王(倭王武)の宋への上表文にある「東は毛人を征すること、五十五国。西は衆夷を服すること、六十六国」の動きと関連しているのであろう。各地域豪族の制覇を通じてヤマト政権が主導する滑石製祭具セットに象徴されるヤマト型祭祀を強要していったものと考えられる。それを可能にしたのが曽我遺跡のような〝官営祭具工場〟の拡充である。

（二）　刀剣の呪術

池田源太は、日本神話に登場する刀剣の呪術性には「岩石」・「電雷」・「降雨」の三つの要素があると指摘された(24)。「岩石」は山岳のように刀剣の質は堅緻であること、「電雷」はその働きに瞬間的な早さを持つこと、「降雨」は驟雨または暴風雨のすさまじさを象徴するという。

「男神イザナギが、黄泉国に行った女神イザナミを訪れてその醜汚に驚き逃げ還る時、『かれ、御佩《みはか》せる十拳《とつか》の剣を抜きて、後手《しりへで》に振《ふ》きつつ逃げ来ませるを……』(古事記)と叙べている」。「『後手』というは、或る種の『仕種《しぐさ》』また『所作《しょさ》』であり、——海幸彦・山幸彦説話で、山幸彦が、海幸彦に鈎《つりばり》を返す時、『後手《しりへで》』に手渡したということがある」。「すなわち、『後手に振る刀剣』には、力学的に敵を近づけない力があると同様に、また、呪術的に敵を近づけない力があると考えられるのである」。

「後手に振る刀剣」で想い起こすのは蛇行剣である、そして、蛇のような剣の話は風土記にもある。『播磨国風土記』讃容郡の条の話は大略つぎの通りである。

　天智天皇の頃仲川の里に住んでいた丸部《わにべ》の具《そなふ》という人が河内の免寸《とのき》の人が持っていた剣を買ったが、一家の者すべて死に絶えてしまった。その後、里長の犬猪《いぬい》が具の跡地で畠をつくっていたらこの剣があった。柄は朽ちていたが、刃は錆びず「光、明らけき鏡の如し」であった。犬猪はあやしみ、家に帰って刀鍛冶を呼び、「その刃を焼かしめ」たところ「此の剣、申屈《のびかがみ》して蛇の如し。鍛人《かぬち》大きに驚き、営《つく》らずして止《や》みぬ」。犬猪は神性のある剣と思い朝廷に献上した(天智紀即位前記に播磨からの宝剣献上の記載がある)が、天武天皇の時にもとに返され、今は里長の宅にある。

図80　曲がった刀（京都府恵解山古墳）

仲川の里の剣は、購入したために一家全滅したこと、再度熱したら蛇の如くなったこと、朝廷に献上したが戻ってきたことが語られている。ここでは神性のある剣が蛇のような形になる点に注意しよう。イザナギ神の「後手に刀剣を振る」所作もまた、刀剣は蛇のように動く。

蛇行剣は、宮崎県の九古墳九本を最多として、西日本を中心に三一本出土している(25)。奈良県の三古墳三本は宇陀郡に集まる。宇陀郡は奈良盆地の東南部にあり、神武天皇東征伝承の途上にある地域であること、蛇行剣出土古墳のうち二つが宇陀市守道の後出《うしろで》三号墳と同七号墳で「後手に刀剣を振る」所作を想いおこさせる地名をもつ点が興味をひく。後出古墳群は五世紀後半で、両古墳とも刀・槍・鏃と短甲をもつなど武人の様相が強く、時期的にはワカタケル大王の親衛軍的性格が考えられている。親衛軍の中に呪力の強い剣をもつ武人が存在したということであろう。

他方、呪力を否定した例もある。奈良県御所市石光山八号墳の「折れた刀」をはじめ、刀剣を折りまげて副葬する例（図81）が時折見うけられる。池田の指摘のように刀剣が本来呪力を持つのであれば、まさに呪力の否定である。しかし、折りまげない刀剣の副葬が普通であるので曲刃刀剣の副葬は、特別な死の事情などによるものと思われるが、事例の分析が必要である。ただし、汎世界的な風習の可能性がある

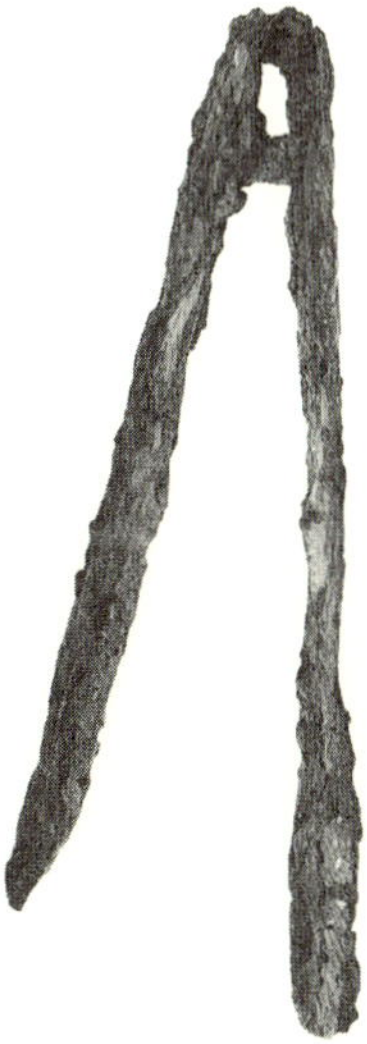

図81　折り曲げられた刀
（奈良県石光山古墳、6世紀）

のはノルウェーなど北欧のバイキング時代や南インド海洋民の間に曲刀剣の副葬が見られる点である。

なお、五世紀の大量副葬刀剣が曲がってしまった例が京都府長岡京市恵解山古墳にある(図80)。恵解山古墳は副葬坑に一六〇本の刀剣が整然と納められていたが、調査前にブルドーザーが一部をひっかけ、一本の刀が山形に曲がってしまった。私は不思議に思った。焼き入れした刀であれば、力が加われば折れるだろうに、曲がるとは何ごとだろうか。もしかすると焼き入れされていないのではないか。すべてについて実験はできないが、たまたまの事故によって一六〇本の焼き入れのない刀剣副葬が判明したのではないか、と考えた。もしそうであれば、大阪府藤井寺市野中アリ山古墳の八五本の刀剣など、大量に副葬されている刀剣は実用品ではなく、副葬用の明器として製作され埋納された可能性が出てくる。言いかえれば、「刀形鉄製品」である。この場合も、刀剣の呪力は継承されていると思われるが、名剣＝「呪力の強い剣」とは本質的に異なる大量奉献の世界に変移した現象である。

「武器は楽器である」という。「たちまち響く剣戟の響き」という無声映画時代の弁士の名調子もその一端を伝えているかもしれない。

静岡県静岡市川合遺跡の川の中から五〇本ほどの木製刀が出てきた(図82)。祭祀に用い、川に流したのであろう。山口県宮ヶ久保遺跡などの弥生時代の木製刀剣については、模擬戦が想定されている。川合遺跡の五〇本の木刀で刀を合わせれば、かなりの「剣戟の響き」が発するであろう。「響き」は、古事記、天孫降臨の条にある草薙剣のもつ神招ぎの力を一層強める。

石川県畝田遺跡では直弧文を刻む板とともに角形の把飾りが、静岡県藤枝市下藪田遺跡や奈良県御所市名柄遺跡などでは木製刀剣の把頭に直弧文を刻む(図83)。祭具として木製刀の中にも司祭者が用いたであろう特製品があるらしい。

図82　木の刀(静岡県川合遺跡)

1

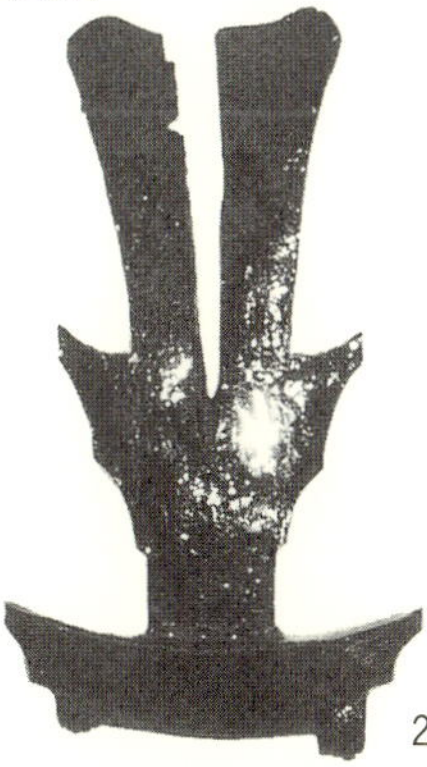

2

3

図83　木の刀の飾り
（1：奈良県名柄遺跡、
　2：石川県畝田遺跡、
　3：静岡県下藪田遺跡）

(三) 生弓矢と木製盾・甲

伊勢神宮には数多くの木盾がある。祭場の一画を囲む用法は、古墳埋葬施設上の埴輪盾の位置から類推できる。

近年、古墳早期(纒向1式~3式)の盾の出土例が増加しつつある。東大阪市鬼虎川遺跡の木製盾が小孔列と付着朱の配列から盾と考えた初例であるが、奈良県田原本町宮古遺跡の土坑内から完成品が現われた。縦九八センチ、横六五センチの薄いオニグルミ板に革を張り、糸で縫いつけ彩色した。実用の持ち盾であろうが、土坑内に納置された状況から見ても、祭場に登場した可能性が高い。

図84 木製甲(奈良県坪井遺跡、5世紀)

図85 鉄弓(奈良県メスリ山古墳、4世紀)

赤と黒の三角文を連続した五世紀の木製甲《よろい》は、奈良県橿原市坪井遺跡の川の中から多量の小型丸底壺とともに出土した(図84)。攻撃用の木製祭具は伴出していないが、あざやかな祭文を描いた木製甲を身につけ、小型壺を手にする祭り人が浮かび上がる。

全長二〇〇メートルほどの前期長突円墳の副葬品室の中に類例のない大きな鉄弓と鉄矢を納めていたのは奈良県桜井市メスリ山古墳である(図85)。弓の長さは一八二センチで、弦の針金には管玉を連ねている。

大国主命が妻の父である「スサノオ命の『生大刀《いくたち》・生弓矢《いくゆみや》』を取り持って、毘売を伴い逃げ帰った」という話に出てくる生大刀・生弓矢について『古事記伝』は、「さて、此《ここ》は執持主《とりもつぬし》の、命長く、生くべき徳ある大刀弓矢なり」と理解している。池田源太はこれを敷衍し、「『徳ある大刀弓矢』とは——呪力ある大刀・弓矢というに外ならない」と主張している(24)。メスリ山古墳の鉄弓のイメージとよく重なる。

五、要約

三世紀前半、卑弥呼の「鬼道」と記録された新たな祭祀が導入された。「鬼道」の内容は明らかではないが、弥生時代の日本列島にはなかった非日常的な遺構に新たな何かが反映されているのではないか、と考えた。

日常の建築遺構とは異なる奈良県纒向遺跡(三世紀)と鳥取県長瀬高浜遺跡(四世紀)の建物を「祭殿」とし、纒向遺跡や滋賀県服部遺跡(四世紀)の導水施設を神に捧げる浄水施設とした。なお、浄水施設に祭祀具を伴う例は群馬県三ツ寺I遺跡(五世紀)、奈良県上之宮遺跡(六世紀)へと継続する。

三世紀前半の非日常的構造物の象徴は長突円墳であろう。奈良県メスリ山古墳(四世紀)の墳頂には巨大円柱を思わせる大型円筒埴輪が建物の柱配置と等しく置かれ(18)、さかのぼって島根県西谷三号墳(三世紀の四隅突出型方墳)でも埋葬施設上に四本柱の建物跡が確認された。中国陵寝制度にもとづく新たな思想が古墳築造とともに採用されていることを強調した。五世紀になると同種多量の滑石製祭具が古墳ならびに祭場で用いられるようになる。とくに五世紀後半から六世紀には、滑石製の有孔円板(鏡)、剣、臼玉が大量に奉献される祭式が定着し、大王家主導のもとに全国に拡大された。律令的祭祀の先駆的な動きと考えられる。

古墳時代の祭祀の大きな流れを上述のように考えたが、他方、近年の調査によってイエ・屋敷・ムラのそれぞれの段階の祭祀が具体的に検討できる例を紹介した。

滋賀県高月南遺跡(六世紀)のイエでは中に祭壇を設け、群馬県中筋遺跡では屋敷内の一画の小さな祭場とムラの中の基壇状祭場で、ともにまつりが行なわれていた。

ムラを離れて、海・山・川や峠の道でも八百万《やおよろず》の神々への様々なまつりが行なわれている。山麓や川中に埋納された大量の祭具が、まつりの一端を伝えてくれる。祭祀内容を解明するために、祭場と祭具の分析と古事記・日本書紀・風土記などとの対比を試みた。このことは、多くの人々によって検討されている課題であるが、考古学の側として基本的なことは、きちんとした発掘調査にもとづく祭場・祭具の事例との比較が重要である。

註

(1) 山尾幸久『魏志倭人伝』講談社、一九八六年
西嶋定生『大和政権への道』全日空・朝日新聞社、一九九一年
(2) 木村房之「考古建造物の尺度の発見」『歴史と人物』一四六号、一九八三年(のち、『大和・纒向遺跡』学生社に収録)
(3) 鳥取県教育文化財団『鳥取県羽合町長瀬高浜遺跡調査報告書』V、一九八三年
(4) 滋賀県埋蔵文化財センター『滋賀埋文ニュース』六八、一九八〇年
(5) 岸 俊男「文献史料と高松塚壁画古墳」『壁画古墳高松塚』橿原考古学研究所、一九七二年

(6) 立石誠詞『御伊勢原』埼玉県埋蔵文化財調査事業団、一九八九年
(7) 大塚昌彦『中筋遺跡第二次発掘調査概要報告書』渋川市教育委員会、一九八八年
(8) 洞口正史・能登 健『黒井峯遺跡』子持村教育委員会、一九八五年
(9) 石井克己「黒井峯遺跡」『古墳時代の研究』第二巻、雄山閣、一九九〇年
(10) 下村登良男『草山遺跡発掘調査月報』No.6、一九八三年
(11) 日本古典文学大系二『風土記』岩波書店、一九五八年、四五頁
(12) 愛媛県埋蔵文化財調査センター「宮前川遺跡津田第Ⅱ地区」『宮前川遺跡』一九八六年
(13) 須藤敦子「宮前川北斎院遺跡出土の小型模造土器」『宮前川遺跡』一九八六年
(14) 中井一夫「大和郡山市稗田遺跡調査概報」『奈良県遺跡調査概報 昭和五二年度』一九七八年
(15) 石野博信『古墳文化出現期の研究』学生社、一九八五年
(16) 石野博信・関川尚功『纒向』桜井市教育委員会、一九七六年
(17) 高橋 徹・千田 稔『日本史を彩る道教の謎』日本文芸社、一九九一年
(18) 石野博信『古墳時代史』雄山閣、一九九〇年
(19) 大場磐雄『祭祀遺跡』角川書店、一九七〇年
(20) 高橋健自『古墳発見石製模造具の研究』帝室博物館学報一、一九一九年
(21) 藤井利章『発志院遺跡』奈良県教育委員会、一九八〇年
(22) 関川尚功『曽我遺跡』橿原考古学研究所、二〇〇五年
(23) 藤井寺市教育委員会『藤井寺市野中古墳発掘調査概報』一九九〇年
(24) 池田源太「刀剣の呪術的性格」『橿原考古学研究所紀要』九、一九八三年
(25) 楠本哲夫・朴 美子『宇陀・北原古墳』奈良県大宇陀町教育委員会、一九八六年

第三章　古墳は語る

一　古墳の形が意味するもの

弥生時代は方形墓が主流であった。古墳時代には円形墓が加わり、その変形である長突円墳（前方後円墳）が主流となる。このように、墳丘形態の平面形に、はっきりと時代の特色が表われているだけではなく、長突円墳成立後の日本列島に長突方墳（前方後方墳）、方墳、円墳などが併存し、時期と地域によって様々なあり方を示す。

他方、古墳時代を前後する東アジア世界をみると、朝鮮半島南部の百済・伽耶・新羅の地域と中国の江南の地域には円形墓があるのに対し、高句麗の地域と中国中・北部では方形墓が主体であるという(1)。

墳丘の平面形が、時期と地域によって異なることの背景には、墳丘平面形に象徴されている習俗か思想の差があるかもしれない。あるいは、本来は思想の産物であった方と円が、のちに階層差を示すシンボルとされたかもしれない。各墳形の変遷と地域でのあり方を整理した上で、その意味するところを考えてみたい。

一、方形墓の変遷

方形墓は、数千年間続いた縄文時代の日本列島にはなかった墳丘平面形である。前三世紀（弥生前期）に水稲農耕の伝播とともに北部九州（福岡県筑前町東小田峯遺跡）に伝わり、前二世紀（弥生前期末）には近畿を中心とする弥生墓制の主流として関東以西に広まった。前一世紀〜後一世紀（弥生中期）には、列島各地の弥生王墓として福岡県前原市三雲《みぐも》遺跡や佐賀県吉野ヶ里町・神埼市吉野ヶ里遺跡をはじめ、大阪市加美《かみ》遺跡、愛知県朝日遺跡などに一辺二〇〜四〇メートルの大型墓が出現する。長突円墳出現以降の方墳と墳丘形態や規模では何ら変わらないが、方形周溝墓・方形台状墓とよばれているように全体としては小さく、墳丘が低く群集する傾向がある。

弥生時代以来の伝統をひく方形墓は、三〜六世紀（古墳早期〜同後期）を通じて築造されている。それには、一つの墓域で古墳時代を通じて方形墓（方形周溝墓）をつくり続けるA類型（奈良県田原本町矢部遺跡など）と一定時期に集中的に方形墓をつくるB類型（滋賀県守山市服部遺跡など）と長突円墳か長突方墳の周囲に付随的につくるC類型（福島県会津坂下町杵ヶ森古墳群など）と独立墳あるいは二、三基の小群としてのD類型がある（図86）。

A類型は、三〇〇〜四〇〇年間にわたって、集団構成がほとんど変化していない小集団の墳形として方形墓が採用されていることを示し、B類型は、より広い範囲を生活領域とするいくつかの集団の共同墓域の墓形として採用されていることを示す。C類型は明らかに長突円（方）墳を頂点とする階層差を示しており、長突円（方）墳築造後、その周囲をとりまくように方形墓を配置している。A〜C類型の方形墓の埋葬施設は箱形木棺墓が多く、副葬品をもつことは稀であるが、長野県と群馬県に分布する礫床墓には鉄剣やガラス玉などの副葬品をもつ例がある（群馬県渋川市有馬遺跡など）。

D類型は、弥生時代前期以来の大型墓に例があり、三世紀末には内行花文鏡をもつ福岡県久留米市祇園山古墳などがある。

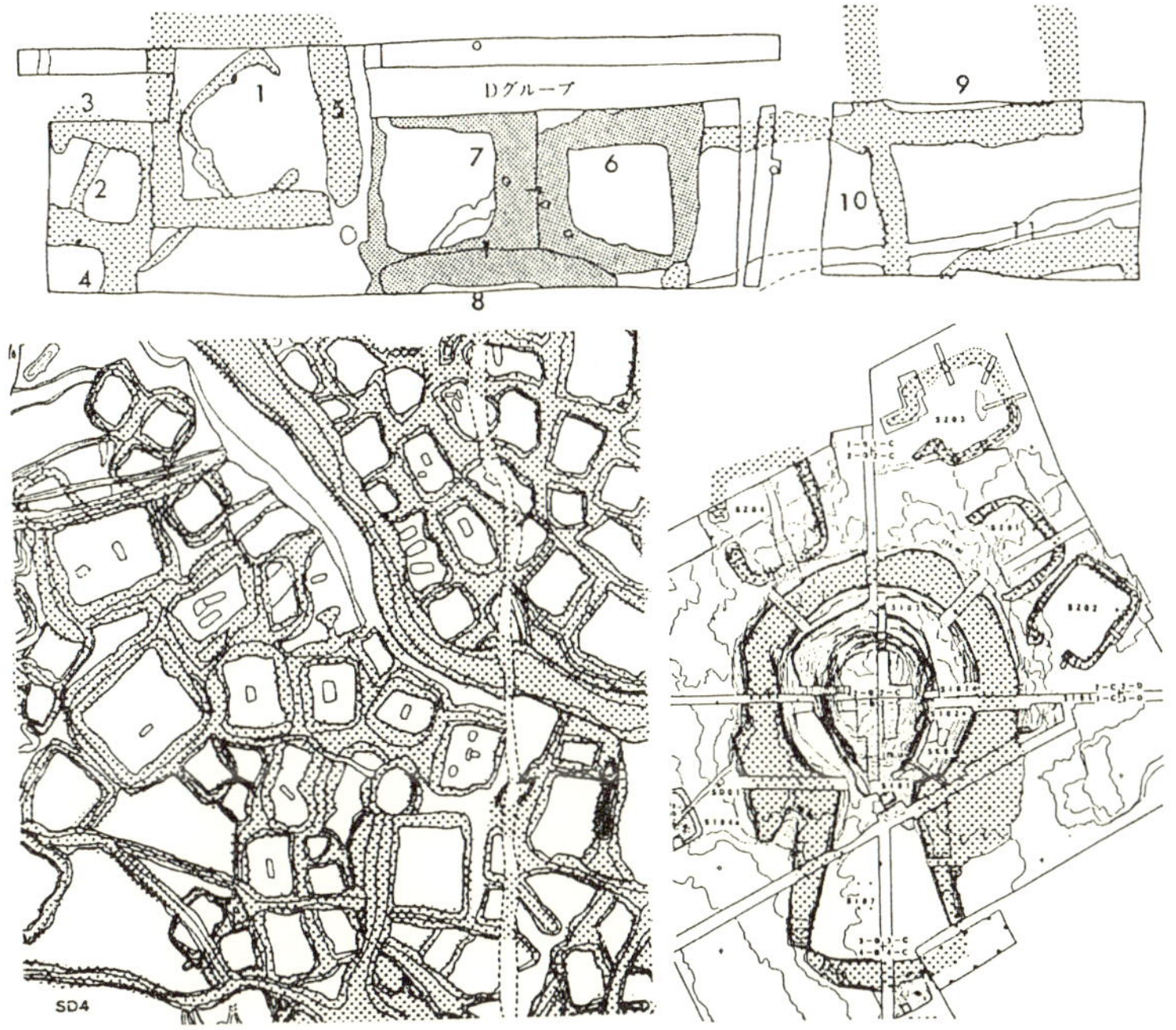

図86　方形周溝墓と長突円墳
上段：奈良県矢部遺跡（1…3世紀後半・庄内新式～6世紀）、下段左：滋賀県服部遺跡、下段右：福島県杵ヶ森古墳（3世紀後半・庄内新式）

二、円形墓の変遷

円形墓は、弥生時代を通じて非主流的な存在であった(2)。前二世紀頃(弥生前期末)、香川県龍川五条遺跡など、西日本で二、三基の円形墓があるが、稀に方形墓群の中に混在している程度にすぎない。円形墓がやや増加のきざしを見せるのは後一世紀の頃(弥生中期後半)で兵庫県姫路市八幡遺跡などで群内に複数の円形墓がつくられる。中でも、神戸市新保《しんぼ》遺跡の葺石をもつ円形墓は、二、三世紀に類例が増える葺石をもつ円形墓の先駆となる。

二世紀(弥生後期)の円形墓の代表は、兵庫県赤穂市原田中遺跡であろう。径二〇メートルの円形部に二つの小さな方形突出部が付き、葺石をもち、まわりには幅四メートル余の周濠がめぐる。墳丘には、吉備の特殊器台

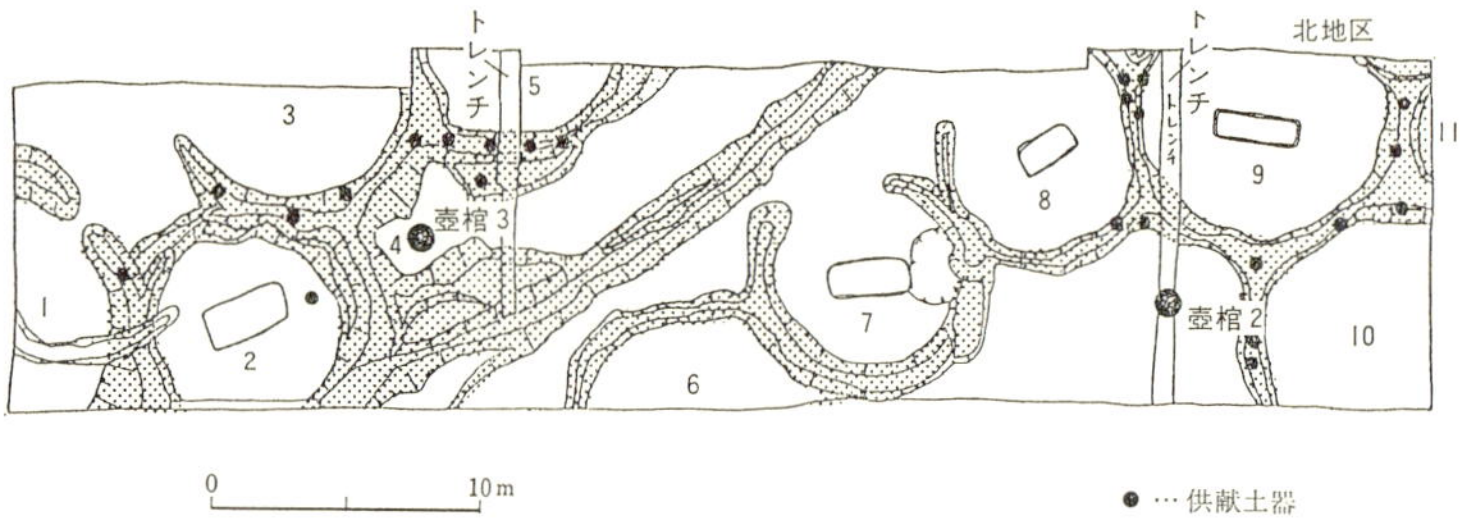

図87　古墳早期（庄内式期）の円形周溝墓群（神戸市深江北町遺跡）

より古いタイプの特殊器台が立てられていた。周辺にはほかにも二、三の円形墓があるらしく、今のところ最も古い円形墓群である。

三世紀（古墳早期＝庄内式期）には、神戸市深江北町遺跡に円形墓の群集墳が現われる（図87）。径七メートル余の円形（周溝）墓が約一二×五二メートルの調査区の中に一一基あり、おそらく三〇基以上の群集が推定できる。

ただし、三世紀と四世紀前半には大型円形墓としての発展はなく、円形墓の系譜は長突円墳への道を歩んだ。

一、二世紀の円形墓は、資料は少ないものの兵庫県西部―播磨に集中するように見うけられる。二世紀後半に長い突起をもつ円丘墓の岡山市矢藤治山《やとうじやま》古墳や中円双方形の倉敷市楯築《たてつき》古墳が出現することを勘案すれば、吉備と播磨―東部瀬戸内の地域で突出部をもつ円形墓の胎動があったように思われる。

四世紀後半から五世紀にかけて大型円墳が出現する。四世紀の長突円墳がない地域の独立墳としては奈良市富雄《とみお》丸山古墳がある。径八六メートルの円墳で粘土槨・割竹形木棺があり、鏡や鍬形石などの石製品をもつ。他方、四世紀の長突円墳地帯にある大型円墳としては、奈良市マエ塚古墳（径四八メートル）や同・丸塚古墳（径四五メートル）がある。マエ塚古墳は鏡九面と石釧をもち、丸塚古墳は鏡一四面と銅鏃や琴柱形石製品をもつ。これらの大型円墳は、長突円墳が日本列島に広く拡散した以降の所産であり、とくに後二者は長突円墳との間に階層差を考えさせる。

径八六メートルの富雄丸山古墳については、長突円墳をつくりえない地域豪族という理解が一般的であろうが、長突円墳をつくらない地域豪族と考えることもできる。盆地東南部を根拠地とする初期ヤマト政権が、墓域を盆地北部の佐紀丘陵に移した頃、長突円墳を築造することをいさぎよしとしなかった集団があったことを思わせる。その象徴が独立の大型円墳であった。

三、長突円墳

今、三世紀前半の長突円墳が確認されつつある。一九九〇年以来、近藤義郎によって調査された岡山市矢藤治山古墳は、全長三六・五メートルの長突円墳である。もっとも、近藤は「前方後円墳」との間に埋葬施設、副葬品に差異を認め、「前方後円形墳丘墓」とされている。近藤のご案内で現地を見せて頂いたが、私には「前方後円形墳丘墓」と「前方後円墳」を区別することは困難だと感じた。二世紀末の楯築古墳もまた全長(推定)八〇メートル余の中円双方墳であり、墳丘墓とされているが、一方の突出部端は幅五メートル余の溝によって明瞭に区画されている。両者とも、円丘部の半径をこえる突出部を付設した長突円墳であり、中円双方墳である。一歩退って、墳形名称をどのようにつけるにせよ、二世紀に突起付円形、ならびに中円双方形の墳丘をもった墓があることは事実である。

三世紀(庄内式期)の長い突出部をもつ円丘墓はさらに増加する。香川県高松市鶴尾四号墳は全長四〇メートルの長突円墳で、円丘部には長さ(内法)四・七メートルの竪穴石室をもつ。墳丘裾には列石があって墳形は明瞭であり、長大な竪穴石室をもつ点で四世紀(布留式期)の長い突出部をもつ円丘墓と変わるところはない。従来、三世紀の「前方後円墳」は、いわゆる定型化した「前方後円墳」とくらべると墳丘立面形、とくに突出部が低平である点に一つの差異があった。ところが、京都府園部町黒田古墳は全長五二メートルの長突円墳で突出部端が立ち上がり、截然としている。その上、円丘部中央の墓壙は七×一一メートルと大きく、鏡を持つ。土器は、庄内型の飾壺である。纒向《まきむく》3式新（庄内2式新＝寺沢の布留0式）には全長九三メートルの纒向石塚古墳を標式とする纒向型長突円墳の関東から九州までの拡散が寺沢薫によって提唱されている（私は、纒向石塚古墳の築造をおそくとも三世紀前半と考えており、寺沢との間に六〇年余の差がある）。纒向石塚古墳そのものをはじめ、個々の古墳の墳形について検討すべき点はあるものの、三世紀に同一企画にもとづく長突円墳が日本列島に広く分布しているらしい点は重要である。三世紀末、四世紀に考えられている長突円墳体制の先駆形態が、すでに三世紀前半にあることを示す。

都出比呂志は、鶴尾四号墳と黒田古墳をともに墳丘墓と呼ぶ(3)。その理由は、都出が提唱している墳丘の三段築成、北頭位などの「前方後円墳体制」の要件に合致しないからであろう。それならば、初期の大型長突円墳と言われている奈良県桜井市箸中山古墳の突出部側面の無段築、京都府山城町椿井《つばい》大塚山古墳の円丘部の不整合、長野県千曲市森将軍塚古墳の円形でも方形でもない主丘部などはとても定型化した「前方後円墳」とよべるものではない。近藤・都出の用語である墳丘墓と改めるべきであろう。もし三古墳について地形

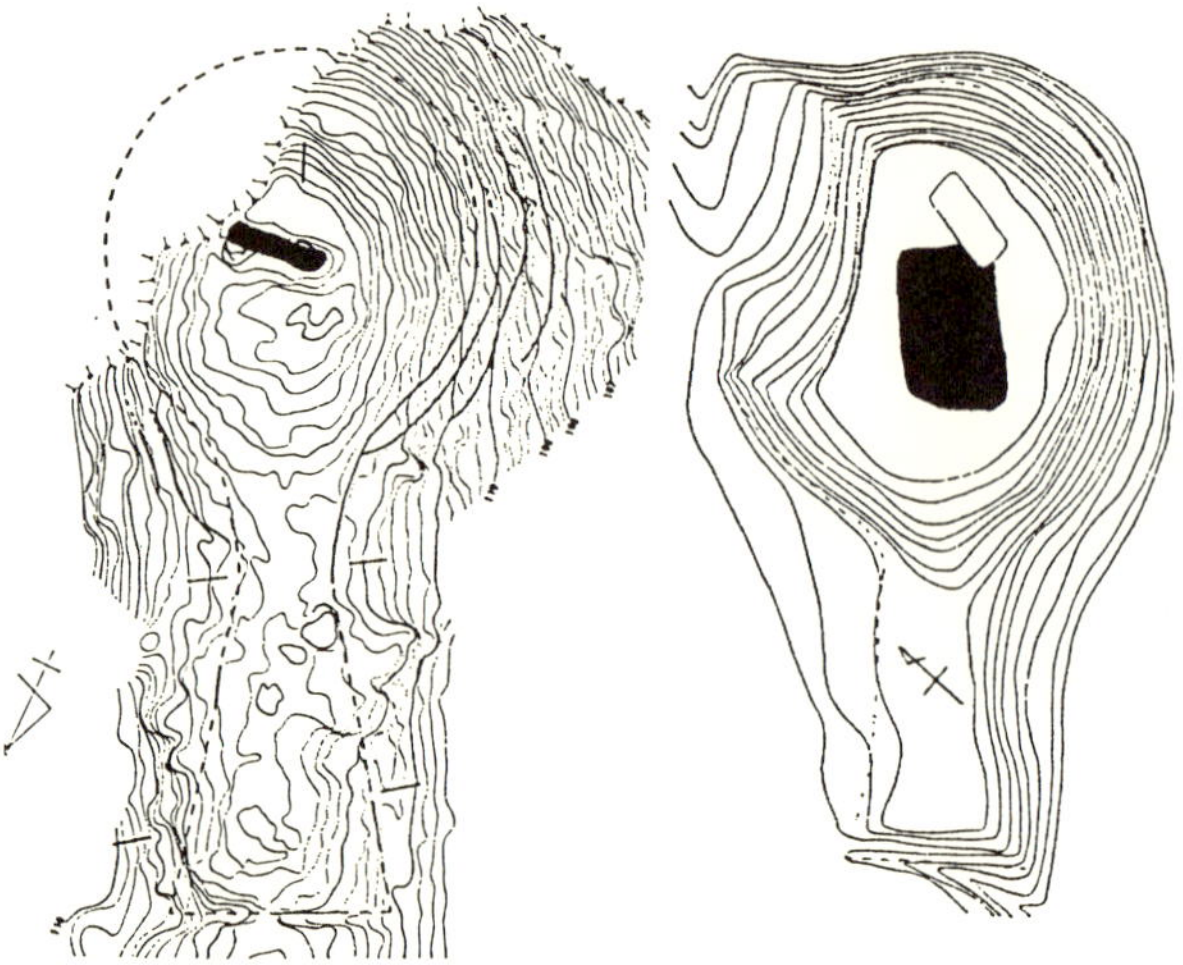

図88　初期の長突円墳
（左：香川県鶴尾4号墳、右：京都府黒田古墳）

による改変、地域による文化受容の差という説明で「前方後円墳」に加えるのであれば、さきの鶴尾・黒田両古墳も「前方後円墳」に加えなければならない。

全国で約六、〇〇〇基はあるという長突円墳の中で、都出の「前方後円墳」の要件を満たす古墳はいくつあるのだろうか。もしかすると九〇%余の古墳が要件を満たせないかもしれない。あるいは、各地の上位の「前方後円墳」だけが要件を満たしておればよい、ということであればその比較検討が必要である。

今、備前の五一基の長突円墳について検討すれば、次の通りである(4)。

○円丘部、突出部とも三段築成の古墳はゼロ。

○円丘部三段から一段まで円・方のどちらかに段築のある古墳は一四基

つまり、長突円墳が多い地域の一つである備前では、円丘部・突出部に一段でも段築のある長突円墳を数えても全体の三〇%に満たない。

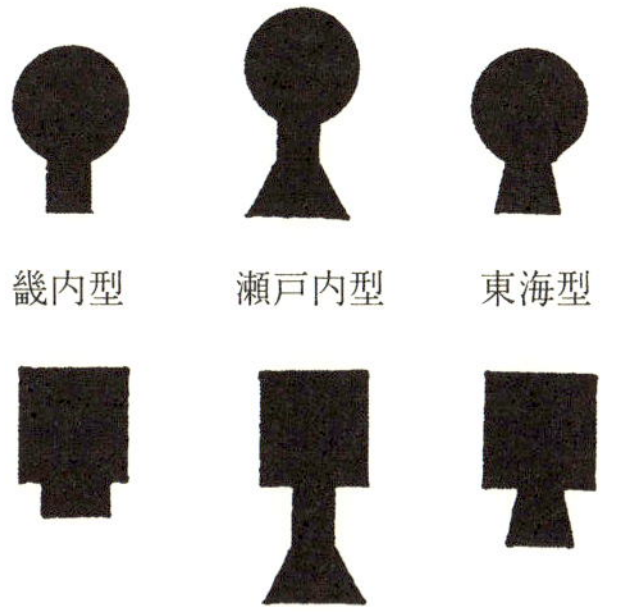

図89　長突円(方)墳の３類型

備前最大の長突円墳である全長三一五〜三三〇メートルの五世紀の両宮山《りょうぐうざん》古墳でも、突出部二段の段築だけで円丘部は明瞭でない。四世紀の岡山市浦間茶臼山古墳(全長一三八メートル)は、円丘部三段に整えるが突出部には段築はない。四世紀と五世紀の備前最大の古墳の実態である。

ただし、吉備最大の古墳である五世紀の岡山市造山《つくりやま》古墳と総社市作山《つくりやま》古墳は、ともに円丘部・突出部とも三段築成で要件にあっている。

埋葬施設や副葬品については資料に限りがあるので墳丘段築だけを取りあげたが、すべての要件を満たす古墳はさらに減少するであろうことは理解できる。例えば、旧国単位で上位の長突円墳は三段築成、北頭位、三角縁神獣鏡副葬で中・下位と各階層ごとに段築を逓減し、石室規模が逓減し、副葬品が逓減するような、そして、それが複雑に組み合わされた、奈良時代の官僚機構でもありえない階層差が古墳に表現されているのだろうか。

なお、長突円墳は突出部の型によって柄鏡型突出部と撥型突出部と二等辺三角形型突出部の三類型に大きく分類できる。この三類型は、長突方墳にも適用できそうである。赤塚次郎は、長突方墳の検討から、「柄鏡型」は畿内型、「三角型」は東海型と想定された(5)。その当否は、より広い範囲での検討が必要だが、それぞれの類型に出自があり、系譜関係があることは確かであろう。

例えば、大和の萱生《かよう》・柳本《やなぎもと》・纒向の三古墳群の中で、初期の大型長突円墳である箸中山古墳と西殿塚古墳が撥型で、播磨の揖保川町養久山一号墳を介して吉備の浦間茶臼山古墳の撥型系譜に連なること、カムヤマトイワレビコ伝承をもつイワレの地域にある桜井茶臼山古墳とメスリ山古墳が柄鏡型で石清尾山《いわせおやま》古墳群を介して宮崎県西都市西都原《さいとばる》古墳群の「柄鏡型」に連なることなどが浮かびあがる。

長突円墳にも様々な類型があること、時期ごとに地域ごとに、各類型の動態を比較検討しなければならない。

四、長突方墳

数百年間続いた弥生方形墓の流れの中で二世紀に一辺中央部に小さな突出部をもつ墓が普遍的に現われはじめる。大阪市久宝寺《きゅうほうじ》遺跡では、一辺一〇メートルの方形部に幅四メートル、長さ二メートルの突出部が付設され、幅三メートルの溝が全周する。奈良県広陵町黒石一〇号墓は、一辺中央の突出部を除いて溝がめぐり、突出部両側の周溝に壺や高坏などが転落していた。のちの「くびれ部」に相当する場に食物が供献されたことが類推できる。

三世紀には、京都府城陽市芝ヶ原古墳や愛知県清須市廻間《はざま》一号墳などが初期の長突方墳として登場する。芝ヶ原古墳は、全長(推定)四〇メートル、突出部は一辺約二〇メートルで、類例の少ない四獣形鏡と車輪石型銅釧が庄内型の飾壺と共伴している。

大塚初重らによって、以前から東国の各地域では、初期の大型古墳は長突方墳から始まることが指摘されてきた。西日本でも長突方墳が先行する地域があったのではないか。

奈良県天理市波多子塚《はたごづか》古墳の特殊器台系埴輪がその可能性を示唆する。波多子塚古墳は、全長一四四メートルの柄鏡型長突方墳で、突出部が異常に長い。同じ萱生古墳群内で中山大塚古墳(長突円墳)と西殿塚古墳から特殊器台が採集されており、中山大塚古墳が最も古いらしい。つまり、波多子塚古墳が萱生古墳群の最古の古墳ではないが、群内の長突方墳には下池山古墳(全長一一五メートル)とフサギ塚古墳(全長一一〇メートル)があり、立地から見ると下池山古墳が波多子塚古墳に先行する可能性がある。このように考えると、萱生古墳群は長突円墳(中山大塚古墳)と長突方墳(下池山古墳)によってほぼ同時に始まり、その関係は西殿塚古墳、波多子塚古墳と次代にも継続したのだろうか。

地域の長突円墳に先行するらしい長突方墳は、滋賀県大津市皇子山古墳、京都府向日市元稲荷古墳、大阪府高槻市弁天山D二号墳、同・富田林市板持三号墳、神戸市処女塚古墳などがある。さらに西方では、愛媛県今治市雉之尾《きじのお》古墳は庄内系の飾壺をもつし、著名な備前車塚古墳、島根県雲南市松本一号墳、福岡県筑前町焼ノ峠古墳などがある。

長突円墳と長突方墳の大きさをくらべると圧倒的に前者が巨大であり、四、五世紀には長突円墳が主で、長突方墳が従であることは、従来指摘されている通りであろう。

他方、長突方墳の大きさを比較すると、全長一〇〇メートルをこえる長突方墳は大和に集中していることがわかる。しかし、東海には全長八一メートルの二子古墳や一〇三メートルの浅間神社古墳があって、注目すべき地域である

(6)。四世紀以降、長突方墳被葬者が特定の職掌を分担していたとしても、その中枢は大和であり、東海と吉備が一定の役割を担ったのであろうか(7)。

前三世紀から後二世紀の日本列島は、方形墓が主流であった。一世紀に円形墓が広がりはじめ、三世紀には円形墓が主流になった。三世紀の転換は、二世紀以来の突出部をもつ大型円形墓が長突円墳として展開したことによる。数百年続いた方形墓から円形墓への変革には、円形墓地帯である朝鮮半島南部か中国江南からの天円思想の導入が考えられる(8)。そして円形墓は、四、五世紀には長突円墳として大王家を筆頭とする倭の墓制の中核を占めた。

他方、方形墓は低塚として六世紀まで継続するとともに、三世紀にすでに長突方墳として列島各地の首長墓の位置を占めた。当初は、長突円墳と拮抗する動きを見せたが、三世紀末から四世紀前半にかけて、長突円墳被葬者の動きを補完する立場となった。

五世紀の大型円墳と大型方墳の普及は、奈良県五条市の宇智《うち》古墳群のように、長突円墳の勢力を凌駕する場合もあった。そして六世紀になると、長突円墳自体も小型化し、政治的記念物としての古墳から墓へと変質し、古墳時代は終熄する。

註

(1) 樋口隆康「弥生文化に影響を与えた呉越文化」『最新日本文化起源論』学習研究社、一九九〇年
　　菅谷文則「日本の首長層が目指した墓制・土墩墓」同右
(2) 石野博信『古代近畿と東西交流』二〇九頁、学生社、一九九一年
(3) 都出比呂志「墳丘の型式」『古墳時代の研究』七、雄山閣、一九九二年

（4）近藤義郎編『前方後円墳集成』中国・四国篇、山川出版社、一九九一年

（5）赤塚次郎「東海系のトレース」『古代文化』四四―六、一九九二年。図89は本論文から作成

（6）茂木雅博『前方後方墳』雄山閣、一九七四年

（7）長突方墳の古い例が尾張で増加しつつある。これを重視すれば、長突方墳は尾張で生まれ古墳早期（庄内式期）の大和中枢部（天理市・桜井市北部）に移住した尾張の人々によって萱生古墳群の中に初期の長突円墳である中山大塚古墳などと同等の大きさの長突方墳が築造された、と考えることもできる。現状では明らかでない。

（8）石野博信「四・五世紀の祭祀形態と王権の伸張」『ヒストリア』七五、一九七七年（のち『古墳文化出現期の研究』学生社、五六七頁に収録）

二　形象埴輪と装飾古墳

「野見宿弥、……自ら土部《はじべ》等を領《つか》ひて、埴《はにつち》を取りて人・馬及び種々《くさぐさ》の物の形を造作《つく》る。……則《すなは》ち其の土物《はに》を、始めて日葉酢《ひばす》媛命《ひめのみこと》の墓に立つ。仍《よ》りて是の土物を号《なづ》けて埴輪《はにわ》と謂《い》ふ。亦は立物《たてもの》と名《なづ》く」（日本書紀、垂仁天皇三二年条）

垂仁天皇の母弟、倭彦命の葬に際して、「近習者を集《つど》へて、悉《ことごと》に生けながらにして陵《みささぎ》の域《めぐり》に埋みて立つ」ことをやめ、「土物を持って生人《いきたるひと》に更易《か》へて、陵墓に樹《た》てて、後葉《のちのよ》の法則《のり》」とした有名な伝承である。

埴輪は土の焼物で、墓に立てるためにつくったこと、埴輪には人や馬など様々な種類があることなどが日本書紀編さん頃（奈良時代）の人々によって語られている。今、多くの古墳から発掘されて、博物館や出版物を彩る人や馬の表情は、人々を古代のロマンに誘《いざな》う。しかし、埴輪に向かいあっていると、ロマンを越えて、埴輪に託された様々な物語が聞こえてきそうである。物語を聞く前に、今残されている多くの埴輪の足どりをたどってみよう。

一、埴輪の起源

埴輪は何のためにつくられたのか。円筒埴輪については、一九〇二・三年頃、坪井正五郎の研究をもとに、和田千吉らによって土留め説・玉垣説・表飾説などをめぐって論争が展開された(1)。今、巷間に流布しているのも、この三説が基本になっている。

一九六七年（昭和四二年）、近藤義郎・春成秀爾によって「埴輪の起源」が発表された(2)。両氏は、弥生時代後期の器台形土器が墓専用具として特殊化され、円筒埴輪の祖型となったことを提唱され、定説化しつつある。

特殊器台には円筒埴輪と異なる主な点が二つある。一つは、特殊器台は墳丘を囲繞せず、埋葬施設上の周辺などに数本立てていること、一つは、円筒埴輪には少ない特殊文様(葬送儀礼用に特殊化された文様＝組帯文として表現されることが多い)を施すことを要件とすることである。

器台は器をのせる台であり、特殊器台は死者に供える食物を容れた器をのせるための台である。埋葬施設の周辺に

1 2 3

図90 亀石と特殊器台(1：岡山県楯築古墳、2：岡山県宮山古墳、3：奈良県葛本弁天塚古墳)

若干の食物が供献されたことを示す。墳丘を囲む円筒埴輪は、食物供献の壮大化を示す。ここには量的な差があるが質的な差はない。

特殊器台には組帯文が何段にも描かれる（図90）。組帯文の系譜については、弥生中期、奈良県唐古鍵遺跡などに認められる曲線文様の組み合わせからの道程が復元されている[3]。文様は単なる装飾ではなく、一つの理念にもとづいて必要不可欠のものとして描かれている。その現われが、岡山県楯築古墳墳丘の「亀石」のように、人あるいは神の封じこめとなる（図90－1）。これほど必要であった組帯文は、円筒埴輪が墳丘を囲むようになる頃、纒向4式＝布留1式＝渋谷向山、行燈山古墳の頃に消滅する。その直前、箸中山古墳（箸墓）や西殿塚古墳の頃は存在する。長辺七〇メートルの古墳の可能性がある奈良県葛本弁天塚古墳は、墳丘裾に宮山型と都月型の特殊器台を一〇メートルで七本以上立て並べており、纒向3式新＝庄内2式新の甕を共伴する[4]。伝統的な組帯文をもち、なおかつ、墳丘を囲む新しい要素への過程を示している。特殊文様＝組帯文の埴輪からの消滅は、量ではなく質的な差である。質的な変革を主導したのは渋谷向山古墳や行燈山古墳などの大和の勢力であった。

図91　笠形木製品の彫刻（奈良県四条古墳）

二、土と木と石の立物《たてもの》——墳丘建物の材質と特質

埴輪は、古墳墳丘外表の立物《たてもの》である。円筒埴輪も各種の形象埴輪もそれぞれの目的をもって立つ。ただし、立物は土物《はにもの》だけではなく木も石もある。木

製立物・石製立物、いわゆる「木の埴輪」、「石の埴輪＝石人石馬」である。木製立物は奈良時代には腐朽するか倒壊してしまって書紀編さん者の眼にとまらず、石人石馬は筑後国風土記の編さん者にしか知られていなかった。

木製立物には土物にない特質と共通点がある。一つの古墳で最も木製立物の多い奈良県四条古墳の種類は、笠形四六、杭形三〇、儀杖型二七、盾形二、さしば形二、鳥形三のほか、刀・剣・弓・鉾・机・沓・耳杯・槽などが一、二点ある(5)。

土物にない特質は、笠形と杭形の組み合わせであろう。それぞれ四六点、三〇点と最も多い。杭を打ちこみ、笠をさし込む。笠には大・中・小があり、出土状況から大・中・小を三段重ねに杭にさした場合もあったことが想定できる。

その場合、外見上は三角縁神獣鏡などにみられる傘松形文様との関連を想起させる。そうであれば、笠形表面の刻みが木目にそわず弧を描いているという泉武(天理市教育委員会)の指摘は、傘松形に似せるための工夫と考えられる。傘松形文様が神仙思想に基づくものであるとすれば、それが鏡の文様としてではなく、現実に墳丘に樹立されている以上、少なくとも五世紀後半には神仙思想が倭の葬送儀礼の中にとり入れられていたことになる。

共通点は笠形と杭形以外の木製立物がすべて土物にもあることである。特に、二七点と数の多い儀杖型は、すべて基部が腐蝕していて本来は墳丘に立っていたことがわかる。つまり、「石見型盾型埴輪」と用法が同じである。

もっとも、石見型盾形埴輪は盾ではない、という見解がある(6)。私も盾ではなくて鹿角だと考えた(7)。鹿角信仰は、北方ユーラシアの騎馬遊牧民の間に広がっており、五、六世紀には古代朝鮮三国の冠のデザインにも登場する(8)。

五世紀後半には、騎馬遊牧民の信仰が儀杖型埴輪(旧称、石見型盾形埴輪)の分布地域である近畿と濃尾に広まっていたのだろうか。

北部九州に分布する「石の埴輪」＝石物＝石人石馬と埴輪は、多くの点で共通する(9)。大分県臼塚古墳の甲冑形から岩戸山古墳の人物への変遷、岩戸山古墳の石人・石馬群の埴輪群との共通性など近畿の埴輪祭祀と同じ体系で動いている。

墓上の立物は、土と木と石でつくられた。木の立物は最も古く、弥生時代に始まっている(10)。兵庫県加茂遺跡の弥生中期方形周溝墓の四隅の柱穴、田能遺跡の古墳前期方形周溝墓の周溝内の長大な建築材、奈良県纒向石塚古墳周濠内の立ったままの柱根と柱上に飾られたであろう組帯文円板など、埴輪出現以前の木の立物の存在を示す。

土の立物は、弥生後期末の岡山県女男岩墳墓の器台上の家に始まり、奈良県メスリ山古墳以降、器材が立つ。

石の立物は、五世紀初頭〜中葉に大分県臼塚古墳の短甲からはじまり、ついで、筑後に普及する。墳丘祭祀を始めるに当たっての地域色の表現であろう。

三つの立物は、その後六世紀に継続するが、最も普及したのは、どこにでもある土という素材と恒久性を備えた土の立物＝埴輪であった。

三、埴輪の種類と消長

一九四七年(昭和二二)、末永雅雄先生は埴輪の種類を表4のように分類された(11)。

一九八五年、橿原考古学研究所で行なわれた埋蔵文化財研究会で、「形象埴輪の出土状況」が検討され、埴輪の種類ごとに各地域における消長が整理された。

(1) 家とキヌガサは、四世紀中葉以降、近畿と山陽で普遍化した。四世紀後半には四国、中部、関東に広まり、四世紀末から五世紀に入って、九州、山陰に及ぶ。

（2）人物は、五世紀中葉以降、北部九州、山陰、近畿、関東に現われるが、近畿北部では五世紀初頭にのぼるらしい。

（3）鳥は、四世紀後半に、山陽と四国に現われ、四世紀末、五世紀初には、北部九州、山陰、中部に普及した。

一九八五年段階の資料であること、各地研究者の実年代観をそのまま容認していること、を前提としているが、各

表4　埴輪の種類（末永1947より）

- 男子土偶
  - 平装
    - 立像・座像・腰掛・凭座
    - 弾琴・鷹
  - 武装
    - 挂甲・衝角付冑
    - 短甲
- 女子土偶
  - 座像・腰掛
  - 物を捧げる・運搬の形・子供を負ふ
  - 舞踊的姿態？
- 家
  - 切　妻　造 ― 千木堅魚木
  - 入 母 屋 造 ― 同　さらに装飾したか
  - 四　柱　造 ― 同
  - 天地根元造 ― 同
- 獣
  - 馬
    - 装鞍　馬装完備
    - 頭絡のみ
  - 牛・犬 ― 首輪・猪 ― 矢が當る・鹿・猿・兎
- 鳥
  - 鶏 ― 多数
  - 水鳥 ― 頸根に紐・鷹 ― 背に鷹鈴
- 甲冑
  - 衝角付冑
  - 短甲 ― 衝角付冑・短甲 ― 草摺
  - 同 ― 同眉付冑 ― 肩鎧 ― 草摺
  - 革短甲？
- 武器
  - 弓・靫・鞆
  - 大刀（消火器形）？・鉾
  - 盾
- 器材
  - 舟
  - 腰掛
  - 合子・高杯・帽子
  - 蓋形・翳形

地域内での埴輪の種類別消長が示されている点が貴重である。

四、建物の種類と構造

家形埴輪は住居とは限らない。住居以外に倉・納屋・厨屋・楼・祭殿・集会所などがありうる。

屋根の形と出入口の位置

家形埴輪の屋根の形には、切妻造と寄棟造と入母屋造があり、出入口の位置は大きく平入と妻入に分かれる。以下、資料は『形象埴輪の出土状況』(12)による。

西日本の四五棟の家形埴輪を屋根の形で見ると切妻造一六棟、寄棟造一三棟、入母屋造一六棟とほぼ等しい。家形埴輪の多い鳥取県長瀬高浜遺跡には三種が揃っており機能別に使い分けられているらしい。大阪府今城塚古墳の巨大な入母屋造建物(図92)を見ると、西日本の主要な建物は入母屋造かと思われる。

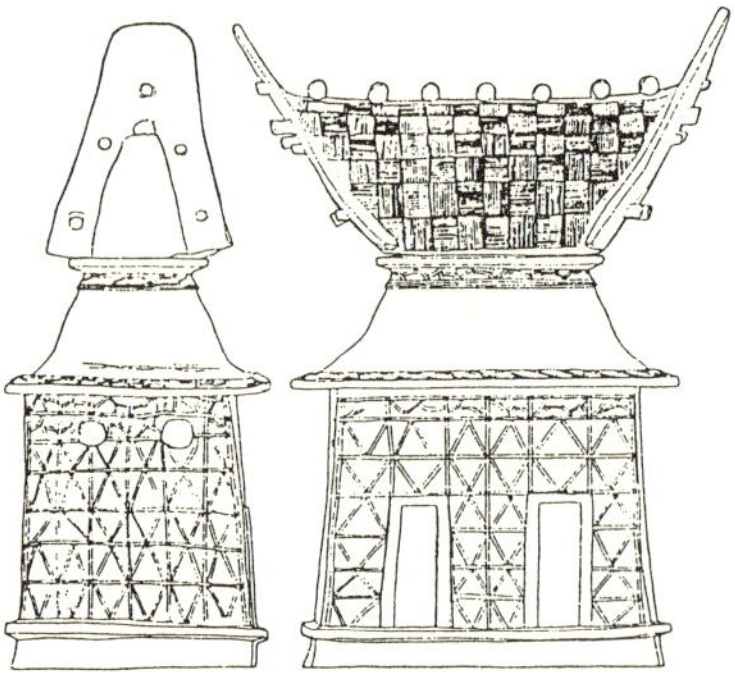

図92　大王の住居(大阪府今城塚古墳)

他方、群馬県白石稲荷山古墳の家形埴輪群は切妻造と寄棟造の建物群で入母屋造がない。その傾向は赤堀茶臼山古墳も同じであり、両者とも切妻造建物が主流になる。屋根形から見た古墳時代建物の東西の地域差と言える。

しかし、出入口の位置については共通性があるらしい。西日本の屋根形と出入口の位置がわかる完形の家形埴輪三六棟についてみると、平入が一七棟と半数をこえるのに対し、妻入は五棟と少ない。平と妻の両方に出入口を持つ建物が八棟ある。関東も、さきほどの白石稲荷山古墳と赤堀茶臼山古墳をはじめ、多くの家形埴輪は平入が圧倒的に多い。

切妻造建物では、平入(四棟)と平・妻入(六棟)が多く、妻入(一棟)は少ない。その他では、吹抜けの楼屋が三棟ある。この傾向は、寄棟造建物でも平入八棟、平・妻入二棟、妻入一棟と変わらず、入母屋造建物もほぼ等しい。ただし、入母屋造建物に出入口を二方向に持つ平・妻入がないのは、一つの機能上の特色となるかもしれない。

屋根と壁

家形埴輪の屋根と壁には、格子文、三角文、綾杉文などが描かれていることが多い。これらは屋根の化粧であり、格子文は網代《あじろ》葺、三角文は紐による編み、綾形文は編みか板と理解して、屋根と壁の仕上げ方を見よう。

化粧をする西日本の屋根は、ほとんどすべて網代で覆われている。切妻造と寄棟造は屋根の全体、入母屋造は上半部を覆う。全長一九〇メートルの長突円墳である今城塚古墳も径一五メートルの円墳の長瀬高浜五八号墳の家形埴輪も同じである。

他方、東日本は圧倒的に三角文――紐による屋根おさえが多い。茨城県舟塚古墳の入母屋造も千葉県殿部田一号墳の寄棟造も屋根全体が三角文で覆われる。ところが、群馬県赤堀茶臼山古墳の家形埴輪群は異質である。八棟の建物のうち主屋と副屋の二棟の切妻屋根上部が網代葺である。さきに述べたように屋根の形は関東系であるので、屋根化粧に近畿の風をとり入れたのであろう。

家形埴輪の壁はほとんどすべて埴輪としての刷毛調整ですまされている。中には時折、網代壁(長瀬高浜遺跡)、板壁(佐味田宝塚古墳、家屋文鏡)、簾壁《すだれかべ》(福井県六呂瀬山古墳)などがある。網代壁は家屋文鏡の高屋の上部にもあり、案外使われていたかもしれない。板壁は柱に小穴(溝)を彫《ほ》り、そこに板をおとしこんで壁としたのであろう。奈良県纒向遺跡では古墳早期の井堰の杭に小穴が掘られていた。簾壁は他に例がない。ただ、纒向遺跡南飛塚地区の「倒壊家屋」の桟木群にその可能性がある。

茨城県舟塚古墳の大型建物(図93)の壁には、粘土帯が八・九段重ねられており、角は丸柱らしい。粘土帯を丸太と考えると丸太組建築となり、古墳時代には全く知られていない校倉造風の建物となる。ただし、丸太組は壁で屋根を支えるのが特色であり、角の柱は不用である。シベリア南部の丸太組建築には、柱に溝を掘って丸太をおとしこむ手

図93　大型建物埴輪(茨城県舟塚古墳)

図94　ソ連アルタイ地方の丸太おとしこみ建物

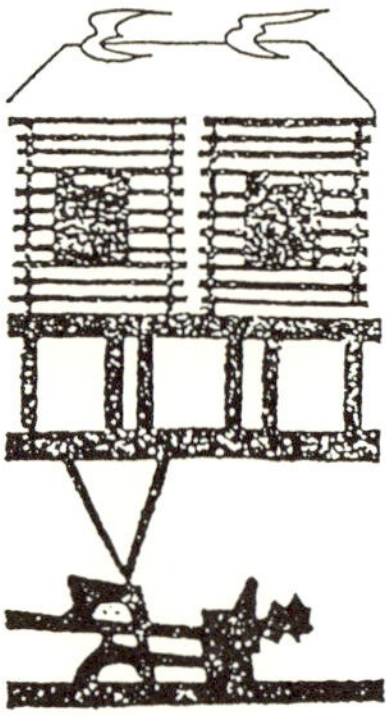

図95　高句麗の校倉造高倉(麻綫溝1号墳)

法があり、角の表現は似ている(図94)。もし丸太組建築であれば、前五世紀前後の北方ユーラシア・スキタイ系文化の木槨墓の丸太組構造物から前三世紀の中国雲南省の青銅器に描かれた丸太組建築、そして五世紀の中国・吉林省の麻綫溝一号墳の壁画(図95)に描かれた丸太組建築の流れに沿って、六世紀に日本列島に入って来たことが推定される。正倉院の校倉造につながる建築物であり、類例を待ちたい(13)。

棟飾り——鰹木《かつおぎ》の有無

古事記、雄略天皇の条に有名な次の記事がある。(14)。「山の上に登りて国の内を望《みさ》けたまへば、堅魚《かつお》を上げて舎屋《や》を作れる家有りき。……『奴《やっこ》や、己が家を天皇の御舎《みあらか》に似せて造れり』とのりたまひて、即ち人を遣はして其の家を焼かせしたまふ……」

雄略天皇が国見をした時に、河内の日下の志幾《しき》の大県主《おおあがたぬし》の家が鰹木を上げているのは天皇の家に似せている、としてその家を焼こうとした、という説話である。家の形に階層差がある説話として著名である。

しかし、家形埴輪から見ると鰹木の階層性はない。棟飾りの有無がわかる四八棟の家形埴輪のうち鰹木をあげる建物は二二棟であり、何らの飾りも持たない建物が二三棟である。全体の約半数が鰹木をあげているのであり、古事記の記載と合致しない。この傾向は、東・西日本に偏りはない。また、切妻造・寄棟造・入母屋造の屋根の形ごとに見ても同じである。径六メートル余の広島県池の内二号墳や径一八メートル余の奈良県新沢千塚一一五号墳などの小古墳の家形埴輪にも鰹木はあがっている。

ただし、赤堀茶臼山古墳の八棟の建物で鰹木をあげるのは主屋と見られる一棟だけであり、白石稲荷山古墳の八棟の建物には鰹木はあがらない。

なお、破風板を飾る建物はあるが、千木をあげる建物は全くない。

大阪府美園一号墳出土の柱に盾を描く楼閣には、鰭状の棟飾りが列立している。類例は岡山県月の輪古墳や奈良県石見遺跡などにあり、特定の建物か上位者の建物に限定できる可能性がある。

工房

関東の大型切妻造建物の中に、煙突を持つ工房がある。埼玉県塚本山一五号墳は六世紀の径二〇メートルの円墳であるが、四本の煙突をもつ建物がある(図96)。同御手長山古墳も六世紀の円墳で二本の煙突のある建物がある。大きな煙突は大きな火を想像させるが、須恵器窯や埴輪窯の覆屋というより、鉄生産のためのたたらの覆屋ではないか。

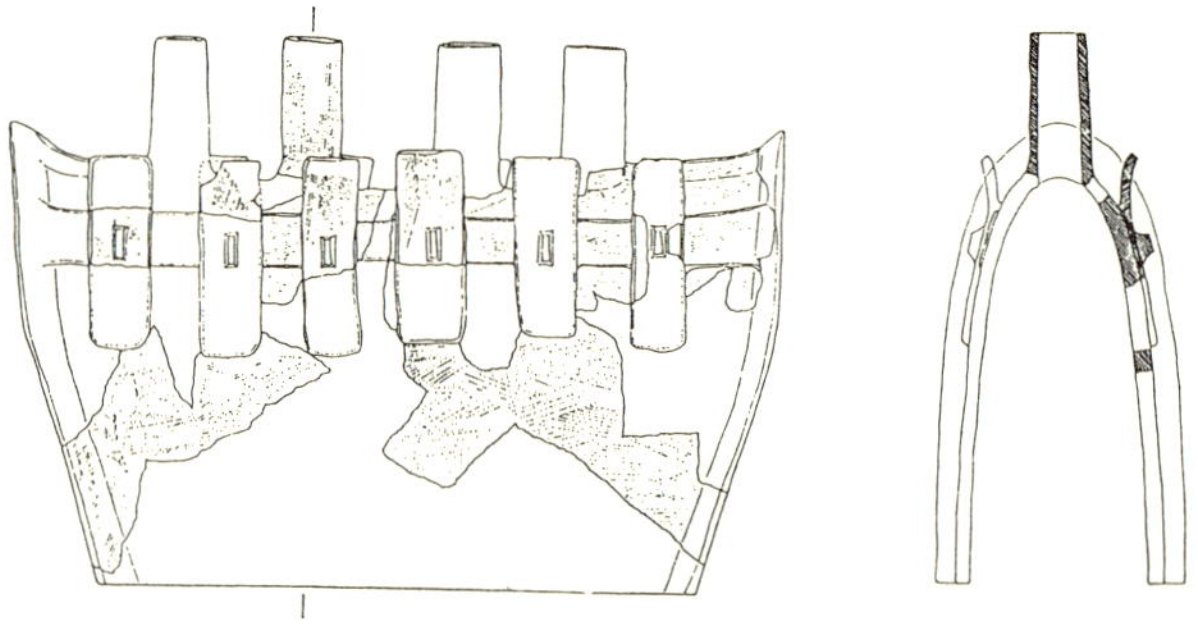

図96　煙突のある建物(埼玉県塚本山15号墳)

大壁《おおかべ》と真壁《しんかべ》

かつて、坂田泉は家形埴輪の壁構造をもとに、「河内誉田地域と大和西南にかけて真壁、大和中央から東南地域にかけて大壁が分布上で大勢を占める」と指摘された(15)。そして、真壁は吉備と五世紀後半の関東地方にみられ、大壁は西都原古墳群と六世紀の関東地方にみられる、という。建築史家としての坂田の見解は以前にも紹介し、若干の資料追加を行なったことがあるが(16)、今の段階で改めて多少の資料を加えて考えてみたい(表5)。

大和大王家の中枢である奈良県磯城地方には完形の家形埴輪の資料が少ない。三、四世紀の資料は皆無で五、六世紀になって若干認められる。

大壁建物は、桜井市纒向遺跡や同メグリ塚古墳にあって大和中枢部が大壁地帯のように見えるが、同じ桜井市外山には寄棟造真壁の建物があって単純ではない。その上、奈良盆地中央部の田原本町赤丸遺跡や橿原市下明寺遺跡、そして北部の歌姫横穴(佐紀古墳群からの転用)には入母屋造真壁があって、一層事情を複雑にしている。

その点、葛城地域は四世紀以降、真壁地帯の色彩が強い。河合町佐味田宝塚古墳の家屋文鏡に描かれている四棟のうち、竪穴住居を除く三棟はすべて真壁の入母屋造の高屋と平屋、高倉である。埴輪では四世紀末、五世紀初の御所市宮山古墳の二棟の吹抜け建物は当然のこととしても他の二棟も真壁である。宮山古墳は、実在性の高い葛城襲津彦の墓に擬せられることが多い古墳である。近年検出された葛城市兵家古墳群や寺口和田一号墳の建物も入母屋造真壁であり、葛城地方は石光山古墳群の二つの小さな切妻平屋のほかは真壁造地帯と言える。

河内には八尾市美園古墳の切妻造真壁があるが、資料不足で傾向はたどり難い。北方に接する摂津では継体大王陵かと言われている今城塚古墳に巨大な入母屋造大壁があり、大王居館の一端が垣間見える(図92)。

大和の北に接する南山城では、四世紀の宇治市庵寺山古墳の建物群は真壁でまとまり、五世紀の城陽市丸塚古墳や木津町内田山古墳群の真壁の建物群へと継続する。内田山古墳では入母屋造一棟と寄棟造二棟で主屋と副屋となり、切妻造吹抜けの一棟が付属する。古墳は、径五八メートルの円墳であり、南山城の中堅豪族層が葛城系の屋敷構えをとっていたことを想定させる。その傾向は、丸塚古墳の棟に鰭飾りをつけ、網代屋根、網代壁の大型入母屋造建物に象徴的に連なる。

表5　家形埴輪の壁(近畿)
○：大壁(柱見えない)　●：真壁(柱見える)

	切妻造	寄棟造	入母屋造	不明
大和・磯城周辺	●	● ○○	●● ○	●
〃 葛城周辺	●●○○	●	●●●●	●
河内	●			
摂津	○○○		○	
紀伊			○	
山城	●○○	○○	●●○	
伊勢		○○○		

六世紀になると城陽市青山古墳の鰹木をあげた寄棟造大壁建物をはじめ、長岡京市塚本古墳や綾部市野崎古墳などに大壁建物が広がる。

山陰は、鳥取県上ノ山古墳や長瀬高浜遺跡の家形埴輪から大壁地域の可能性があるが資料数が少なく、中部・関東についても大壁建物が多い傾向はあるが明らかでない。

家形埴輪の多い群馬県赤堀茶臼山古墳では、主屋と副屋の三棟が真壁で、住居以外の建物五棟は大壁につくる。白石稲荷山古墳でも同じで、主屋一棟だけが真壁で他は大壁になる。ここでは、大壁か真壁かは建物の用途によってきめられているように見える。

図97　家形埴輪の大壁と真壁

大壁と真壁は、壁の仕上げ方の差異であって建物構造の差異ではない。しかし、外観上は柱の見えない草か網代か土で包まれた家(大壁)と柱の見える家(真壁)との差は大きい。古墳時代建物の地域差の指標となりうるかどうかは、屋根の形や葺代《ふきしろ》など、他の要素も含めて地域ごとに検討しなければならない。

五、人物埴輪の登場

大仙古墳出土の埴輪女子頭部は、初期の人物埴輪として著名である。若松良一によれば、人物埴輪は五世紀前半に河内王権の地、古市古墳群の中で生まれるという(17)。具体例としては墓山古墳の大型顔面や野中宮山古墳の人物で、盾持人と推定されている。ついで、大阪府長原四五号墳や京都府赤塚古墳で人面のついた甲冑形埴輪が現われる。長原四五号墳からは、TK73形式の須恵器が共伴している。

初源期の人物埴輪が、盾持人と顔つき甲冑というのは意味深い。盾は人が持ち、甲冑は人が着用するものであるにもかかわらず、四世紀には人から離れて器材だけが埴輪として古墳墳丘に立った。それ以前には、実物の盾や甲冑が墳丘に立てられたのであろう。いずれにせよ、葬送儀礼には人は登場しなかった。むしろ、登場してはいけない神まつりであることを示している。五世紀前半に盾や甲冑に顔がつくのは、腕や足がないことに象徴されるように、後の人物埴輪とは異質であることを示す。次いで、五世紀中葉に巫女や男覡が人物として登場する。これらは、確かに人物ではあるが祭人であって、のちに盛行する儀礼の執行者や参列者でない点で異なる。人物埴輪の初原期は、人であって人でない段階と言える。人物埴輪が普及し、歴史的意味をもつのは五世紀後半である。

六、鶏と白鳥

天照大神が天《あめ》の石屋戸《いわやど》にこもり、高天原《たかまのはら》が真暗になったとき、常世《とこよ》の長鳴鳥《ながなきどり》を集めて鳴かしめた、という(14)。常世の長鳴鳥は鶏であり、鶏は暗夜から夜明けの境に鳴いて朝を告げる鳥＝魂の再生を願う鳥と観念されている。

鶏を形どり墓に副えた最も古い例は、古墳早期の奈良県纒向石塚古墳である(図98)。円丘部周濠の外縁に沿って、幅三〇センチ余、長一八〇センチ余の板の上に二羽の鶏形木製品が置かれていた。頭から尾まで約四〇センチの板作りで、頭だけは白木のままで、他は鶏冠も胴部もすべて朱塗りされていた。おそらく、殯の場では本物の鶏の鳴声とともに使用され、その後、墓地におさめられたのであろう。

実物の約二倍大につくられた鶏形容器が早期の福岡県津古生掛古墳にある。前期の纒向遺跡巻の内地区の埴輪と同形同大で古墳と鶏形埴輪の早い例である。その後の展開は若松論文に詳しい(17)。

図98　板上の鳥(奈良県纒向石塚古墳)

図99　大和と筑紫の鶏(左：奈良県纒向遺跡、右：福岡県津古生掛古墳)

図100　白鳥形埴輪(大阪府津堂城山古墳)

鶏形埴輪は家形埴輪とともに配置されることに意味があり、「両者を一緒に配することにより再生を祈った」のであり、水野正好の「首長霊の引き継ぎが終了し、すべてが新しく生まれかわったことを示す『確認の表示』」ではない、という(18)。小畑の説明は、埴輪の出土状況を基礎としており、理解しやすい。

「日本武尊《やまとたけるのみこと》、白鳥と化《な》りたまひて、陵より出で、倭国《やまとのくに》を指して飛びたまふ。……則《すなは》ち倭の琴弾原《ことひきのはら》に停《とど》まれり。仍《よ》りて其の処《ところ》に陵《みささぎ》を造《つく》る。白鳥、更飛びて河内に至りて、旧市邑《ふるいちむら》に留《とど》まる。亦其の処に陵を作る。……然《しか》して遂《つい》に高く翔《と》びて天に上りぬ」(日本書紀、景行天皇四〇年条)。

有名な白鳥伝説である。説話によれば、白鳥は魂を天に運ぶ。最も古い白鳥形埴輪は、四世紀末の大阪府津堂城山古墳にある(図100)。その後、近畿では大阪府誉田山古墳や野中宮山古墳、奈良市平塚一号墳など大王陵か大王陵を含む群内の古墳に継承されている。白鳥によって天に登れる魂は、大王かその一族に限られるのだろうか。

若松は、「埼玉古墳群では代々の首長墓に白鳥の埴輪が立てられていた可能性が強い」という(17)。埼玉古墳群の王たちは、代々、近畿大王家に伝わる白鳥思想を共有していた。稲荷山古墳の鉄剣銘文と関東でも特異な長方形周濠を持つ埼玉古墳群の性格の一端を示す。

七、狩猟埴輪群――王の狩

牙をむく犬と背の毛を逆立てる猪の対決、大阪府昼神車塚古墳の形象埴輪は「王の狩」を表現している(図102)。古墳は六世紀前半の全長五六メートルの長突円墳であり、首長墓の系列に入る。犬と猪は二組以上あり、角笛を吹く人や力士が伴う。

狩猟埴輪群の最も古い例は、奈良県四条古墳であろう。五世紀後半の方墳で、一辺二九メートルの方形部の一辺に

図101　大量の木の埴輪の出土状態（奈良県四条古墳）

図102　狩猟埴輪（大阪府昼神車塚古墳）（模造）

表6　形象埴輪の組合せ（大和・河内・摂津）

	人	馬	鳥	犬	猪	鹿	その他	墳形・規模（単位m）		時期
大和・四条	○○○○ 力士 2 ○○○○ 弓持 2 ○○○ 唄 1	○○	○	○	○	○	盾・靭・家・蓋	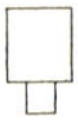	29	5世紀後半
〃・石見	○○○○ 椅座男子 1 ○○○○ 入墨 1 ○○○○ 巫女 3	○○	○	○	○		盾・靭・家・蓋	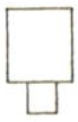	25×40	6世紀初
〃・荒蒔	○○○ 丸帽男子 1 ○○ 入墨男子 1 馬ひき 1 楽器持ち 1 巫女 1	○○○	○	○	○				30	6世紀前ー中
河内・梶2	○○○	○	○	○	○	○	牛・盾・靭・家・刀		37	6世紀初
摂津・昼神車塚	○○ 力士 1 角笛吹き 1			○○	○○		盾 ？		56	6世紀前半

図103　奈良県荒蒔古墳の埴輪群像

造出がつく。力士二人、弓持ち二人を含む一一人の人物と馬二頭、各一頭の犬、猪、鹿と鳥と盾・靫・家の埴輪と多量の「木の埴輪」がある（図101）。大阪府梶二号墳は、六世紀初頭の全長三七メートルの短突円墳で、人物埴輪はさほど多くはないが犬、猪、鹿をはじめ四条古墳とほぼ同じ組み合わせの埴輪を持つ。その上、共伴の須恵器装飾壺にも犬と猪の小像がある。六世紀前半〜中葉の全長三〇メートルの長突円墳である奈良県荒蒔古墳にも犬・猪を含む埴輪群がある（図103）。

資料はさほど多くはないが、近畿では、五世紀後半から六世紀中葉にかけて、中規模古墳の中に狩猟埴輪を持つ古墳があることがわかる。

他方、四条古墳に多量に樹立されていた「石見型盾形埴輪型木製品」は、盾ではなく北方遊牧民の世界から朝鮮半島にかけて広がる鹿角信仰にもとづくものであり、鹿角形儀杖と称すべきものである(7)。そしてそれは、五世紀後半、ワカタケル大王の頃、近畿に普及する。北方遊牧民の間では、鹿角は不老不死や吉祥の象徴であり、「薬猟《くすりがり》」の対象とされている(19)。

朝鮮半島の鹿猟は、四〇八年に高句麗、広開土王の幽州刺史を葬った徳興里古墳の壁画に描かれており、鹿角信仰を背景とした「王の狩」を物語る。

倭では、五世紀後半以降、王の狩を司る官僚が中規模古墳被葬者層の中に育成されていたのであろう。それは近畿だけにとどまらず、数は少ないが関東・東北に及ぶ。福島県天王壇古墳は、五世紀後半の径三八メートルの円墳で造出しを持ち、東北最古の形象埴輪群を伴う古墳として知られている(図104)。埼玉稲荷山古墳被葬者のように、大和に上番して「王の狩」を司ったのであろうか。

群馬県上武士《かみたけし》天神山古墳は、全長一〇〇メートルの長突円墳で、東京国立博物館に犬・猪をはじめ楽人や鉢巻をした男子などが保管されている。狩猟埴輪をともなう古墳では最大であり、毛野の王自身が「王の狩」を行なっていたのであろう。

狩猟埴輪群になぜ力士が伴うのであろうか。人物埴輪の中に力士像があることを最初に注目したのは森浩一である(20)。和歌山県井辺八幡山古墳では東西の造出しに三組以上の力士像が配置されていた(図105)。森は福岡県岩戸山古墳のふんどしをする石人はじめ、各地の埴輪の中に力士と推定しうる人物を摘出し、さらに高句麗・安岳三号墳をはじめ、集安の角抵塚や舞踊塚の二人一組の力士像に注目した。そして、「何故相撲の図が古墳に描かれるのか、どうして力士の埴輪が古墳に置かれるのか」を問われた。森は、皇極紀元年七月条に百済の大使の前で相撲をとらせているのは、前後の文脈から見て、「相撲が葬儀に関係したもの、死者の鎮魂のためにおこなわれた形跡」と見ておられる。私は、狩猟儀礼そのものが農耕の豊饒を祈るためにあるという千葉徳爾の『狩猟伝承研究』(21)と韓国の相撲が「豊作祈願の農耕パフォーマンスとして」行なわれる民俗例(22)に鍵を求めた。

図104　福島県天王壇古墳の埴輪群像

天王壇古墳は径38mの円墳で造り出しを持つ。埴輪群は造り出し周辺から出土した。顔のない人(甲冑形埴輪１)と巫女(２)の組合せは先王、あるいは新王が儀礼の場に登場する直前の姿か。犬(５)と猪(６)は王の狩りを表現する。５世紀後半

図105　力士と弓持ち（1：高句麗舞踊塚古墳、2：福島県原山1号墳、3：和歌山県井辺八幡山古墳、4：高句麗安岳3号墳、5：滋賀県狐塚5号墳）

高句麗舞踊塚には「上段の構え」をとる力士が描かれ（1）、倭の埴輪群像の中にも構える力士像がある（2・3）。相撲はスポーツではなく、鎮魂のためであった。高句麗壁画古墳には安岳3号墳をはじめ武人の行列図がある。その中には槍や刀を持つ一団があり（4）、倭の埴輪には弓や楽器を持つ人々がある（5）。

熊本県の五木でも、海南島のリー族も、イランのサダ祭でも、ヨーロッパの復活祭でも、狩猟行事ではトーテムを殺害し、その肉を食べることによって、生命の再生をはかる、という(23)。さらに、井本英一は「狩猟は死の状態から再生する際の儀礼であったので、農耕を開始する前に行われる文化であるのは当然である」と指摘し、その上で高句麗古墳の壁画に狩猟図が描かれるのは、「殺害される動物の魂が死者に移転するのを願った」のであり、「墓内での狩猟、殺害のモチーフは再生を予定しての行為である」という。

狩猟埴輪群もまた、再生のための狩猟儀礼であろうか。中国の皇帝は狩猟に際し虎賁《こほん》を従えた。虎賁は虎の皮を身につけ、鳥の羽根を頭にさして動物を追う。推古天皇一九年五月に天皇が菟田野に薬猟したとき、従者は位によって冠に豹の尾や鳥の尾をつけた。井本は中国の虎賁との類似を指摘しておられる。高句麗舞踊塚や龕神塚の壁画人物の冠飾りには「鳥の尾」がある(図106)。それでは、日本の装飾古墳や人物埴輪の中に〝頭部付着物〟の表現はあるだろうか。

福岡県五郎山古墳の壁画の中に弓を射る人がおり、そばに頭部上に赤い曲線らしきものを描く人物が二人いるが写真での観察であり確かではない(図107)(24)。王塚古墳の人物の頭部に房状の飾りが描かれているが、これは騎馬の人であり、虎賁とは区別すべきであろう。推古朝に虎賁の制が日本に入っているのであれば、古墳資料の中にありうることであり、注意したい。

八、形象埴輪と装飾古墳

主に九州中部と東北南部に装飾古墳が分布する。墓室の中か外に彩色か線刻で人や馬、盾や舟などと円・三角などの記号文を描く。埴輪は墳丘と周辺に、装飾は墓室の内と外という差はあるが、墓に伴う形象物として比較してみよう。

装飾古墳は五世紀中葉に福岡県石人山古墳の直弧文と円文からはじまる。そして、五世紀後半には熊本県千金甲《せごんこう》一号墳で円心円文と靫（矢を入れて背負う武具）が描かれる。六世紀前半、福岡県日ノ岡古墳では同心円文とともに靫、盾、刀と馬、舟？などが描かれ、熊本県チブサン古墳には人物が登場する。

はじめに墓室に描かれる形象物が靫で、ついで盾が加わって靫と盾が主要な要素になっているのは、埴輪出現の過

図106　高句麗壁画古墳の冠の羽根飾り「虎賁」（左：舞踊塚、右：龕神塚）

図107　日本装飾古墳狩猟図の中の頭部飾り（福岡県五郎山古墳）

表7　形象埴輪と装飾古墳画題の消長

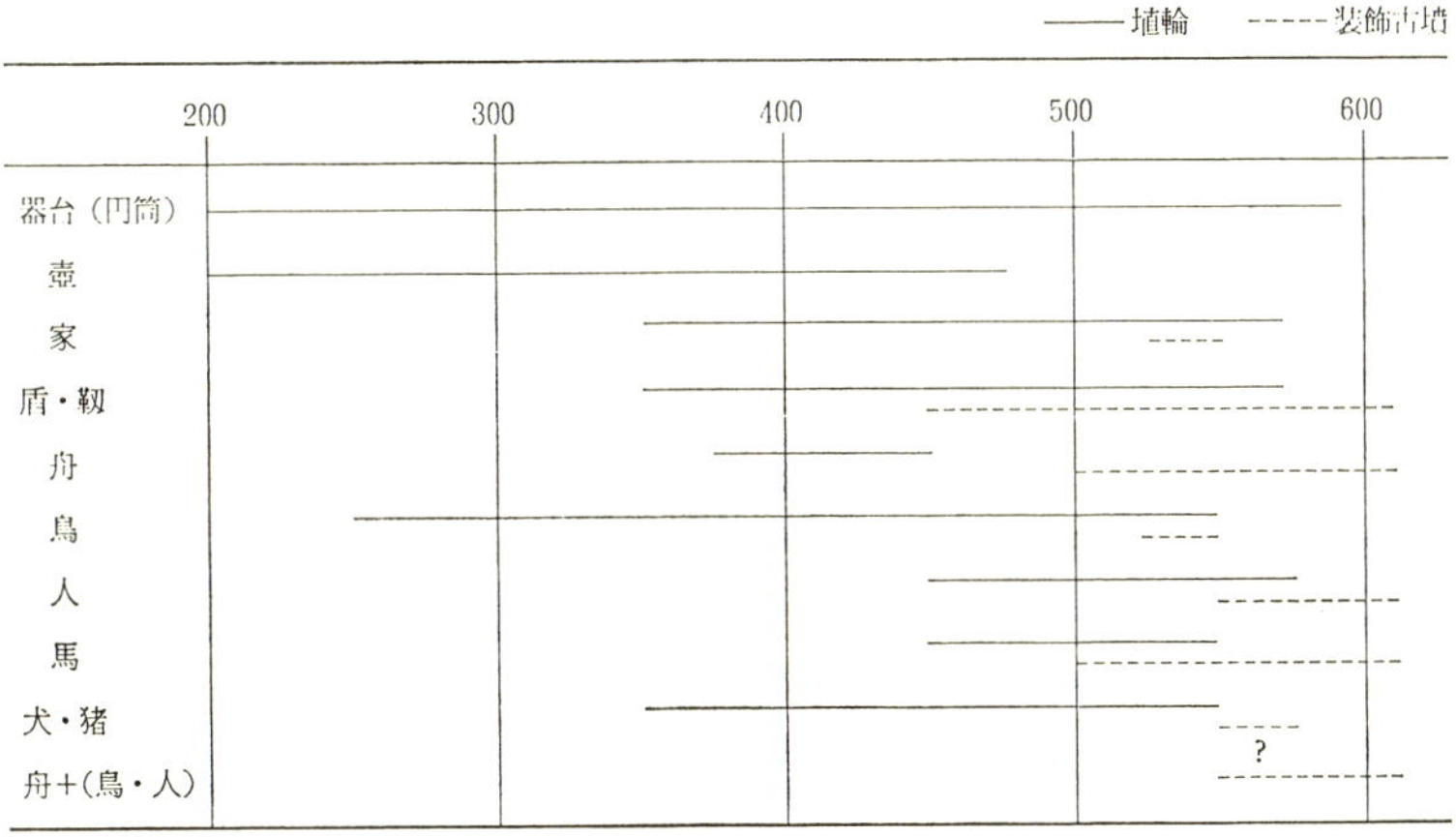

程とは異質である。埴輪は、二世紀後半からはじまった食料供献具である壺と器台の専用祭具化がその出発であり、同時に埋葬施設周辺への樹立がはじまり、三世紀後半には墳丘裾への樹立がはじまる（奈良県葛本弁天塚古墳）。家と鳥は埴輪出現の当初から、主要な役割をはたしていた（前述）。つまり、埴輪の出現の契機は、神（被葬者を含む）と人（新王を含む）の共食儀礼であり、埴輪はその形代《かたしろ》として製作し、樹立した。それに対し、装飾古墳の墓室内の記号文や靫、盾は鎮魂と僻邪の象徴である。五世紀の近畿には粘土槨が盛行しており、その上面に多くの盾を敷き並べる風習がある（大阪府盾塚古墳など）。装飾古墳の墓室内に描かれる数多い盾と靫に共通するのは埴輪ではなく棺を覆う盾であろう。

　六世紀後半、装飾古墳には盾、靫とともに小さな人や鳥をのせた舟と大きな人と馬が登場する（福岡県五郎山古墳など）。この段階になって人物埴輪登場以降の近畿の埴輪群像と装飾古墳の墓室内絵画に共通性が認められる。近畿の変革が先行し、九州に及んだように見えるが、九州中部の独自性も無視できない。

九、形象埴輪の意義

後藤守一は、伊勢式年遷宮の儀式と神宝との対比をもとに、埴輪総体の意義を検討され、「形象埴輪は、葬列そのものを現はし、女子は葬祭を司るもの」と結論された(25)。後藤は、検討する中で「埴輪器材も、決して上代に行はれた器材の全部を現はすものではなく、一部に限られて居り、しかもその種その数に特殊の意義を発見する。即ち埴輪器材は、蓋《きぬがさ》や翳《さしば》の如き行列具、大刀、楯《たて》、鞆《とも》、鉾《ほこ》等の武器武具、腰掛、高坏の如きものに限られて居り、しかもその表現に特殊の姿がある」と指摘された。つまり、形象埴輪は、実用具の中から行列具、武器武具などの一部を葬祭用に特殊化して製作したとされたのである。特殊化の一例を大刀にみよう。

大刀形埴輪は、当時消火器形埴輪とよばれていた。消火器形埴輪は、把頭《つかがしら》に大きな板状の勾金《まがりかね》をつけ、これに鈴や三輪玉を装着している。いわゆる玉纏《たままき》大刀である。古墳時代には、円頭大刀、方頭大刀、圭頭大刀、環頭大刀、頭椎大刀など様々な大刀があり、玉纏大刀はむしろ少ない。いくつかの種類の中から一種を選び、それを埴輪として特殊化しているのである。玉纏大刀の場合、伊勢神宝の類品と酷似していることはよく知られている。埴輪として特殊化された葬祭専用具が人の遷移(死)と神の遷座の共通性のゆえに、神祭の用具として伝流されたのであろう。

形象埴輪は、人の死に際して行なわれた殯——再生を願う儀礼に使用された用具を儀礼の恒久化のために形代として製作し、墳丘を飾ることとなった。

恒久化のための形代としては、土の立物と石の立物はふさわしいが、木の立物は合わない。木の立物には人や鳥以外の動物はなく、器材も実物を含むのは、埴輪が再生儀礼の恒久化のための形代であることを逆に示唆しているように思える。

註

(1) 坂　靖「埴輪文化の特質とその意義」『橿原考古学研究所論集』第八、一九八八年
(2) 近藤義郎・春成秀爾「埴輪の起源」『考古学研究』一三―三、一九六七年
(3) 豊岡卓之「大和の特殊器台・弧帯文の歴史」『明日香風』一九、一九八六年
(4) 中井一夫・豊岡卓之「葛本弁天塚古墳」『中山大塚古墳』所収、橿原考古学研究所、一九九六年
(5) 西藤清秀・林部　均「橿原市四条遺跡発掘調査概報」『奈良県遺跡調査概報一九八七年度』橿原考古学研究所、一九八八年
(6) 勝部明生「靫形埴輪小考」『横田健一先生古稀記念　文化史論叢』同記念会、一九八七年
(7) 石野博信「橿原・四条古墳の木製祭具群」朝日新聞一九八八年二月一三日(のち『古代近畿と東西交流』学生社に収録)。
(8) 中村五郎「鹿角(わさづの)考―鹿角・杖・蓋・琴柱形石製品―」『福島考古』二七、一九八六年
(9) 森貞次郎『岩戸山古墳』中央公論美術出版、一九七〇年
(10) 石野博信「古墳立柱」『考古学叢考』一九八八年(のち『古墳時代史』雄山閣に収録)。
(11) 末永雅雄『埴輪』大八洲出版、一九四七年
(12) 埋蔵文化財研究会『形象埴輪の出土状況』一九八五年
(13) 石野博信「正倉院建築の系譜」『関西大学考古学研究室四〇周年記念考古学論叢』一九九三年(のち『アジア民族建築見てある記』小学館に収録)
(14) 日本古典文学大系一『古事記　祝詞』岩波書店、一九五八年
(15) 坂田　泉「家形埴輪にみられる建築形態について」『東北大学建築学報』一四、一九七二年
(16) 石野博信「弥生・古墳時代の高倉管理形態とその変遷」『橿原考古学研究所論集』一九七五年
(17) 若松良一「人物・動物埴輪」『古墳時代の研究』九　古墳Ⅲ埴輪、雄山閣、一九九八年
(18) 小畑三秋「埴輪配列の意義」『京都府平尾城山古墳』一九九〇年

(19) 和田　萃「薬猟と『本草集注』―日本古代の民間道教の実態」『史林』六一―三、一九七八年
(20) 森　浩一「相撲」『井辺八幡山古墳』一九七二年
(21) 千葉徳爾『狩猟伝承研究』風間書房、一九六九年
(22) 宮本徳蔵『力士漂泊―相撲のアルケオロジー』小沢書店、一九八五年
(23) 井本英一「狩猟考」『深井晋司博士追悼　シルクロード美術論集』吉川弘文館、一九八七年
(24) 日下八光『装飾古墳』朝日新聞社、一九六七年
(25) 後藤守一「埴輪より見た上古時代の葬礼」『日本古代文化研究』河出書房、一九四二年

三　長突円墳（前方後円墳）は大和王権の政治的記念物か

一、大和王権への〝反乱の将〟も長突円墳（前方後円墳）をつくっていた

五二七年（継体二一）、筑紫国造磐井は大和王権と戦争状態に入った（日本書紀）。それより前、磐井は「皇風《おもむけ》に偃《したが》はず、生平《い》けりし時、預《あらかじ》め此の墓を造りき」（1）という。その墓は今、福岡県八女市岩戸山古墳に比定されている（2）。

岩戸山古墳は、全長一三八メートルの六世紀前半の長突円墳（前方後円墳）である。〝前方後円墳は、大和王権が各地の王に服属の証として築造を認めた〟という通説と生前から墓を造っていた磐井の墳墓が長突円墳であることは矛盾する。大和から見れば、磐井はかねてから新羅と連携している反乱軍の将である。

筑紫には岩戸山古墳とほぼ同時期に築造された寿命王塚古墳がある。寿命王塚古墳の石室構造と彩色壁画は、「九州中北部の有力首長たちの政治的結集＝首長連合あげての造墓プロジェクトのひとつ」であり、「その段階の大首長は、筑後を拠点とした九州の雄、筑紫君磐井である」（3）。

古墳時代の大和王権の中枢である近畿には、彩色壁画をもつ古墳（とくに長突円墳）は存在しない。長い突出部をもつ円丘墓＝略称・長突円墳という外形は同じであっても、中北部九州と近畿の首長墓の遺体を囲む空間の思想＝死後の世界観は全く異質である。仮に、六世紀前半に「前方後円墳体制」が存在したとしても、それは外形だけのことであった。

それでは、長突円墳出現期の三、四世紀には、「前方後円墳体制」は存在したのだろうか。古墳がもつ属性ごとに

考えてみよう。

二、竪穴石室

全長一〇八メートルの三世紀末の長突円墳である佐賀県唐津市久里双水《くりそうずい》古墳の埋葬施設は長さ二・六メートルの小さな竪穴石室であり、副葬品も盤龍鏡一、管玉二、刀子一にすぎない。他方、四世紀前半の全長四〇メートルの短突円墳(帆立貝型古墳)である福岡県甘木市神蔵《かんのくら》古墳には長さ五・三メートル余の竪穴石室があり、三角縁神獣鏡や鉄剣などが副葬されていた。

四世紀前半の方墳(一辺二五×二九メートル)である島根県雲南市神原《かんばら》神社古墳の竪穴石室は長さ五・八メートルあり、景初三年銘をもつ三角縁神獣鏡や刀剣類の副葬で著名である。

「定形化前方後円墳」の要件の一つとして、「長大な竪穴式石室」があげられているが、久里双水古墳と神原神社古墳の被葬者は、どちらが大和王権に服属したことになるのだろう。

三、「棺制」(4)

古墳時代の「棺制」を端的に言えば、四世紀・前期古墳時代の大王は割竹形木棺を、五世紀・中期古墳時代の大王は長持形石棺をそれぞれ採用し、大王の承認を得て各地の王もそれを採用することができた、と理解している。ところが、四、五世紀の大王墓は一基も発掘調査されていない。それぞれ、全長一〇〇メートル前後の長突円墳の調査例による推定である。例えば、一九二六年(昭和一一)に調査された四世紀末の長突円墳(全長一六二メートル)である滋賀県安土町安土瓢箪山古墳の中央石室(長さ六・七メートル)内の断面半円形の粘土床によって割竹形木棺とされている例が参考となろう。

しかし、四世紀前半の奈良県桜井市外《と》山《び》茶臼山古墳（全長二〇七メートル）の竪穴石室（長さ一〇・六メートル）内の粘土床は断面半円形ではなく扁平で、遺存した木棺も組み合わせの長持形木棺とよぶべき形状である(5)。粘土床の断面が扁平な例は数多く、近年の調査例では四世紀前半の滋賀県八日市市雪野山古墳（全長七〇メートル）などがある。

つまり、未調査の四世紀の大王墓の木棺は、径一メートル余の樹幹を四分割して外面を削り、内側を平坦にしてカ

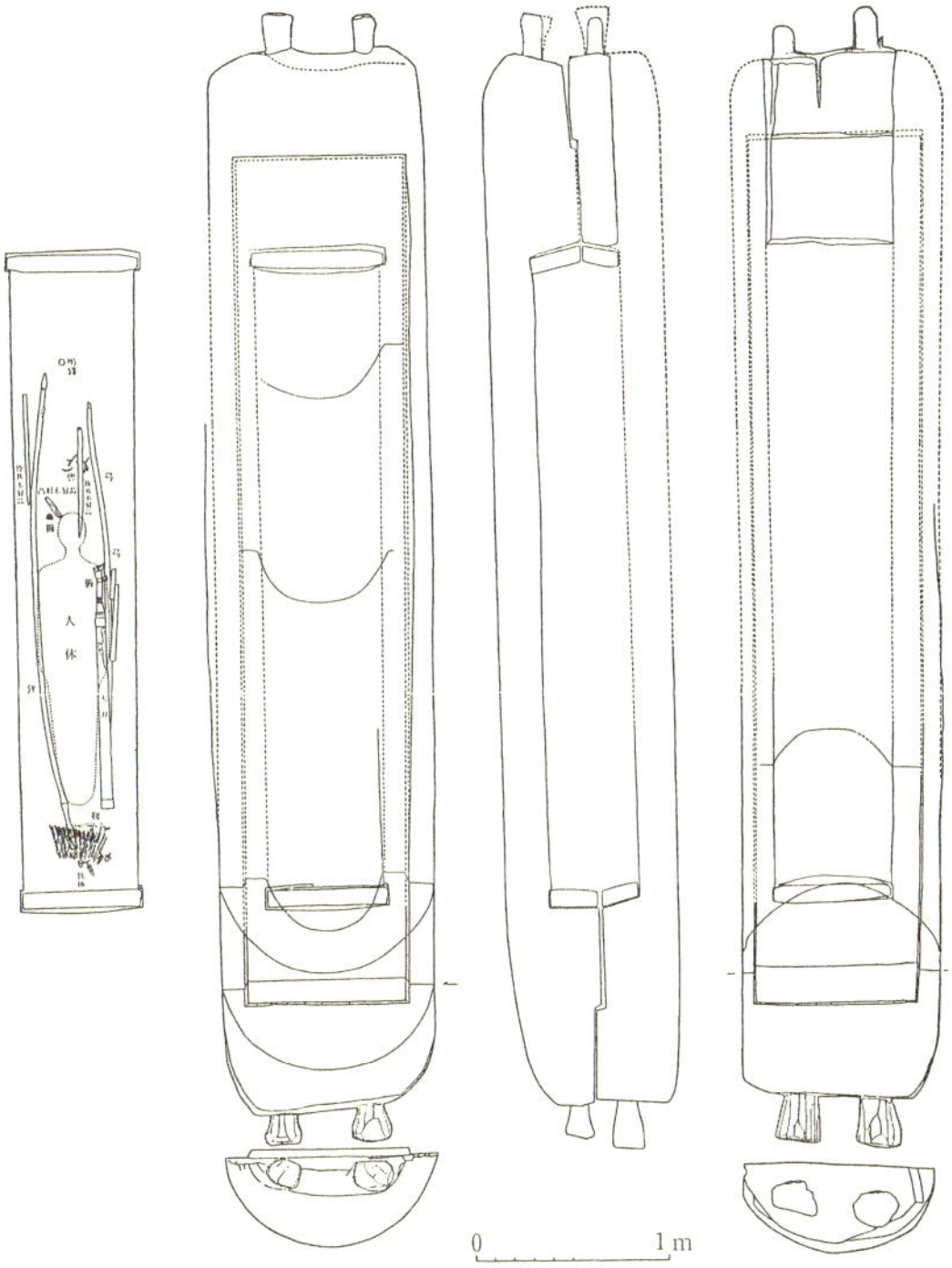

図108　栃木県七廻り鏡塚古墳舟形木棺実測図

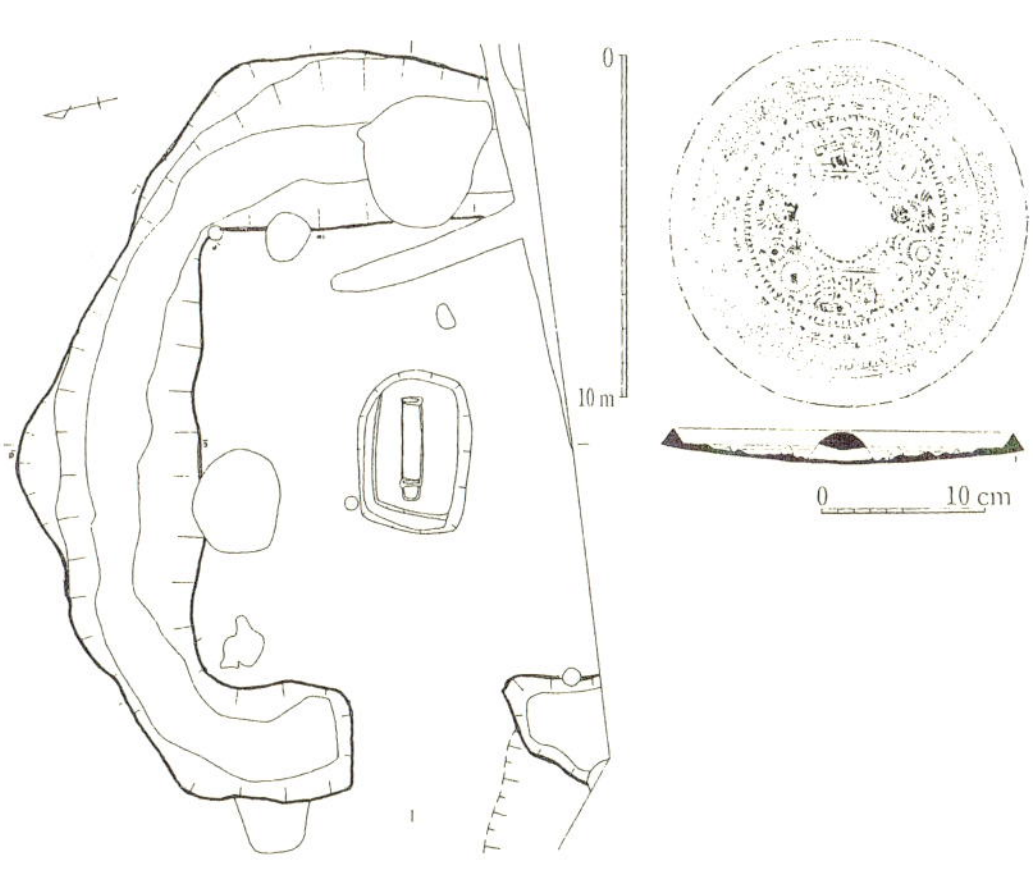

図109　福岡市藤崎周溝墓と三角縁神獣鏡

マボコ状にした材を四枚組み合わせた木棺の可能性を考えておくべきだろう。五世紀に盛行する長持形石棺のうち、石材の外面が丸味をもつ京都府城陽市久津川車塚古墳（全長一八〇メートル）の石棺を長大化した形状になる。

五世紀の長持形石棺は、近畿を中心とする大型古墳に採用されている石棺ではあるが、近畿でも長い突出部をもたない京都府京丹後市産土山《うぶすなやま》古墳（円墳、径五〇メートル）や宮城県名取市経ノ塚古墳（円墳、径三六メートル）などの石棺直葬例も多く、必ずしも〝王者の棺〟とは言い難い。

その上、広島県東広島市三《み》ッ城《じょう》古墳のように五世紀末の地域最大の長突円墳（全長八四メートル）であって箱形石棺三基を採用し、茨城県玉里村舟塚古墳（全長七二メートル）もまた六世紀前半の地域最大の長突円墳で箱形石棺をもつ場合など数多い。これらは、「前方後円墳」の築造は認められたが、〝棺制〟の中には組み入れられなかったと言うのだろうか。

四、三角縁神獣鏡と紀年銘鏡

三角縁神獣鏡

三世紀末～四世紀初の神戸市西求女塚《にしもとめづか》古墳（全長九八メートル）と兵庫県たつの市権現山五一号墳（全長四三メートル）から京都府山城町椿井《つばい》大塚山古墳の三角縁神獣鏡より古式の同鏡がそれぞれ一〇面と五面出土し、椿井大塚山古墳を定点としていた古墳出現の相対年代を引きあげることとなった。しかも、二基とも長突方墳（前方後円墳）であるだけでなく、西求女塚古墳には多量の山陰系土器が、権現山古墳には播磨唯一の吉備系特殊器台系埴輪が伴う。

さらに、四世紀後半の小さな方墳である奈良県御所市鴨都波《かもつば》古墳（一六×二〇メートル）から五面の三角縁神獣鏡が検出され、四世紀前半の福岡市藤崎方形周溝墓の一面の三角縁神獣鏡とともにその歴史的意味を問い直さなければならなくなった。

三角縁神獣鏡は、倭国の女王卑弥呼が魏の皇帝から下賜された鏡だとする伝統的解釈が正しければ、女王から各地の小古墳の主に直接配布されたか、地域の首長を通じて再配布されたと説明することになる。その場合、同じ地域の長突円墳から三角縁神獣鏡が出土していない説明が難しい。とくに、鴨都波古墳の場合は、全長五〇メートルをこえる四世紀の長突円墳でさえ一面の三角縁神獣鏡も出土していない古墳が多いことの理解が難しい。

三角縁神獣鏡は、本当に「前方後円墳」とセットとなって大和王権の権威のシンボルとして配布されたのだろうか。そのナゾを解く鍵が、同鏡を多量にもつ椿井大塚山古墳や奈良県天理市黒塚古墳にある。

椿井大塚山古墳の被葬者は、大和王権への服属の証として三角縁神獣鏡を配布する役割を担っていたのだと言う。そうであれば同古墳にある同鏡は公共物であり、個人墓に副葬されるべきものではない。また、黒塚古墳の頭部に立てかけられていた棺内の唯一の鏡は画文帯神獣鏡であり、三三面の三角縁神獣鏡はすべて棺外に置かれていた。とても、大王から下賜された鏡の扱いとは思えない。

紀年銘鏡

日本列島から出土している中国の年号を刻んだ紀年銘鏡一二面のうち、長突円墳から出土しているのは三面だけである。紀年銘鏡は考古資料としては極めて重要であるが、古墳時代人にとっては、さほど意識されることはなかったのか、あるいは、長突円墳そのものがさほど重要視されていなかったのか。

三基の長突円墳のうち最も大きいのは大阪府和泉市和泉黄金塚《こがねづか》古墳(全長八五メートル)で、ついで山口県新南陽市御家老屋敷古墳(全長五四メートル)と京都府福知山市広峯一五号墳(全長四〇メートル)である。和泉黄金塚古墳は近年の発掘調査によって五世紀初頭とされ、景初三年(二三九)とは一六〇年余、御家老屋敷古墳と広峯一五号墳もまた四世紀後半築造で、正始元年(二四〇)、景初四年(二四〇)とは一三〇年余の開きがある。

つまり、これらの鏡が紀年銘通りの製作年代で、二四〇年に倭国にもたらされたとしても、五～七世代を経過しており、当初からそれぞれの副葬古墳の被葬者のもとにあったのかどうかは不明である。このことは、後漢の中平銘(一八四～一八九年)をもつ鉄刀が四世紀後半の奈良県天理市東大寺山古墳に副葬されていたり、明らかに百済王から倭王に賜与された「泰和四年」(三六九)に鍛造された七支刀《しちしとう》が奈良県天理市の石上《いそのかみ》神宮に伝世されていることを想起させる。つまり、当初は倭王のもとにあったものが巡り巡って他者のもとに所持されている例であり、その逆もあった(日本書紀、景行一二年九月条、地方豪族から天王への鏡などの献上記事)。

長突円墳以外の紀年銘鏡をもつ古墳は、直径、あるいは一辺が一二～二〇メートル前後の小古墳ではあるが、いずれも三世紀後半から四世紀前半の築造であって、その鏡を入手した人物か次世代の人物の墳墓の可能性が高い。小古墳の一族こそ、魏あるいは呉(図１１０)から鏡を直接入手した人々であり、のちに長突円墳の被葬者層にわたった可能性が考えられる。

五、初期の長刀と甲冑

紀年銘鏡から見た長突円墳の非優位性は、初期の長刀と甲冑についても適用できそうだ。

長　刀

魏の皇帝は、女王卑弥呼に「五尺刀二口」を下賜した。魏の一尺を二四・一二センチとすると、五尺刀＝一二〇・六センチとなる。三世紀の鉄刀で一二〇センチのものはない。長さ一〇〇センチを前後する鉄刀も三本だけで、福岡県前原市向原《むかえばる》遺跡、鳥取県湯梨浜町宮内第一遺跡、兵庫県篠山市内場山方形墓にある(図１１１)。向原は伊都国の領域、宮内第一は広義の出雲、内場山は丹波で、いずれも日本海域に属する。そうすると、さきに触れた東大寺山古墳の中平銘刀（長さ一一〇センチ）も、日本海域の人々によってもたらされたのかもしれない。

甲冑

四世紀後半の奈良県香芝市城山二号墳（円墳、径二〇メートル）から類例のない札甲《さねよろい》が検出された。四世紀中葉の椿

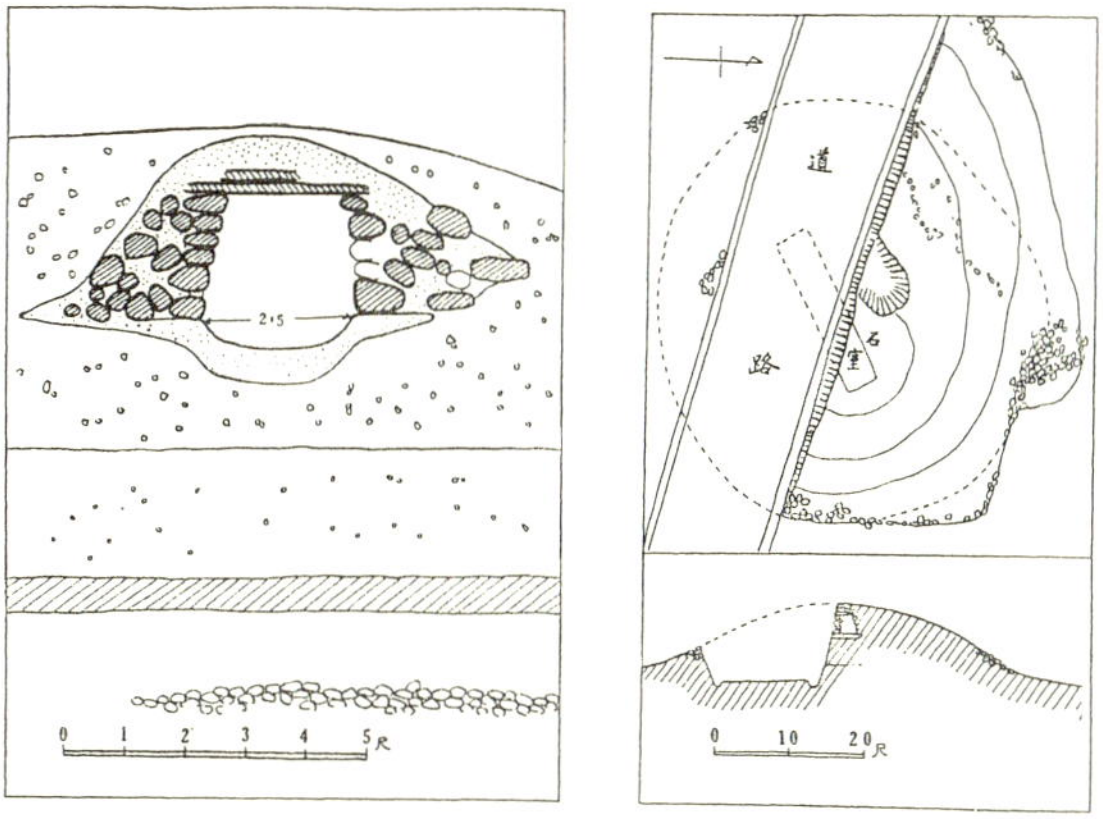

図110　兵庫県宝塚市安倉古墳

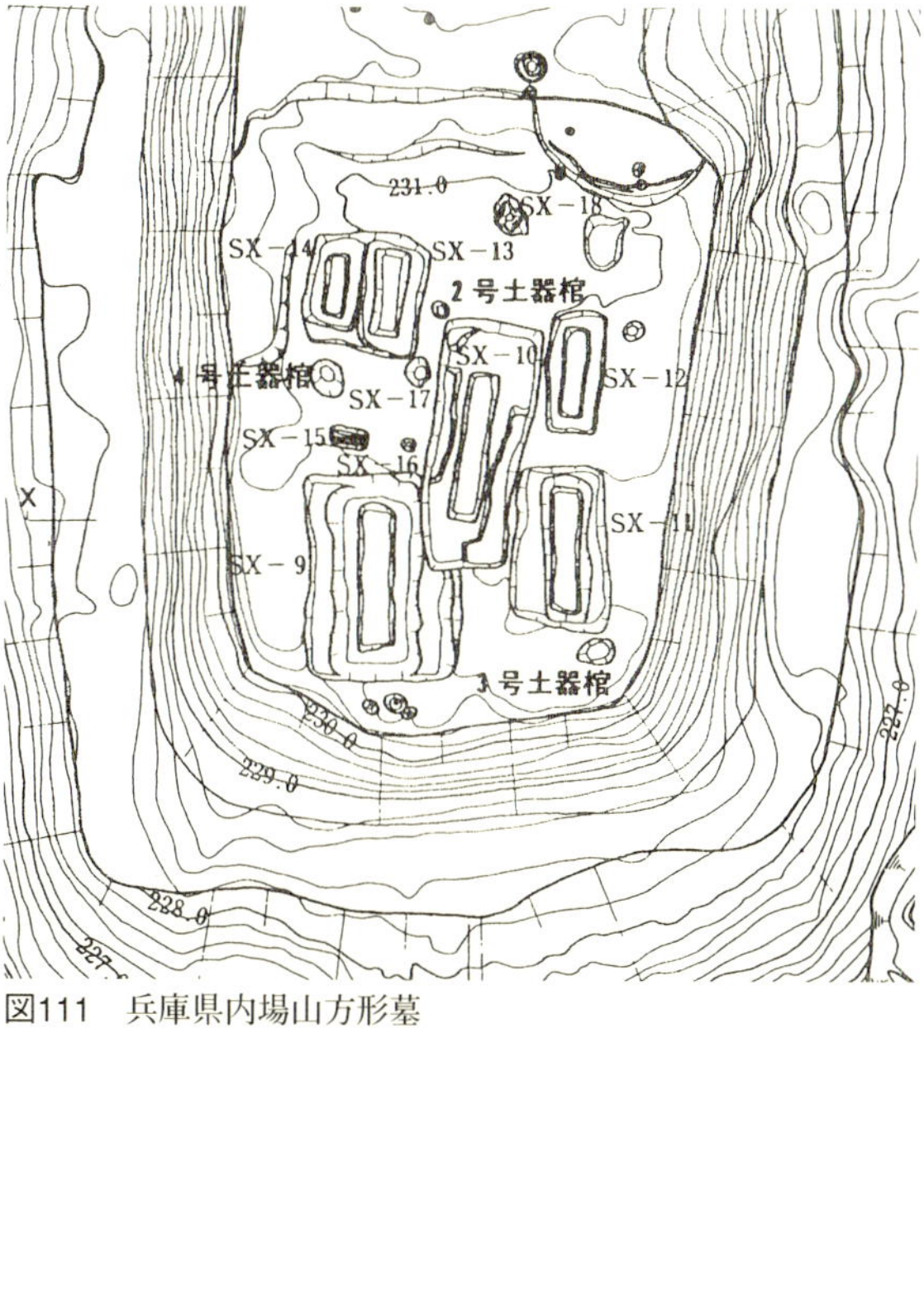

図111　兵庫県内場山方形墓

井大塚山古墳には小札《こぎね》を綴じた冑《かぶと》があるので、初期の甲冑は中国系の小札綴じから始まったようだ。さらに四世紀初頭の冠帽形埴輪が奈良県桜井市纒向《まきむく》遺跡にあり、その系譜は、四世紀末の大阪府池田市池田茶臼山古墳の冠帽形埴輪につづく。五世紀の甲冑は長突円墳よりも円墳・方墳からの出土が多く、中・小豪族層による朝鮮半島南部との通交が指摘されており(6)、その傾向は近畿ではなく北部九州に多い。

六、形象埴輪

一九八一年(昭和五六)、四世紀末の一辺七メートルの方墳である大阪府八尾市美園《みその》古墳から盾で守られた高床の家形埴輪などが出土して世間を驚かせた。驚きは、〝ナゼ、こんな小さな古墳から〟ということであったが、一九八三年(昭和五八)には、同じく八尾市萱振《かやふり》古墳(四世紀末・五世紀初の方墳、一辺二七メートル)から靫《ゆぎ》・盾《たて》・草摺《くさずり》・家などの形象埴輪群が出土して、驚きは疑問へと変わった。

例えば、萱振古墳の靫は高さ一八〇センチあり、この埴輪群が出土地不詳で一括保存されていたとしたら、多くの考古学者は全長一〇〇メートル級の長突円墳出土と推定したに違いない。この二古墳は、いわゆる埋没古墳であって、大型古墳の陪塚ではない。

五世紀初頭で全長二三八メートルという大型の長突円墳である奈良県御所市室宮《むろ》山古墳は長持形石棺とともに多くの形象埴輪群で著名である。埴輪には大型の家とともに靫・盾・甲冑などがあるが、靫の高さは一四〇センチ余りで萱振古墳より小さい。

確かに大型の長突円墳に、大型の円筒埴輪や形象埴輪群を伴うことは多いが、必ずしも埴輪で階層差を示すとは限らない事例であろう。

それではナゼ、小古墳に大型形象埴輪群が立てられたのだろう。被葬者が埴輪工人を含む造墓集団の一員だったのだろうか。もしそうであれば、製作した埴輪のすべてを発注者に納めたわけではないことを示す。地域首長が埴輪製作工人を掌握していたとしても、製品のすべてを管理していなかったようだ。

七、初期横穴石室

日本列島の横穴石室は、四世紀末の福岡市老司《ろうじ》古墳（長突円墳、全長八〇メートル）の竪穴系横口石室タイプと福岡市鋤崎《すきさき》古墳の定型タイプが四世紀末にほぼ同時に始まる。近畿ではそれより遅れ、五世紀後半に肥後型石室の影響のもとに大阪府堺市塔塚古墳（方墳、一辺四五メートル）の石室が築造される(7)。近畿ではほぼ同時に肥後型とはタイプの異なる大阪府藤井寺市藤の森古墳（円墳、径二四メートル）の石室がある(8)。

北部九州では長突円墳被葬者が当初から横穴石室を採用したが、近畿では中小古墳被葬者から始まった。近畿の長突円墳被葬者が横穴石室を採用するのは、五世紀末、六世紀初頭の大阪府八尾市郡川《こおりかわ》西塚（全長五四メートル）、同・郡川東塚で、大和では六世紀前半の奈良県高取町市尾墓山古墳（全長六六メートル）である。横穴石室は追葬を行なうことを基本とするが、市尾墓山古墳は家形石棺一基を玄室内に安置し、墓道は赤土と黒土を互層積みにして埋め込んでいる。形は新来の石室を採用しても、埋葬意識は旧来のままであった。

八、長突円墳が消えるとき

二世紀末に吉備に出現した全長八〇メートルの二突起円墳（楯築《たてつき》古墳）は、奈良県纒向地域で長突円墳として開花し、遅くとも三世紀第4四半期には大王墓に採用された（箸中山古墳）。その後、長突円墳は大王、並びに各地の王墓などとして継続したが、前項までにみたように埋葬施設や副葬品からみて、必ずしも他の墳形にくらべて優位性を保っているとは言い難い。一部で言われているように、「前方後円墳体制」があったとしても、それは精神的紐帯であり、政治体制とはとても考えられない。

そして、五八七年、用明大王は長突円墳をやめ方墳に葬られた。

私はかつて、「五世紀後半――雄略朝以降には、王位継承儀礼は宮の南庭で行なわれ(9)、大王墓はもはや国家的な祭場ではなくなった。大王墓の変質は、やがて各地の王墓にも及んだであろうし、王の居館の整備がこの段階から行なわれたであろう」(10)と述べた。長突円墳は六世紀末、七世紀初めまで造り続けられているが、古墳が国家的な祭祀の場ではなくなったことを主張した。長い突起をもつ円丘墓であることに変わりはないが、祭祀の内容は大きく変質したのである。先に、「前方後円墳体制」があったとしても、精神的紐帯だと言ったが、六世紀の長突円墳は精神的紐帯でもなくなった。

精神的支柱は、新興勢力蘇我氏によって五三八年以降、仏教思想に置き換えられつつあった。

註

(1)「筑後国風土記」日本古典文学大系二『風土記』岩波書店、一九五八年
(2) 森貞次郎「筑後風土記逸文に見える筑紫君磐井の墳墓」『考古学雑誌』四一―三、一九五六年
(3) 柳沢一男『描かれた黄泉の世界・王塚古墳』七八頁、新泉社、二〇〇四年
(4) 都出比呂志『竪穴式石室の地域性の研究』二四頁、大阪大学、一九八六年
(5) 石野博信「総論・古墳時代」『古墳時代の研究』一、一四頁、雄山閣、一九九三年（本書、第一章に収録）
(6) 川西宏幸「中期古墳文化とその伝播―古墳時代政治史研究」『考古学雑誌』六九―二、一九八三年
(7) 柳沢一男「肥後型横穴式石室考」『鏡山猛先生古稀記念古文化論攷』同刊行会、一九八〇年

（8）森下浩行「日本における横穴式石室の出現とその系譜―畿内型と九州型」『古代学研究』一一一号、一九八六年

（9）和田　萃「殯の基礎的考察」『史林』五二―五（のち『日本古代の儀礼と祭祀・信仰』塙書房、一九九五年に収録）

（10）石野博信「古墳の変質」『季刊考古学』七号（のち『古墳時代史』一六二頁、雄山閣に収録）

四　古墳・集落と騎馬民族

一、平屋・高屋の普及と「都市」の出現

三、四世紀に日本列島に騎馬民族が来たとすれば、どのような文化変容があるのか。民族固有の住居と集落構成、祭場と王墓の展開、モノの移動と武器・武具の変革などを考古資料によって考えてみよう。

二世紀までの日本列島の住居は穴屋(竪穴住居)が中心で、さらに六世紀までその傾向は続く。その中で、三世紀になると平屋(平地住居)と高屋(高床住居)が普及する。前三世紀の大阪府美園《みその》遺跡や一世紀の滋賀県出町《でまち》遺跡のように、弥生時代にも平屋・高屋を中心とするムラがあるけれども、三世紀には奈良県桜井市纒向《まきむく》遺跡のように平屋・高屋を中心とする「都市」が出現する。都市は、単に人口が多いだけではなく、「市」や宗教施設などのいくつかの公共施設が建設されていたにちがいない。

纒向遺跡の実態は明らかではないが、推定総延長二・五キロの人工水路によって推定六カ所の居住区を結合し、その一画には柵によって方形か長方形に区画された祭殿があり、別の一画には石敷を伴う導水施設がある(後述)。

都市・纒向とほぼ同時期で先行する方形町割が静岡市汐入《しおいり》遺跡にある。著名な登呂遺跡の東南一キロの低地にある汐入遺跡は、地名が示すとおり海岸に近く、時期的には登呂遺跡に後続する。普通、二世紀(弥生後期)とされているが、特異な集落形態からみて三世紀(古墳早期)の纒向遺跡に併行するかもしれない。

汐入遺跡は、南北に走る幅三〜五メートルの道と東西南北に走る水路によって、ほぼ方形の家地が連続している。

家地は、東西一一〇メートル、南北八〇メートルの不整方形区画が六区画以上連続し、さらに外側にも拡がっているらしい（図112）。一つの家地には、穴屋と平屋・高屋が二～八棟あり、中には高屋二棟と広場の家地と柵囲いのある家地などがある。

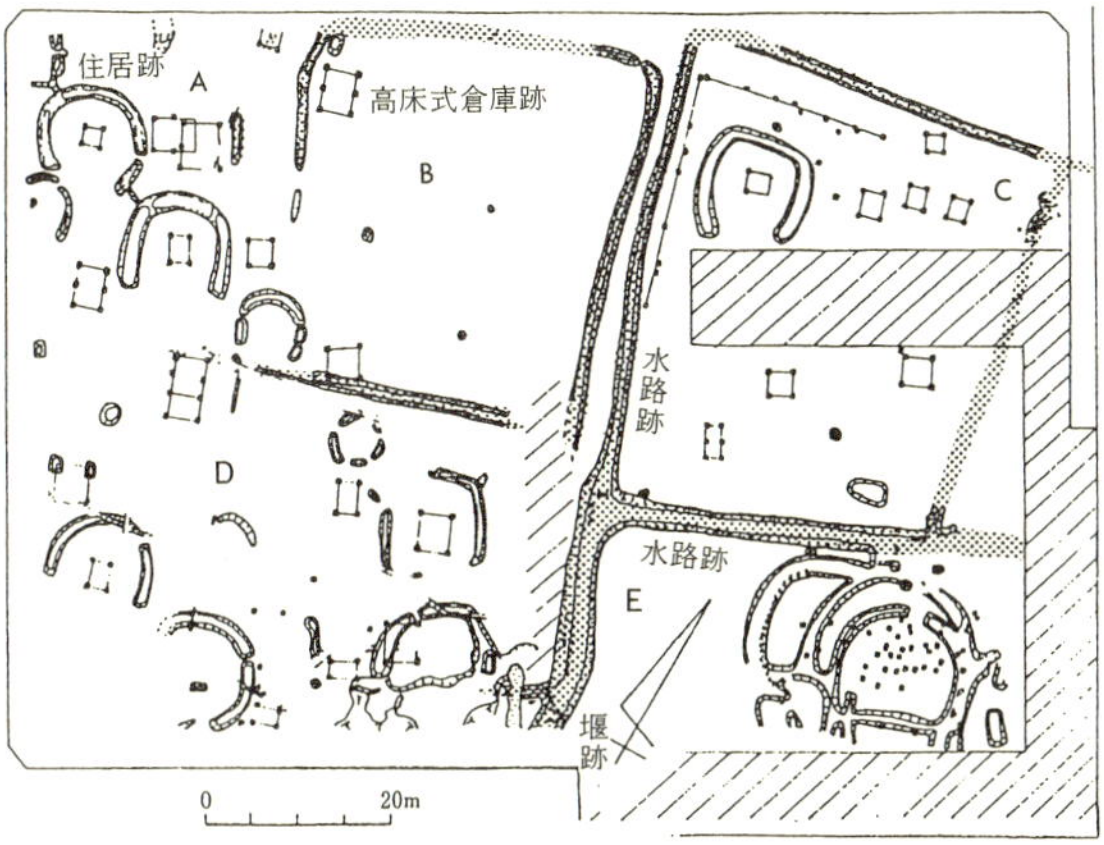

図112　2～3世紀の街並（静岡県汐入遺跡）

都市・纒向には、七世紀の墨書土器「市」があり、宮内庁が「大市墓」としている箸中山古墳がある。七世紀の「大市」を直ちに三、四世紀にさかのぼらせることはできないが、都市・纒向から出土している全土器量の三〇％を占める外来系土器の存在が参考になる。

外来系土器は、東は静岡県東部、西は韓国・福岡県、北は富山県という広い範囲を含み、多いのは愛知・石川・鳥取・島根あるいは京都府北部の各府県と大阪・岡山の各府県である。土器にはそれぞれ、煮沸用の甕や盛付け用の高坏や貯蔵用の壺などがあり、各地域の文化そのものが持ちこまれている。

つまり、各地の人々が纒向に来ているのである。土器の比率を単純に人口比におきかえれば、纒向の三〇％の人、一〇人に三人は外から来た人々ということになる。普通、弥生農村にある外来系土器の比率は約三％であり、都市・纒向がいかに多いかがわかる。纒向を都市とよぶ所以であり、そこには各地域から運びこまれた品々があり、「大市」があったことは十分に予想できる。品々は、総延長二・五キロの人工水路によって、大和川を通り、マチの中に持ちこまれたにちがいない。

三世紀の都市・纒向の成立が、纒向だけの特殊な現象でないことは、さきにあげた汐入遺跡のように都市計画のあるマチづくりと佐賀平野の夕《ゆう》ヶ里《り》、福岡平野の西新《にしじん》、岡山平野の津寺、大阪平野の垂水南、房総の木更津周辺などのように、外来系土器の多い遺跡が各地域に二、三ヵ所ずつ存在し、それぞれの地域の都市の役割をはたしていたことからもわかる。これらの都市には、自然河川や丘陵による防禦ラインはあっても、城壁を築くことはない。

二、祭具と祭殿

紀元前二世紀頃、北部九州で銅鐸と銅剣が製作され、使用された。そして、一世紀には西日本の祭具として広い地域で用いられ、二世紀には北部九州の銅剣・銅鉾、瀬戸内の平形銅剣、近畿の銅鐸など、地域色の強い青銅製祭具として成長した。しかし、銅鉾も銅鐸もともに土中に坑《あな》を掘って埋納することとともに〝横に立てる〟埋納法（鉾は土中に横におき、ヒレを上下に立てる。鐸は土中に横におき、ヒレを上下に立てる）は共通している。

同じ埋納法は、中国遼寧省南山裡郭家屯にあり、中国東北部から朝鮮半島の祭具の取り扱い方の共通性を考えさせる。その背景には、三品彰英が指摘された『魏志』「韓伝」の鬼神の祭りを想起させる（毎年五月に種まきが終わると、鬼神を祭り、人々が群集して歌舞し、昼夜ぶっ通しで酒を飲む。そのとき舞われる舞は、数十人が立って、一つながりになって地を踏み、手足を下げたり高く上げたりして音楽のリズムに合わせる。中国の鐸舞《たくぶ》に似たところがある。一〇月に農作業が終わったあとにも、同様の行事がある）(1)。毎年、五月の種まき後と一〇月の収穫の後に、地を踏んで鐸舞を舞って地霊を祭る習俗が日本列島の西方に拡まっていたことを思わせる。だからこそ、祭具を同じ作法で埋納した。

三世紀（古墳早期、庄内式期）になると、銅鉾や銅鐸は埋納されたまま放置されたり、破壊されたりした。発掘調査によって埋納方法が確認された遺跡は、奈良県桜井市大福遺跡や徳島市矢野遺跡など一〇カ所をこえ、破砕された銅鉾は福岡市辻田遺跡に、銅鐸は兵庫県豊岡市久田谷遺跡などにある。弥生祭具の放置・破壊であり、新たな神の登場となる。この時まさに、女王卑弥呼が登場した時であり、新たな神は卑弥呼がつかさどった「鬼道」であろう。卑弥呼は「日御子」であり、天的宗儀の司祭者とした三品は、天孫降臨神話は「蒙古系の色合いの強い宗教で、蒙古、満州、朝鮮、日本へと、伝播してきた北方系の要素である。高天原式の天上界の宗教観念をもっとも発達させているのは蒙古方面の北方大陸の民族である」(2)とされた。

私は以前に、弥生のカミの否定と新しいカミの登場について次のように述べた(3)。

『魏志』「武帝紀」と『後漢書』「南天紀」のともに興平元年(一九四)の条には、異常気象のため大飢饉がつづき、「人相食」状況が記録されている。銅鉾で、銅剣で、銅鐸で、各地の人々が王とともに祈っても願っても、連年の飢饉はおさまらなかった。『魏志』「韓伝」によれば、共同体の願いがかなえられないときには王の弑逆が行なわれるという。おそらく倭のクニグニでも「王殺し」がつづき、それでもおさまらない飢饉の前に、ついに弥生のカミの否定となったのではないか。

倭の女王卑弥呼は、景初三年(二三九)以降、さかんに魏と外交交渉を展開して「汝好物——銅鏡百枚」を入手し、「国中の人に示し」た。

弥生のカミを否定したあと、新しいカミを求め、人々に示さなければならない。卑弥呼は新しいカミを魏に求め、その象徴として銅鏡の大量輸入をはかったのではないか。

ここに新たに登場するのが祭場としての長突円墳であり、祭殿である。

低平な長い突出部をもつ円形積石墓

三世紀に司祭者であり王である首長の墓をなぜ長い突出部をもつ円丘墓（長突円墳）としたのか。この設問に私は、中国・朝鮮の「天円地方」の思想の影響のもとに倭人が創造した、と答えてきた。はたしてそうだろうか。

朝鮮半島南部では、五世紀型の長鼓山古墳など明らかな長突円墳が確認され、北部では紀元前後とされている長突円形の積石塚が数多く注意されてきた。慈江道慈城郡松岩里の積石塚群には「日本の前方後円墳、前方後方墳の原形とされうる可能性がある」積石塚が数多くある(4)（図113）。中でも「松岩里一地区三三号墳は、全長一三メートル五〇センチ（円丘部の長さ七・五メートル、方形部の長さ六メートル）をもつ積石塚である。――その平面形をみるならば方形と円形からなっており、横からみれば、円丘部はあたかも盛土でもしたかのように高く盛り上がっている反面、方丘部は低く、板を敷いたかのように平坦になっている。――円丘の高さは二・三メートルであるが、方形部は非常に低く、〇・六メートルほどである」(4)。同様の墳丘は、同地区の八八号墳や一〇六号墳など

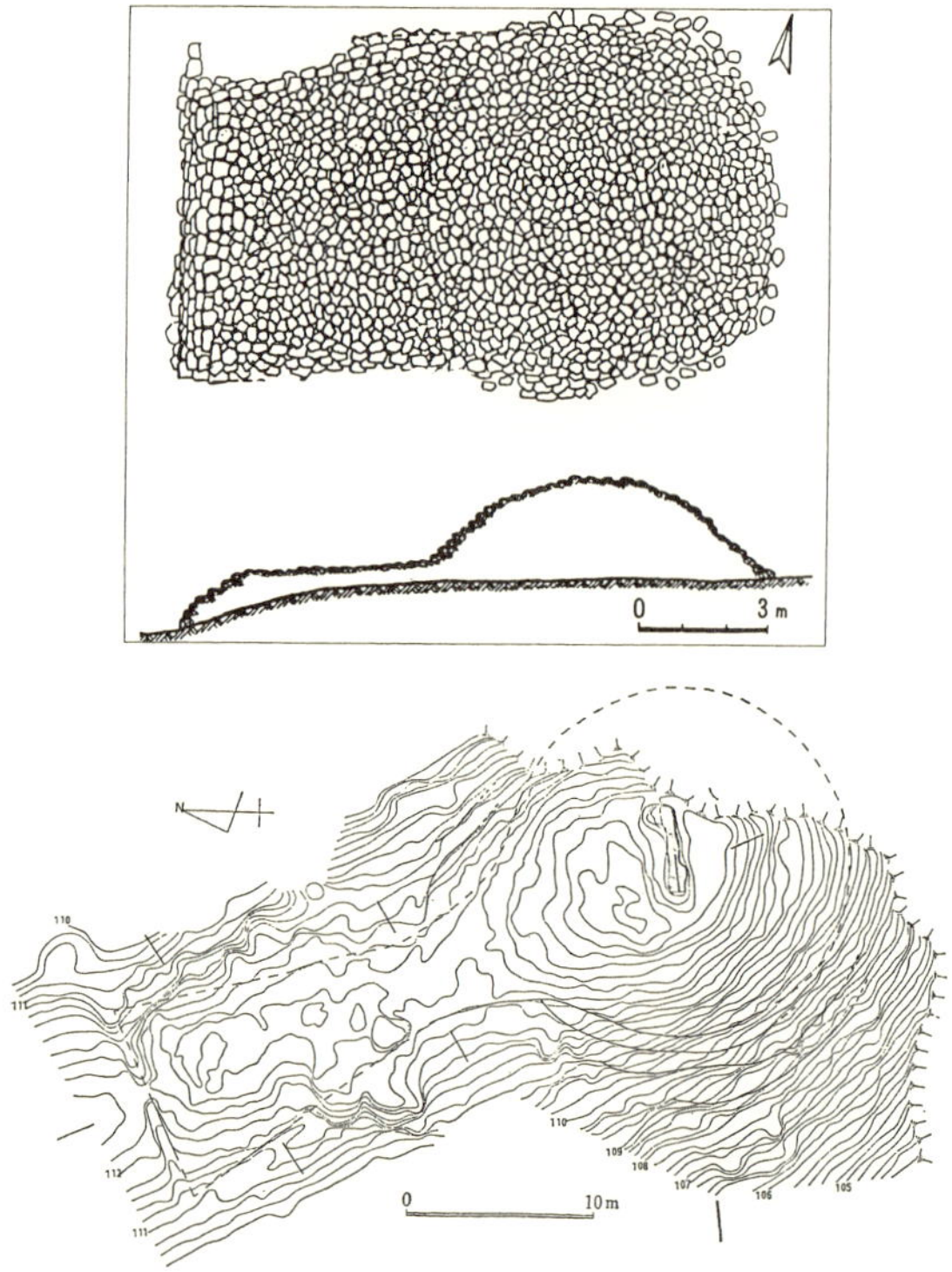

図113　朝鮮半島と日本列島の長突円墳
（上：慈江道松岩里１地区33号墳、下：香川県鶴尾神社４号墳）

にもあり、墳丘図や写真が紹介されている。そして全浩天は、「朝鮮移住民集団が日本列島内に前方後円形の墓の風習をもちこんだことによって前方後円墳が日本列島において成立した」(4)と結論された。

私は本書が発表されたとき、朝鮮半島北部の「前方後円形積石塚」が、あまりにも小さく、あまりにも低平であることに疑問を感じ、「原型」とすることを保留した。

しかし、一九九一年八月にロシア共和国アルタイ自治州のパジリク墳墓群を訪ねたとき、時空をこえてルーツを感じた。

こえた「時」は七〇〇年、こえた「空」は五、〇〇〇キロ。日本列島に長突円墳ができたのを三世紀とし、パジリク墳墓群を紀元前五世紀として七〇〇年、東京とアルタイの距離は五、〇〇〇キロ。紀元前五～三世紀のパジリク墳墓群は基本的に円形積石塚であり、東側に二〇～三〇メートルの石柱列をつくる。東方は日の出の方向であり、太陽信仰とかかわる。パジリクで石柱列をみたとき、「もし、石柱列が一定の幅をもてば突出部になるな」という印象であった。

その時には、単なる印象にとどまっていた。帰国後、日本の「前方後円墳」を考えたとき、一本の石柱列がよみがえった。なぜ、北方遊牧民は石柱列を設けたのか。そこには単なる機能ではなく、思想があるにちがいないと思った。そこに思想があれば、紀元前後の朝鮮半島北部の遊牧民の「前方後円形積石塚」のルーツになりうるだろう。そうであれば、半島北部の「前方後円形積石塚」は偶発的現象ではなくて、歴史的現象であろう。

それならば、三世紀の日本列島の長突円墳のルーツになりうるのではないかと考えた。その思想が最初に入ったのは、地理的には北部九州であり、現段階の具体的資料としては、全浩天も指摘しておられる徳島県鳴門市萩原や香川県高松市鶴尾の積石塚であろう(図113)。

萩原一号墓は、径一八メートルの円丘部に幅二〜三メートル、長さ八・五メートルの細くて長い突出部をもつ(5)。細くて長い突出部は、いわゆる定型化した長突円墳の突出部とは異なる特性であり、より北方遊牧民の世界に近い。

萩原一号墓は、伴出の土器によって三世紀前半(庄内古式)の段階であり、同系譜の墳丘形態の香川県高松市鶴尾四号墳が後続する。しかも、萩原墳墓群の出現が特例でないことは、ほぼ同時期に長突円形積石墓が徳島県三好町足《あ》代東原《じろひがしはら》遺跡にあることによってわかる(6)。萩原一号墓と足代東原B一号墓は、ともに円丘部に細くて長い突出部をもち、低平な墳丘の積石塚である点で共通している。三世紀前半に大きな文化変容の一端が四国の一画でおこっていたことを示す。

祭殿の成立

奈良県桜井市の大神《おおみわ》神社をはじめ、古代以来の神社には拝殿はあっても神殿はなく、山そのもの、岩そのものがご神体という例が多い。したがって、〃古墳時代には神殿はない〃というのが定説だが、近年の発掘調査によって、三、四世紀の祭祀専用の建物=祭殿が明らかになりつつある(3)。

纏向遺跡の居住地北方の中州に纏向2、3式期(庄内式——三世紀)の奇妙な建物跡がある。二間×三間(四四〇×五二八センチ)の高屋(高床建物)を柵で囲み、その両側に一間四方(一六〇×一八〇センチ)の高屋が付く。

宮大工の木村房之はこの建築遺構を検討し、「神社建築の祖型」とした(7)。主殿は妻入りで正しく西面し、構造上関係のない〃心の御柱〃と〃棟持柱〃がある。「建築形式から考察すれば、伊勢神宮と同じ平面構成をうかがわせ、『大社造り』と『神明造り』の中間型式である」という。

鳥取県湯梨浜町長瀬高浜の砂丘にも巨大な楼屋が建っていたらしい(8)。四世紀——古墳前期の多くの建物のうち、四〇号建物の構造は異常である。一辺五メートル余りの方形建物のまわりに一辺一六メートルの突出部をもつ方形の柵をめぐらし、突出部は階段になるらしい。柱穴は二～三メートルと大きく、高さ一〇メートルをこえる楼屋が想定されている。四世紀の一般的な住居とは明らかに異なっており、小銅鏡をともなうなど〝カミの社〟としての性格が強い。

日常の住居建築とは異なる独立した特異な建物は五、六世紀に継続しており、三世紀の祭殿の成立とその後の展開が想定できる。

祭場の固定

弥生時代にも祭祀は行なわれていたし、祭場も設定されていたにちがいない。しかし、祭場に構築物を設け、同一場所で継続して祭祀を執行するようになったのは三世紀以降である。

三世紀の都市・纒向の一画に、直交する二本の導水施設と一間四方（約一・五×一・八メートル）の高屋がある。導水路Aは一辺一メートル余の槽を二つつなぎ、まわりに石を敷き、導水路Bは石敷部分から木樋を通す。

四世紀の滋賀県守山市服部遺跡では、居住地から離れた河道内に導水施設が設けられていた。ほぼ三メートルの範囲に礫を敷き、その中央に大きな槽をおく。槽の上流側に板を立てて水量を調節し、下流側に長さ四メートル余の樋管をおく。石敷部分には小さな柱穴が点在しているので仮設建物があったかもしれない。

導水施設は五、六世紀に継続してつくられている。東大阪市西ノ辻遺跡では一本の水路の一部に石敷があり、群馬県高崎市三ツ寺I遺跡では豪族居館の中に水道橋で水を導いて石敷部分につながり、そこには滑石製模造品群があって、祭場であることを思わせる。奈良県桜井市上之宮遺跡では、六世紀後半の豪族居館の中に、石組の湧水池から石組溝で水をひき、石敷部分に至る一連の導水施設がある。三世紀以来の祭場の流れをくむ、居館内の苑池であろう。

三世紀以降六世紀に至るまで、木樋と石敷広場と仮設建物の組合せによる祭場が設置されていたらしい。ところが三世紀の纒向遺跡導水施設の一つの木樋内から一立方センチ当り約二、五〇〇個の寄生虫卵が検出された。一にぎりの土砂の中の二、五〇〇個の寄生虫卵は、便槽そのものの数に相当するという。三〜六世紀の導水施設はトイレなのか。

もし、トイレであるとすれば、三世紀の都市・纒向に基盤目状のトイレ群を想定することとなるし、三ツ寺I遺跡の居館内に祭祀具をもつトイレを設定することとなる。事実の認定は、今後の分析例の増加に期待する。

三、古墳立柱と鹿角信仰

三世紀初頭の長突円墳である奈良県桜井市纒向石塚古墳のくびれ部(周濠底)に径二〇センチ余、長さ約二メートルの白木の柱が数本立っていた。同じ場所に組帯文を刻んだ弧文円板があり、同じ周濠内の他の地点(円丘部)には朱塗りの鳥形木製品などがあるので、柱上には葬送儀礼にかかわる儀器が飾られていたらしい。

ほぼ同時期の島根県出雲市西谷三号墓の墳頂には、墓坑上に大きな四本柱を立てた柱穴があり、廟堂の存在を思わせる。つまり、三世紀にすでに墳丘裾の立柱列と墳頂の廟堂がともに建てられていたことが想定できる。

四世紀の廟堂は、全長二五〇メートルの大型長突円墳である奈良県桜井市メスリ山古墳の後円部墳頂にあって(9)、大型古墳に継続していることがわかるし、墳丘裾の立柱は関東以西の全時期の古墳に認められる。石柱をめぐらす古墳は、南シベリアの前四、五世紀頃の積石塚に発達しており、五世紀の突厥《とっけつ》墓へと継続している(10)。日本列島の墳丘上の石柱群は、二世紀末の岡山県倉敷市楯築古墳に現存している。

南ロシアのコストロムスカヤ古墳(前六世紀)は、墳丘内に遊牧民のテントのような木槨をつくっていることで有名である(図114)。時代は違うが、山形市衛守塚古墳(六世紀)は、墳丘内に複数の柱が立っていた奇妙な古墳で、テントのような木槨墓に類似する(11)(図114)。朝鮮半島南部の皇南洞九八号墳には、墳丘内に大規模な木槨があって棺を保護していたが、楽浪郡の漢の木槨墓とは明らかに異質で、北方シベリア的である。

日本列島の古墳に木槨構造を求めれば、石室のない大型墓壙が注目できる。二世紀末の楯築古墳の墓壙は五・五×九メートルと大きく、三世紀の京都府園部町黒田古墳の墓壙も六・五×一〇メートルと広い空間があって木槨を想定しうる。同様の例は、奈良県広陵町の安倍山四号墳(六世紀)のように、四×九メートルの広い横穴石室状墓壙の中に箱形石棺一基といった変わった埋葬施設も含めて考えることができる。

そうなると、当初カマド塚として注目された六世紀に盛行する横穴木室の系譜が改めて検討されなければならない。

図114　墳丘内の木槨(上：南ロシア・コストロムスカヤ墳墓、下：山形県衛守塚古墳)

必ずしも仏教の伝来と整合しない火葬の風習と特異な木槨構造は、北方遊牧民の文化を視野に入れることによって理解できそうだ。この想定は一見、突飛な感じを与えるけれども、韓国釜山市の福泉洞古墳群の三世紀の校倉式木槨墓を間に入れて考えれば解けてきそうだ。金海市大成洞古墳群から、北方遊牧民に独特の銅鍑が出土していることも示唆に富む。

木製立物

五世紀後半から六世紀の古墳の周濠から、ここ数年おびただしい〝木の埴輪〟が出土している。その中に、「石見《いわみ》型盾形埴輪型木製品」という長い名前で呼ばれている木製立物がある。以前から「石見型盾形埴輪」は盾ではなく、鹿角を祖型とする埴輪であることは亀井正道らによって指摘されていた。同型の木製品の増加によってその可能性はさらに強まった。まさに、鹿角系木製品、あるいは鹿角を意識した儀杖型木製品とよびかえるべきであろう(12)(図115)。

鹿角は不老不死や吉祥の象徴として古くから珍重されており、鹿角系木製品は四、五世紀に発達する同型の琴柱形石製品を通じてシベリア草原の遊牧民につながっている(13)。中村五郎によれば、新羅の王冠も鹿角信仰に由来するのであり、思想的背景は根強い。

図115　儀杖型木製品(縮尺不同)
左：石上神宮　琴柱型石製品
中：石見遺跡　埴輪
下：四条古墳　木製品

四、文化変容から痕跡をみる

江上波夫によれば、騎馬遊牧民が海に出ると荒々しく、農耕民が海に出れば大人しいという。日本列島には、海を越えなければやってこれない。

三、四世紀の日本列島にはさまざまな分野で、大きな文化変容があったことを整理してみた。そして、その文化変容のすべてが騎馬遊牧民にかかわるものではないけれども、そのいくつかは騎馬遊牧民に由来していることを想定した。明らかに〝騎馬民族は来た〟。三世紀の長突円墳の成立が、卑弥呼の登場に象徴される中国・朝鮮系の新思想に基づくものであれば、騎馬民族は三世紀に列島内に征服王朝を樹立したことになる。

〝いつから馬具があるか〟という視点だけではなく、文化変容の契機は何か、そのルーツはどこにあるかを検討することによって、日本列島史は新しい顔をみせてくれるだろう。

そのほか、武器・武具の革新についても、三世紀の木製三角鏃(奈良県纏向遺跡)、四世紀の札甲《さねよろい》(奈良県香芝市別所城山二号墳)、五世紀の革甲(奈良県橿原市新沢千塚三二七号墳)など注目すべき現象がみえはじめている。三角鏃は広く北方ユーラシアに分布し、札甲は遠くスキタイに由来する騎兵用の甲であり、革甲は遊牧民の下層者が着用する。それぞれが検出し難い遺物であり、調査者の意欲が新しい検討を可能にする。

註

(1)『正史三国史』4(ちくま学芸文庫)筑摩書房、一九九三年
(2)三品彰英「民俗学上より見た銅鐸」『桜ケ丘銅鐸銅戈』兵庫県教育委員会、一九六九年
(3)石野博信「総論　生活と祭祀」『古墳時代の研究』三、雄山閣、一九九一年(本書第二章に収録)
(4)全浩天『前方後円墳の源流―高句麗の前方後円形積石塚』未来社、一九九一年
(5)菅原康夫『萩原墳墓群』徳島県教育委員会、一九八三年
(6)菅原康夫「足代東原遺跡」『日本考古学年報』三五、一九八五年
(7)木村房之「考古建造物の尺度の発見」『歴史と人物』一四六、一九八三年
(8)清水真一『鳥取県羽合町長瀬高浜遺跡調査報告書』V、鳥取県教育文化財団、一九八三年
(9)石野博信「古墳立柱」『古墳時代史』雄山閣、一九九〇年
(10)江上波夫『騎馬民族国家』中央公論社、一九六七年
(11)後藤守一「漆山古墳実査報告」『考古学雑誌』一四―一三、一九二四年
(12)石野博信「民と王の狩猟儀礼」『古代大和へ、考古学の旅人』雄山閣、一九九四年
(13)中村五郎「鹿角考―鹿角・杖・蓋・琴柱形石製品―」『福島考古』二七号、一九八六年

五　前期古墳の新事実

ここ数年、前期古墳に関する顕著な事実が明らかにされてきた。古墳時代とは「前方後円墳体制」が成立した段階である、という新たな提唱が行なわれるようになる研究史の中で、同時に「前方後円形墳丘墓」(1)という新造語が飛び出たのもその一つであろう。

ここ一、二年の発掘調査をふりかえってみても、佐賀県唐津市久里双水《くりそうずい》古墳は全長一〇八・五メートルの長突円墳であるにもかかわらず、埋葬施設は平石と粘土を交互積みした小さな竪穴石室であったこと、三、四世紀の日本列島の中で大型の長突円墳が集中している奈良盆地東南部の全長一〇〇メートルをこえる長突円墳の一つ、奈良県天理市中山大塚古墳では、三段築成と推定されていた墳丘には段築はなく、盗掘をうけていたとはいえ、三角縁神獣鏡はもとより鏡・剣・玉をはじめとする副葬品の小破片すらも乏しかったこと、京都府京丹後市の大田南五号墳では、三、四世紀の丹後半島ではきわめて一般的な、丘陵尾根をカットしただけの墳形も明瞭ではない小さな古墳から女王・卑弥呼が中国・魏へ遣使した年の年号鏡が出土したこと、滋賀県雪野山古墳などでは、前期の長大な木棺が大和政権を中心とする「棺制」とまで言われていた割竹形木棺とは限らないこと……など、近畿中心の「前方後円墳体制」論だけでは解決しがたい課題が提供された。

一、大和には定型化した三段築成の前期長突円墳は少ない

一九九三年と一九九四年の二年度にわたって、ほぼ三〇年ぶりに奈良県下の全長一三二メートルの長突円墳・中山

大塚古墳の発掘調査が行なわれた(2)。以前から、中山大塚古墳は立地と特殊器台の採集によっておおやまと古墳群の中でも初期の長突円墳と考えられていた(3)。そして一九八一年には墳丘測量図が発表されて東潮によって三段築成の「前方後円墳」と認定され(4)、『前方後円墳集成・近畿編』に継承されていた(5)。今回の調査によって「第一段テラス」はテラスではなく墳丘基底部と考えるべきであること、「第二段テラス」は中世山城のテラスであることが判明し、少なくとも三段築成の長突円墳の典型例とは言い難いことが明らかとなった(6)。

表3　『前方後円墳集成』による大和の3段築成の前期長突円墳

	1期	2期	3期	4期	計
3段築成	2？	0	6	2	10
非3段築成、無段	3	8	15	5	31

中山大塚古墳の段築にこだわるのは、「定型化した前方後円墳は、――北向きの埋葬頭位あるいは三段築成の墳丘など古代中国思想を加味して倭の社会で創造した」という都出比呂志の提唱(7)を検証したいからである。墳丘の三段築成が思想にもとづくものであれば、二段築成や四段築成の古墳と同類として論ずることはできない。

そこで、大和の前期長突円墳の段築を検討してみよう(表3)(8)。『前方後円墳集成』一～四期(前期)の長突円墳四一基のうち、三段築成は一〇基で、三一基は無段・二段・四段の築成である。つまり、三、四世紀の大型長突円墳が集中している大和で、「前方後円墳体制」に参加しているのは二四・四％に過ぎない。『集成』で三段築成としている中山大塚古墳と疑問符付きの石名塚古墳を除くと(三段築成墳は八基で一九・五％)、政権成立期の一・二期には三段築成の長突円墳は一基も存在しない。ちなみに、箸中山古墳は「前方部四段・後円部五段」であり、西殿塚古墳と東殿塚古墳は「四段」であって「思想」に合わない。

確実に三段築成の長突円墳が登場するのは、三期の行燈山《あんどんやま》古墳(伝崇神陵)と渋谷向山古墳(伝景行陵)以後であり、大王陵に比定されている宝来山・五社神《ごさし》・佐紀石塚山の各古墳へと継続する。

まさに、ごく限られた一部の超大型古墳だけである。

中国思想は、大王ならびにその一族と地域の大首長に限られていた、と言いかえるとすれば、「三段築成」は「定型化した前方後円墳」の要件から除外すべきであろう。

二、地域の首長墓は、長大な竪穴石室・割竹形木棺とは限らない

「定型化した前方後円墳」の一つの要件として、長大な竪穴石室と割竹形木棺が指摘されている(9)。ところが唐津平野最大の長突円墳である久里双水古墳の中心となる埋葬施設は、幅一〇〇センチ、長さ二六〇センチの小さな竪穴石室であり、棺底の粘土痕跡から箱形木棺が推定されている。箱形木棺は、弥生時代以来の普遍的な棺形態であり、全長一〇八・五メートルの墳丘規模と一致しない。同じことは、三角縁神獣鏡をもつ三世紀後半~四世紀の長突円墳である豊前赤塚古墳の箱形石棺についても指摘できる。

近畿では、奈良県天理市中山大塚古墳と滋賀県八日市市雪野山古墳の棺構造が注意をひく。両者とも、円丘部中央に長大な竪穴石室があり、石室底には棺底部のU字型圧痕をもつ粘土床がある。棺底のカーブを正円形に復元すると、石室の外に出てしまう。つまり、木棺は正円形に近い割竹形木棺ではない。考えられる木棺構造は、木材の彎曲面を残した板材四枚の組合木棺であり、従来の棺名称を踏襲すれば長持型木棺がふさわしい。長持型木棺は、一九八三年に提唱したように奈良県桜井茶臼山古墳の遺存木棺から類推したものであり(10)、割竹形木棺とは別系統の首長墓の棺形態と考えられる。なお、刳抜式の長持型木棺がもし存在したとすれば、七世紀に築造された大阪狭山市の狭山池の木樋の構造が酷似する。

ただし、長持型木棺は二、三世紀以降、小規模な低塚の埋葬施設として普遍的に使用されていた可能性がある。古

くは、福岡県前原市平原《ひらばる》方形墓のU字底木棺痕跡があり、三世紀には大阪市加美《かみ》遺跡の低塚群にある。さらに、奈良県桜井市大福遺跡では、三世紀の方形墓に接してU字底木棺そのものが出土しており、広い普及を考えさせる。

これとは別に、三、四世紀の舟形木棺も注意しなければならない。青龍三年銘鏡を副葬していた京都府京丹後市の大田南古墳群は、冒頭に述べたように尾根をカットしただけの区画墓であり、区画内に舟形木棺や箱形石棺が設けられている。青龍鏡よりも鏡としては優れている画文帯神獣鏡は舟形木棺に副葬されており、舟形木棺被葬者の海洋民的性格を端的に示している。愛媛県松山市朝日谷二号墳は全長二〇メートルの長突円墳で舟形木棺を埋葬施設とする。近くに、「三津浜」があり、「御津浜」＝公的な港湾に通じる点で興味深い。

三、三角縁神獣鏡は、「天的宗儀」のシンボルか？

三品彰英は、銅鐸から銅鏡への祭祀用具の変換を「地的宗儀」から「天的宗儀」への変換と説明された。私は、三品の考えに倣い一八五年頃の女王・卑弥呼の登場は、古い宗教から新しい宗教への転換の象徴であり、銅鐸を捨て銅鏡をとるとともに長突円墳を採用した、と考えてきた(11)。

一九八九年三月、兵庫県たつの市権現山五一号墳を調査していた近藤義郎は、はじめて特殊器台と三角縁神獣鏡の共存を確認された。現地を訪れて近藤の説明をうけたとき、「俺は永い間、これ(特殊器台と三角縁神獣鏡の共存)を探していたんだ」と聞いて、思わず「まさか」と叫んだ。「学生に聞いてくれ。これが出る前から何べんも言ってたから」と言われ、聞いてみたら近藤の言う通りだった。私が「まさか」と思ったのは、近藤理論による古墳の出現は古い政治を革新して新しい政治に生まれ変わる、つまり、弥生と古墳には大きな断絶があるということではなかったのか。そうであれば、弥生時代以来の特殊器台系祭祀と新時代を象徴する三角縁神獣鏡は絶対に共存するはずがないのではなかったのか、と理解していたからである。

一九九一年に報告書『権現山五一号墳』が刊行された(12)。その「はしがき」で近藤は、一九六六年以来の「最古型式前方後円墳の追求」の道程を述べ、「むすび」で小林行雄の「古い相の鏡群」と「特殊器台形埴輪・特殊壺形埴輪」の共存の歴史的意味を強調された。私の理解では近藤の主張はつぎの通りである。

最古型式「前方後円(方)墳」の一群は、中国製三角縁神獣鏡をもつが、とくに吉備系の古墳は特殊器台形埴輪・特殊壺形埴輪を樹立する(大和系の古墳は、特殊器台形埴輪・特殊壺形埴輪を樹立せず、播磨の吉島古墳などのように墳丘規模は小さくてもより多くの三角縁神獣鏡をもつ)。

「中国製」三角縁神獣鏡と特殊器台形埴輪・特殊壺形埴輪の関係が近藤説の通りであるとすれば、大和の中山大塚古墳・箸中山古墳・西殿塚古墳は吉備系の古墳ということになる。三つの長突円墳は、いずれも初期ヤマト政権の成立にかかわる初期の大型古墳であり、近藤説を単純化すれば、初期ヤマト政権は吉備勢力によって成立したことになる。

ここで問題になるのは三角縁神獣鏡をもつ古墳は本当に古いのか、という点である。今、共伴する土器によってわかる三角縁神獣鏡をもつ長突円墳の古い一群は、雪野山古墳や桜井茶臼山古墳であって纒向3式(新)から同4式(庄内2式(新)から布留1式)に相当する(ちなみに、椿井大塚山古墳は布留2式である)。それ以前に、香川県高松市鶴尾四号墳や京都府園部町黒田古墳などの箸墓古墳より古い段階の長突円墳が確実に存在している。そして、両古墳の鏡は内行花文鏡と双頭龍文鏡であり、三角縁神獣鏡はない。

女王・卑弥呼が宗教改革を断行し、新しい祭祀用具として銅鏡を採用したとしても、それは三角縁神獣鏡ではなかった。

四、おわりに

近年の前期長突円墳の調査によって、定説化されつつある「定型化した前方後円墳」の実態がきわめてあいまいであることがわかってきた。

平面形が左右対称で立面形が三段築成の長突円墳は、初期ヤマト政権の中枢とされている奈良県内でも四分の一に満たない。それとは逆に、定型化以前とされる長突円墳は日々増加し、「前方後円形墳丘墓」という意味不明の造語が生まれるほどである。「前方後円墳」と「前方後円形墳丘墓」は具体的には区別不能である。墳丘に対する定型化という〝しばり〟と少数派の割竹形木棺と銅鏡の中の〝三角縁神獣鏡〟という政権成立後の宗教的紐帯へのこだわりを捨てれば、三、四世紀の「前方後円墳」の歴史的性格がはっきり見えてくる。

註

(1) 都出比呂志「日本古代の国家形成論序説―前方後円墳体制の提唱―」『日本史研究』三四三号、一九九一年
(2) 豊岡卓之・卜部行弘・坂　靖『中山大塚古墳』奈良県立橿原考古学研究所、一九九六年
(3) 石野博信「大和平野東南部における前期古墳群の形成過程と構成」『横田健一先生還暦記念・日本史論叢』一九七六年
(のち『古墳文化出現期の研究』学生社、一九八五年に収録)
田中英夫・奥田　尚「奈良県中山大塚古墳の特殊器台形土器」『古代学研究』一〇九号、一九八五年
(4) 東　潮「中山大塚古墳」『磯城・磐余地域の前方後円墳』橿原考古学研究所、一九八一年
(5) 広瀬和雄「中山大塚古墳」『前方後円墳集成・近畿編』山川出版社、一九九二年
(6) 第二段テラスが古墳時代にすでに存在し、中世に拡幅された可能性はあるが、その場合でもテラス幅は二・五メートル以内であり、墳丘規模と比較するときわめて狭い。

(7) 註(1)文献、二六頁

(8) 近藤義郎編『前方後円墳集成・近畿編』山川出版社、一九九二年
全国同一レベルの集成資料として使用する。古墳の墳形・規模・所属時期について異なる見解があってもすべて本集成にもとづいて集計した。所属時期は本集成中の今尾文昭「大和一期〜四期(前期)」を基準としたが、明記のないおおやまと古墳群内の天神山古墳・アンド山古墳・南アンド山古墳・上ノ山古墳・ノベラ古墳と纒向勝山古墳については前期として扱った。

(9) 近藤義郎「前方後円墳の成立」『考古論集』松崎寿和先生退官記念事業会、一九七七年

(10) 石野博信「地域性の強い埋葬施設」『季刊考古学』四号、一九八三年(のち『古墳時代史』雄山閣に収録)(一〇二頁、表4-3)。

(11) 石野博信「総論・生活と祭祀」『古墳時代の研究』第三巻、四、五頁、雄山閣、一九九一年

(12) 近藤義郎編『権現山五一号墳』同刊行会、一九九一年

第四章　古墳を造る

一　墳　丘

約一八〇〇年前の昔、各地の王たちは巨大な墓をつくりはじめる。それが現在各地にのこる古墳である。では、古墳はどのような場所につくられたのだろうか。そして、だれがどのようにつくったのだろうか。古墳の形や大きさをくらべることで、大王の権力のありかたにせまることができる。

一、古墳がつくられる場所

緑の山腹が切りさかれる。土を盛り、石をならべて塚をつくる。即位してまもない王のための墓づくりだと知らされる。里から見上げると、巨大な造山《つくりやま》。

孫の代、曽孫の代とたつうちに王の名前は忘れられ、たんに「王墓」とか「造山」とよばれるようになる。そして現在では、塚に樹木が育って緑の山となっている。

古墳は人に見せるためにつくられた。里から見える側は何段にも石を葺き、山側はかんたんにする。したがって、

表8　日本の大規模古墳

（白石太一郎の原表による）

順位	古　墳　名	所　在　地	時期	墳丘長(m)	備考
1	大山古墳	大阪府堺市	中期	486	仁徳
2	誉田御廟山古墳	大阪府羽曳野市	中期	425	応神
3	上石津ミサンザイ古墳	大阪府堺市	中期	365	履中
4	造山古墳	岡山県岡山市	中期	350	
5	河内大塚山古墳	大阪府松原市・羽曳野市	後期?	335	
6	見瀬丸山古墳	奈良県橿原市	後期	318	
7	渋谷向山古墳	奈良県天理市	前期	302	景行
8	土師ニサンザイ古墳	大阪府堺市	中期	288	
9	仲津山古墳	大阪府藤井寺市	中期	286	
10	作山古墳	岡山県総社市	中期	286	
11	箸墓古墳	奈良県桜井市	前期	276	
12	五社神古墳	奈良県奈良市	前期	276	神功
13	ウワナベ古墳	奈良県奈良市	中期	265	
14	市庭古墳	奈良県奈良市	中期	250	平城
15	行燈山古墳	奈良県天理市	前期	242	崇神
16	室宮山古墳	奈良県御所市	中期	240	
17	岡ミサンザイ古墳	大阪府藤井寺市	後期	238	仲哀
18	西殿塚古墳	奈良県天理市	前期	234	手白香皇女
19	メスリ山古墳	奈良県桜井市	前期	230	
20	市野山古墳	大阪府藤井寺市	中期	227	允恭
〃	太田茶臼山古墳	大阪府茨木市	中期	227	

つくる場所も領域内の各地からよく見える位置をえらぶ。

兵庫県の五色塚古墳は明石海峡に面し、大阪の大山古墳《だいせん》(仁徳陵)は大阪湾に墳丘の側面をみせる。ともに海上をとおる船からよく見える。海を支配する王者の墓だったのだろう。

二、古墳の大きさと規模

日本最大の古墳は大阪府堺市にある大山古墳で、全長四八六メートル、面積四七八ヘクタール。最小の古墳は、七世紀の群集墳の中にある直径あるいは一辺二メートル余の小墳である。

また、おなじ設計規格の古墳でも、近畿の大王墓と地域の王とのあいだには、二分の一あるいは三分の一という大きさの格差がある。大王家と地域の王とのあいだの密接な関係をしめすとともに、歴然とした階層差をしめす。

たとえば、岡山県総社市の作山古墳《つくりやま》(二八六メートル）は、大阪府羽曳野市の誉田御廟山古墳《こんだごびょうやま》（応神陵、四二五メートル）と同一規格ではあるが、ぴったり三分の二に縮小されている。

古墳時代は、長突円墳が主流で、大きいほうが上位者であった。

三、長突円墳の時代

長突円墳は、奈良県桜井市の箸中山古墳がそのはじまりであり、つくられた時期は四世紀初頭といわれてきたが、最近ではその時期を三世紀後半までさかのぼらせて考える学者も多い。そして、七世紀に古墳がつくられなくなるまでの古墳時代の時代区分は、四世紀を前期、五世紀を中期、六世紀を後期、七世紀を終末期とよぶのがふつうである。

しかし、私は長突円墳の時代を二世紀末から六世紀初めまでの約三〇〇年余と考えている。二世紀末は、倭国の女王、卑弥呼即位のころ、六世紀初はワカタケル大王の後である。六世紀末まで長突円墳は築造されているが、第三章で述べたように変質している。

二世紀の後半、東アジア全体が小氷期におおわれて飢饉があいつぎ、「人相食《あいはむ》」状況がつづいたという（『魏志』韓伝）。このころ倭国は大いに乱れたが、卑弥呼を立て政治的にはいちおうの安定を得た。

ここにいたる過程では、人々は銅鉾や銅鐸に象徴される弥生の神々にいくたびも祈っては裏切られ、ついに弥生神は否定されて新しい神をつかさどる卑弥呼の登場となる。

卑弥呼は「よく衆《しゅう》を惑《まど》わした」という（『魏志』倭人条）。古い神を否定しなければ生きていけなくなり、新しい神をまつることが必要となって長突円墳が登場したのである。

弥生の神々が否定されたとき、なぜ、長い突出部をもつ円丘の祭場が登場するのだろうか。

中国漢代には、天子が天地をまつる大礼《たいれい》（郊祀円丘《こうしえんきゅう》）を行なった。これは円《えん》によって天の神をまつり、方《ほう》によって地の神をまつるもので、あらたな神を強くもとめていた倭国は、中国の天神地祇《てんしんちぎ》にすべてをかけたのである。

中国の郊祀円丘は祭場であり、倭国の長突円墳は墓であって、本質的にことなるかのようにみえるが、神は王であり、王が神であるあらたな体制を創始したと、私は考えたい。

四、長突円墳の消滅

図116　大阪府大山古墳（仁徳天皇陵とされている）

敏達天皇のつぎの用明天皇は、五八八年に一辺六〇～六五メートルの大方墳に葬られた。ついで崇峻天皇が即位するが、五九二年、蘇我馬子らに殺され、蘇我馬子の姪である推古天皇が即位する。
蘇我馬子とともに、用明天皇の皇子である聖徳太子が動く。太子は中国・朝鮮の思想や制度を積極的に採用し、あらたな統治の理念とした。結果として、みずからが継ぐべき大王位の古い体質を否定することになった。ここに大王墓のシンボルである長突円墳もまた否定されたのである。

五、古墳づくりの労働力

神が王であり、王が神であるとき、民衆にとって王の墓づくりは、同時に神の祭場をつくることであった。だからこそ、「昼は人つくり、夜は神つくる」という神話が生まれる（日本書紀、崇神天皇条）。人々は、みずからの神への思いをこめて、墓づくりの労働にはげんだ。それによって、巨大古墳の築造も可能であった。

だが、はたして、それだけであろうか。

古墳築造に必要な労働力をはじきだした大林組の試算によると、大山古墳を古代工法で築造するには、のべ六八〇万人の作業員を必要とし、一日に最高で二、〇〇〇人を動員し一か月の労働日数を二五日と仮定すると、一五年八か

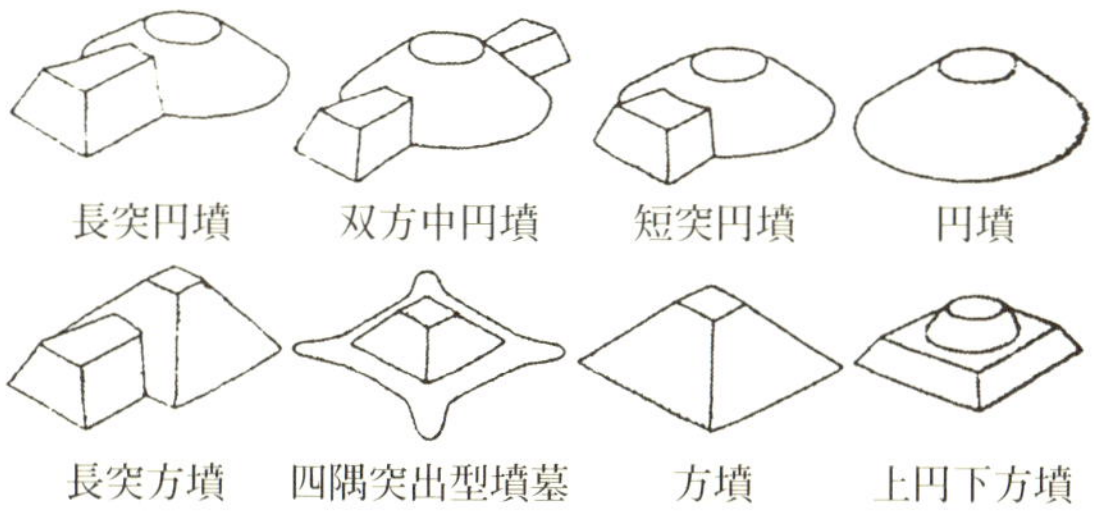

図117　古墳の形態

図118　奈良県佐紀古墳群(西群)

月を要することになるという。

全国には約四、六〇〇基もの長突円墳が築かれている。しかも王は、即位とともにみずからの祭場の築造にとりかかる。王の在位年数が短いとたいへんだ。

中国の文書に讃・珍・済・興・武という五人の倭王の遣使記事がみえる。それによって倭の五王の在位年数を計算すると、平均で一八年となる。五王をどの大王に比定するかは定説がないが、武をワカタケル大王(雄略天皇)とする説は有力であり、したがって五世紀の倭の王と考えてよい。五世紀は、さきに試算をしめした大山古墳をはじめ、多くの巨大古墳が築造された時期であり、民衆は約九〇年のあいだ、大王墓の築造に連続して動員されたことになる。

地域ごとに割りふったとしても、その就労度は高い。これでは、「神だけを思って」はたらく量をこえているのではないか。むしろ、「神も仏もあるものか」となってしまいそうだ。それでも古墳はつくられつづけたのである。

六、古墳づくりと農地開発

その秘密は、新田開発にありそうだ。大古墳にはおおむねその周囲に二重・三重の濠(周濠)をともなう。そして古墳は、平野の中でも山麓や小高いところにつくられる。周濠にたくわえられた水を流せば、広大な田畑をうるおすことができる。じっさい古事記や日本書紀には、池溝開削記事が多くみえている。

民衆と地域の小豪族は、たんに神のため、王のためだけに墓づくりに精をだしたのではなさそうだ。みずからの田畑をふやすもとになる池を新しくつくることが、巨大なエネルギーを生みだしたように思う。

神に名を借りてみずからのためにはたらく民衆の力強さが、三～四世紀の奈良盆地の開発を、五世紀の河内平野の開発を可能にしたのである。

王の遺体は多くのばあい、古墳につくられた石の部屋(石室)の中の木か石の棺におさめられた。木棺と石棺にもさまざまな形のものがある。また、石室には、垂直に掘り下げた竪穴式と、水平方向に出入口のある横穴式の二種類がある。その形式は時代と地域によってことなり、当時の大王の権力のありかたや大王同士の政治的関係を解明するための手がかりとなっている。

二　石室と石棺

一、竪穴式と横穴式

縄文時代も弥生時代も、遺体、あるいは遺体をおさめた棺を穴に埋めるという点で共通していた。両時代とも、埋葬後一定期間ののち、遺骨を取りだして洗骨し、再埋葬することもあった。

古墳時代になっていちばん変わった点は、棺あるいは棺をおさめる室(槨)の大きさが、人体の三〜四倍に達するほど大型化することと、石や粘土による棺の覆いがていねいになること、つまり厚葬がひろまることである。いいかえれば、垂直方向に出入り口のある竪穴石室や、粘土槨・箱形石棺・木棺直葬などになったことであり、もう一点は、石を築いて室をつくり、水平方向に出入り口をもうけて何回も追葬するあらたな葬法、つまり、横穴石室がはじまったことである。

とくに後者のばあいは、追葬のとき、さきに葬られている遺体の腐敗がすすみつつあるのを直視することになる。つまり、「黄泉の国」を強く意識するようになる点が、人間の死に対する意識の変革をもたらしたといえよう。

横穴石室は、四世紀末に朝鮮半島から北部九州に伝わり、六世紀までには東北北部をのぞく本州と四国・九州南部にひろまっていく。

二、竪穴石室をつくる

墳丘の頂上に長方形の穴を掘る。大きさは五×八メートル、深さ二メートルぐらい。まず粘土で棺床をつくる。棺床のまわりに三〇～四〇センチの割石《わりいし》を長方形に積む。幅一・五メートル、長さ六メートルほどの竪穴石室ができる。

上から棺を入れ、遺体をおさめ、鏡・剣・玉などの副葬品を配列してから棺のふたをする。石室の壁をさらに積み

図119　竪穴石室(奈良県黒塚古墳)

図120　横穴石室(奈良県市尾墓山古墳)

上げ、深さ二〜三メートルのところで石室の天井石をのせる。

天井石の上は厚く粘土でおおい、さらに盛土をかぶせて二度と棺をあけることはない。

以上が竪穴石室のふつうのつくり方であるが、べつに、竪穴石室をつくらずに、棺を直接粘土でおおうことがある。これを粘土槨《ねんどかく》という。また、木棺を直接墓壙（墓穴）の中におさめるのを木棺直葬《もっかんじきそう》という。

竪穴石室と粘土槨は、四〜五世紀の大型古墳に多く、木棺直葬は全期間の小型古墳に多い。

三、横穴石室をつくる

多くのばあい、墳丘を築く予定地の中央に大きさ一〜二メートルの石をすえ、玄室《げんしつ》奥壁の基底石《きていせき》とする。その基底石の両側に⊓状に石を置き（側石）、側壁《そくへき》基底石とする。⊓状の両開口部端には比較的大きな石を立て、玄室の門をつくる。

ついで玄門《げんもん》石（袖石）を置いて石室の形と大きさを定め、そして奥壁側から玄室の両側壁基底石を配置したと思われる。これをくりかえして天井石にいたる。

玄門の外側には、玄室よりは幅のせまい通路（羨道《せんどう》）をもうける。各基底石の上にさらに石を積み上げ、玄室では高さ三メートル、羨道では一・五メートルぐらいで天井石をのせ、土や石でおおう。

棺は羨道入り口から運びこむ。刳抜きの石棺のばあいは身と蓋をべつべつに入れ、組み合わせの木棺や石棺のばあいは、整形した板材や石材をバラバラに室内に運びこみ、中で組み立てる。したがって、石室内には、組み合わせをよくするために、小さく割った小石材が敷かれていることがある。

ここでは、やや大きめの石室を例としてあげたが、全国には大小さまざまな石室がある。最大の横穴石室は、一

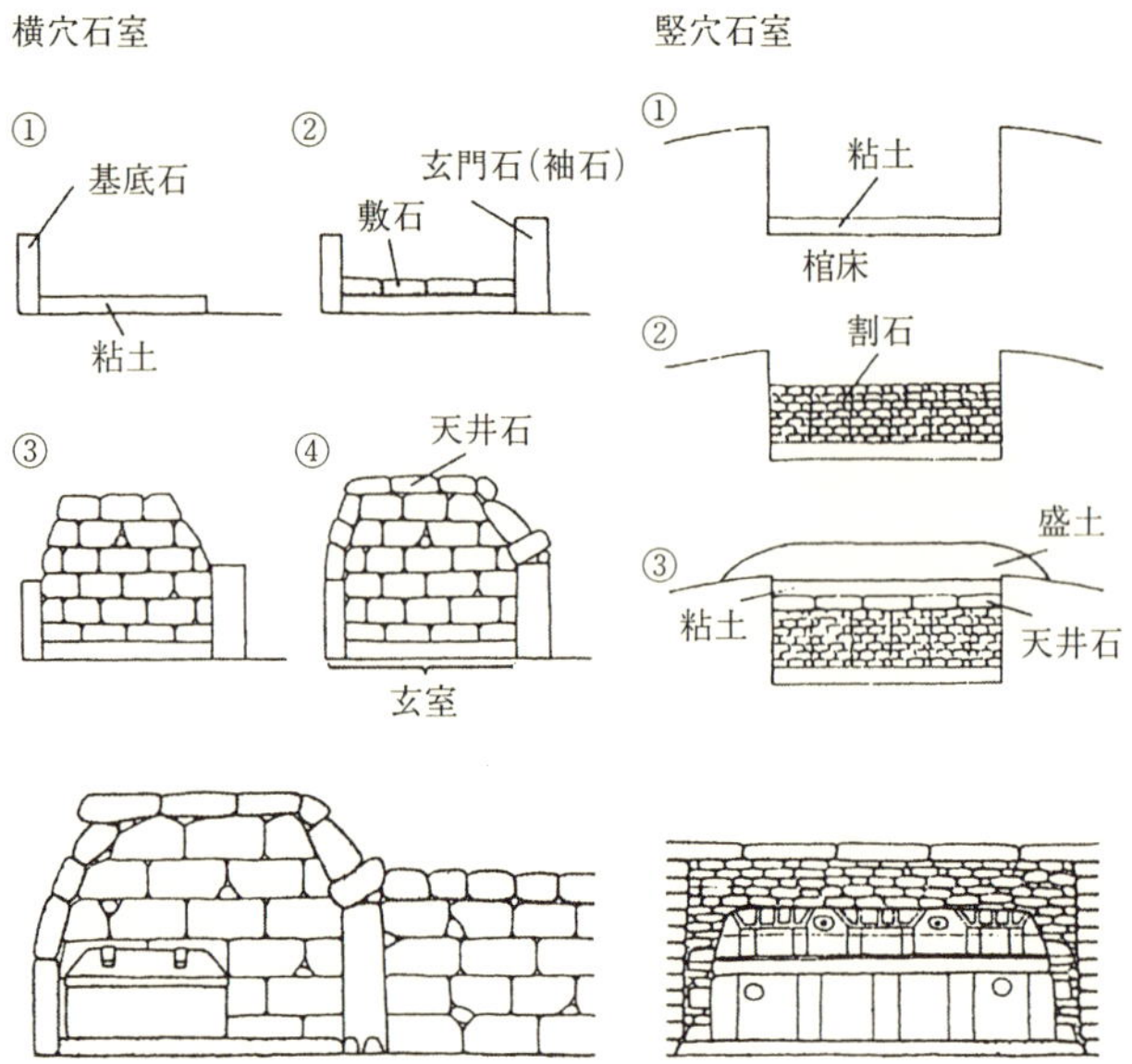

図121　竪穴石室と横穴石室のつくりかた

図122　長持形石棺（京都府久津川車塚古墳）

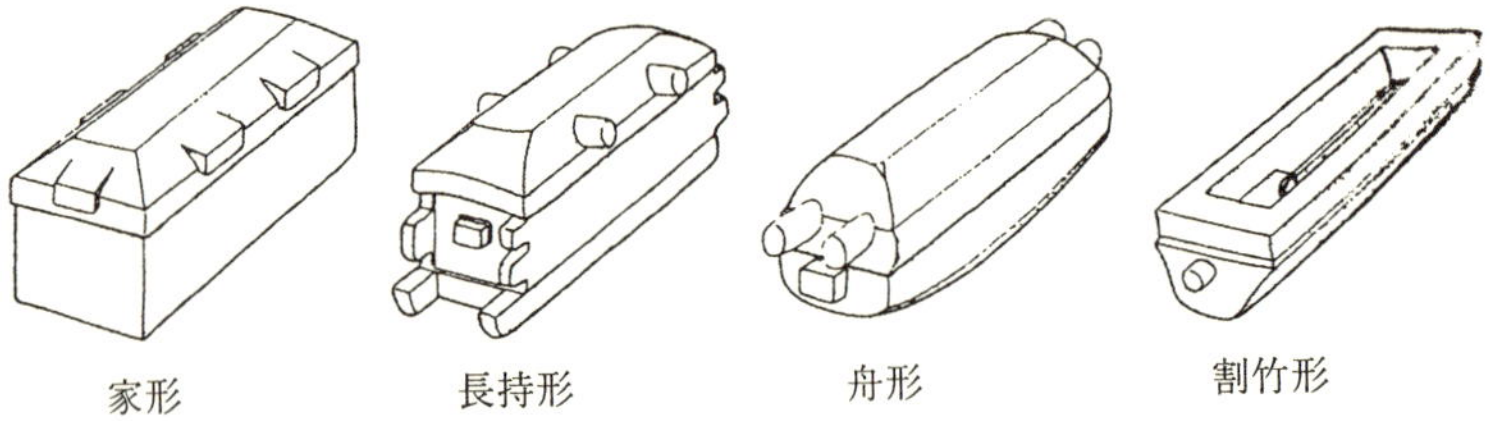

図123　石棺の種類

九九一年五月に内部が偶然にも写真撮影されて話題になった奈良県橿原市の橿原丸山《まるやま》古墳で、全長二八メートル、最小は全長八五センチの奈良県能峠《ゆきとうげ》一二号墳であろう。この最小の石室には、幼小児か成人の洗骨をおさめたと思われる。量的には六世紀後半につくられる幅一メートル余、長三メートル余、高一メートル余の石室がもっとも多い。

横穴石室とおなじ機能をもった墓室として横穴がある。丘陵の斜面に水平に穴を掘り、奥をひろくして墓室とするもので、五世紀前半に福岡県や宮崎県ではじまり、六世紀から七～八世紀にかけて東北南部までの各地域につくられる。福島県をはじめ地域によっては、六～七世紀の主流となる埋葬施設であり、金銅製品など一級の副葬品をもつ。

四、石棺のいろいろ

四～五世紀の王者の棺は、長大な割竹形木棺《わりたけがたもっかん》と長持形《ながもちがた》木棺であった。五世紀にはあらたに長持形石棺が王者の棺に加わる。

京都府城陽市の久津川車塚《くつかわくるまづか》古墳などの長持形石棺は、奈良県桜井市の桜井茶臼山《さくらいちゃうすやま》古墳の長持形木棺を祖型としており、側石の外面の湾曲が木材外面を思わせる。このように王者の棺の材質が木から石にかわっても形を引き継いでいるのは、政権が継続していたと考える一つの証拠となるだろう。

六世紀の初め、あらたに家形《いえがた》石棺があらわれる。石棺の屋根が家形になっているのが特色で、身は刳抜き式と組み合わせ式があり、前者が大古墳に使用されている。

屋根の形は年代によって差があり、屋根が高くて頂部のせまい古い形態から、屋根が低くて頂部の広い新しい形態へと変遷している。

奈良県斑鳩町の藤《ふじ》ノ木《き》古墳の家形石棺は、石室内にあった須恵器から考えられる古墳の年代よりも古い形態の石棺が使用されており、謎となっている。

石棺材には、各地域の石材が使用されているのがふつうである。

しかし、近畿をはじめ各地域の王者の棺には、阿蘇石《あそいし》(大分県・熊本県)や竜山石《たつやまいし》(兵庫県)など遠方の石材が使用されている。大王の政治力がその地方までおよんでいたことをしめしていよう。

では、古墳に使われた石材はどのように運ばれ、どのように積みかさねられたのだろうか。

奈良県明日香村の石舞台《いしぶたい》古墳の天井石の一つは七七トンの巨大さである。一九三三年に発掘調査が行なわれたとき、巨石は修羅《しゅら》(運搬用木ぞり)にのせ、転子《ころ》と梃子《てこ》を使って運搬したと推定された。

一九七八年、大阪府藤井寺市から大型の修羅が発掘され、推定の一部が実証された。

図124　舟形木棺(栃木県七廻り鏡塚)

五、文様をきざむ石棺

福岡県広川町の石人山《せきじんざん》古墳や久留米市の浦山《うらやま》古墳などのように、石棺の内・外面に、直線と曲線を組み合わせた直弧文《ちょっこもん》をきざむことがある。

装飾古墳にみられる直弧文と同様に邪霊《じゃれい》を避ける意味があるものと思われるが、北部九州や山陽・近畿の一部にかぎられており、時代の主流にはなっていない。

三　埋納品

人の死にさいし、愛用の品をはじめ、さまざまな品物をそえて葬るのは、いまも昔も変わらない。古墳の中に被葬者とともにおさめられているもののうち、耳飾りや首飾りなど身につけているものを着装品、棺の内外にそえられている品々を副葬品とよぶ。

それらの品々を検討することで、古墳に葬られた人物の性格を知ることができる。

一、四世紀の王者

大型古墳の副葬品としては、三〜五世紀には鏡・剣・玉と武器・農工具、そして仮器としての碧玉製腕飾り類が多く、五世紀後半以降には武器・農工具と仮器としての滑石製品が多く見られる。

奈良県桜井市のメスリ山古墳は、全長約二三〇メートルの長突円墳である。ヤマトの王者の墓で、円丘部の頂上には高さ約二・五メートルもある日本最大の円筒埴輪を建物(廟堂)の柱にみたてた四角い区画があり、その中に二つの竪穴石室がある。

主室は盗掘されていたが、副室には多くの副葬品がおさめられていた。それらを列記すると、以下のようになる。

碧玉製品　　三二点
刀剣　　二本
鉄製槍先　　二一二点

銅鏃　　　　二三六点
石鏃　　　　　五〇点
鉄製工具　　一五〇点

「天皇陵」とされている四世紀の大型長突円墳が未調査のいま、メスリ山古墳の多量の副葬品は、大和の王者の力をしめす貴重な例である。

鏡は副室にはなく(主室に三片)、碧玉製品もさほど多くない。二三六点の銅製の鏃は、被葬者の武人としての性格をしめし、一五〇点の工具は、高度な土木技術がすでに存在していたことを予想させる。

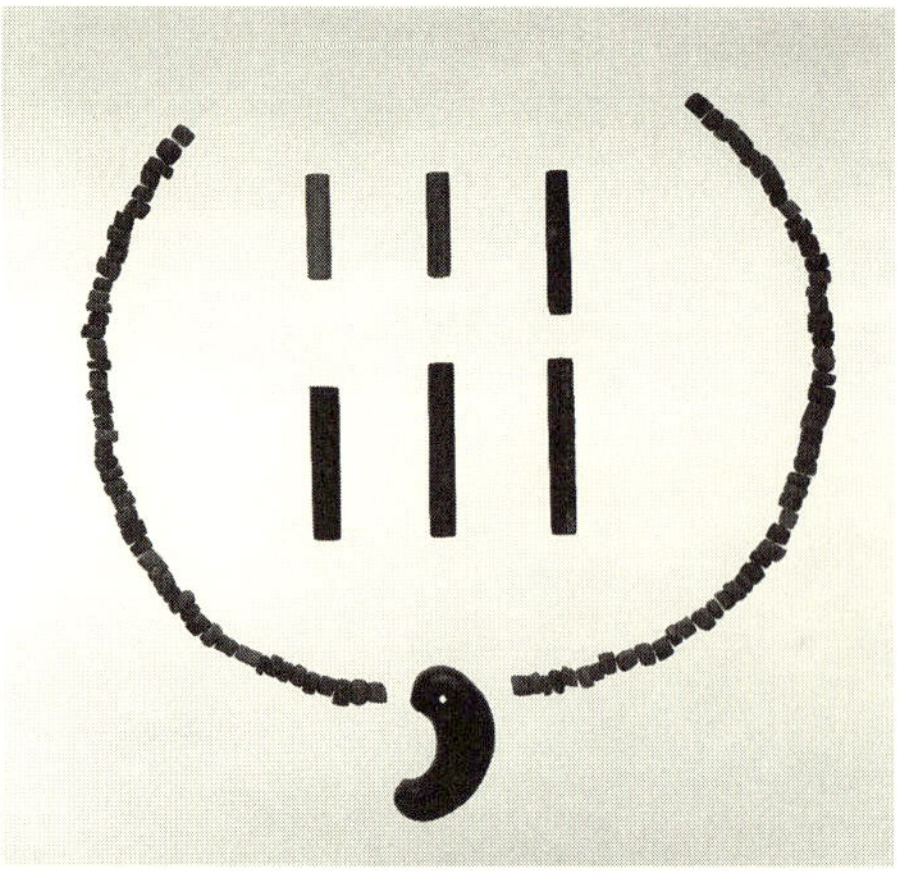
図125　勾玉などの玉類(兵庫県茶すり山古墳)

図126　天冠と蛇行鉄剣ほか(栃木県桑57号墳)

ここに、一つの古墳で二〇面あるいは三〇面をこえる鏡をもつ祭祀王の性格を強くもつ王者とはべつな一面——戦う王、開発する王の存在をしめすといえるだろう。

二、五～六世紀の国際王

五世紀になると、熊本県の江田船山《えだふなやま》古墳をはじめ、中国大陸や朝鮮半島と関係があると思われる文物が数多くみられるようになる。なかでも、奈良県橿原市の新沢千塚《にいざわせんづか》一二六号墳は異彩をはなっている。

この古墳の主は、ペルシア製と思われるガラス器、中国東北におこった北魏の馮素弗墓《ひょうそふつぼ》や韓国武寧王陵《ぶねいおうりょう》にある青銅製火熨斗《ひのし》、純金の方形冠らしきものや銙帯《かたい》金具(ベルト飾り)、全身にちりばめられた純金製の歩揺《ほよう》(衣服飾り)など、国際色豊かな品々で飾られている。しかも、古墳は二二×一六メートルの長方形墳で、盛土も高さ一・五メートルと低い。高塚古墳が全盛であった五世紀の日本列島の中で異質である。

馮素弗墓は中国(西晋)の文物を数多くもった北方の騎馬民族の墓である。新沢千塚一二六号墳は、北方騎馬民族が日本列島にやってきた姿かもしれない。埋葬施設が日本古来の割竹形木棺《わりたけがたもっかん》である点に疑問がのこるが、馮素弗墓もまた、騎馬民族でありながら中国中央部の木槨を採用しているので、騎馬民族の可能性はあるだろう。

三、卑弥呼の鏡

「卑弥呼の鏡」とよばれる鏡がある。中国の魏の王が卑弥呼にあたえた「銅鏡百枚」にあたるとされるのが三角縁神獣鏡であるという。

三角縁神獣鏡とは、鏡の縁の断面が三角形で、鏡の裏に神と獣を描いた径二二センチ前後の円形の青銅鏡である。

日本では、主として前期古墳に副葬されており、すでに全国から四〇〇面以上も出土している。しかし、中国からは一面も出土していない。

古墳出土鏡の中で三角縁神獣鏡がとくに注目されているのは、同型の鋳型でつくられたと思われるほぼおなじ文様をもつ鏡が、全国各地の古墳に分有されていることによる。

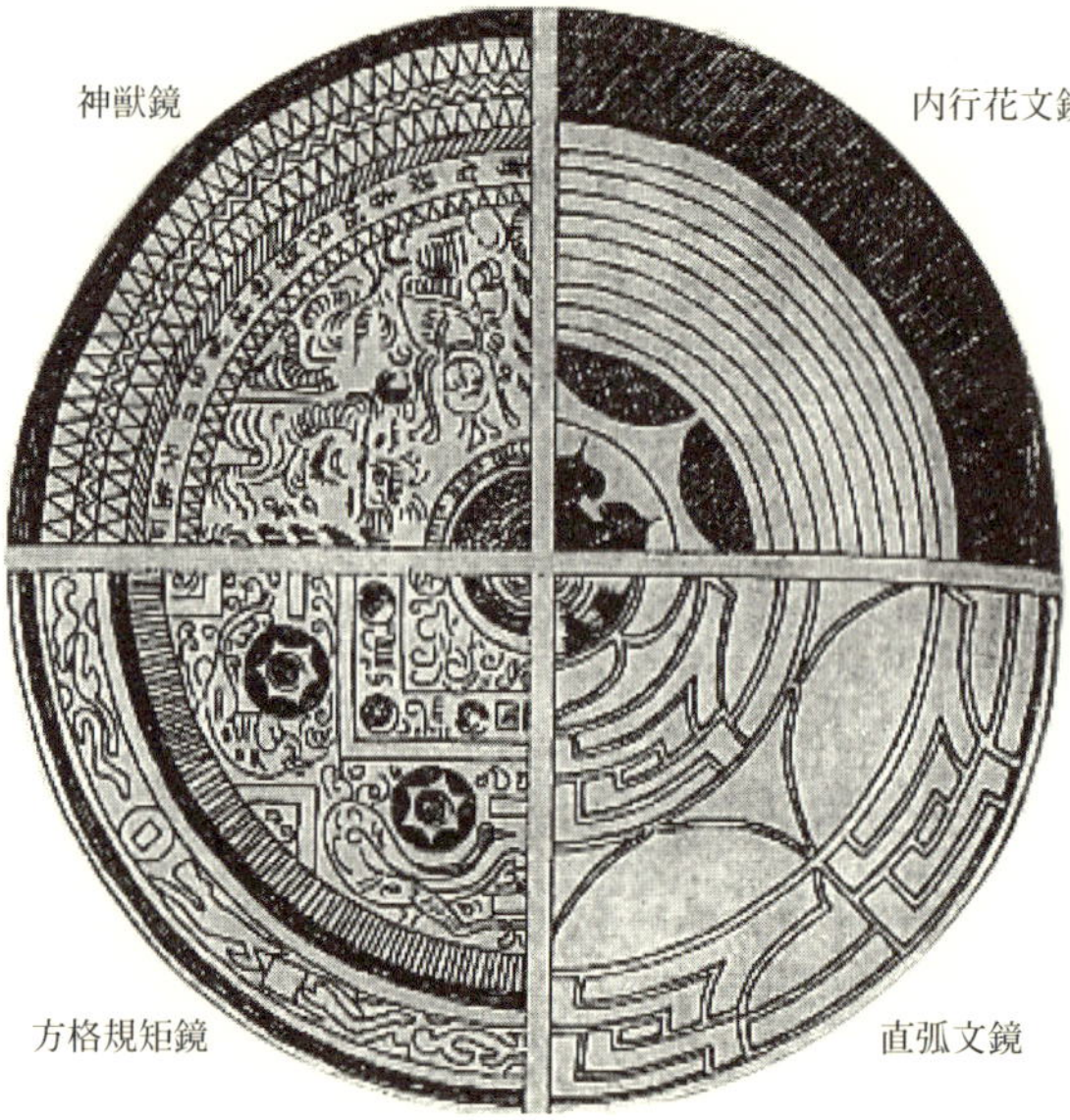

図127　鏡の種類

この事実から、大和政権が鏡を各地の豪族に服属の証として配布したと考えられていた。

これにたいして、古事記、日本書紀には鏡を下賜する記事がまったくなく、逆に、地方豪族から鏡が献上される記事があることが指摘されている。

四、三角縁神獣鏡の謎

三角縁神獣鏡は、古墳出土鏡の中でもっとも数量が多いし、分有関係があることも事実である。

しかし、はたして大和政権が各地の豪族に配ったというような重要な鏡だったのであろうか。

ここに二つの問題点を紹介しよう。一つは、三角縁神獣鏡が方形周溝墓から出土していることであり、もう一つは、三角縁神獣鏡がほかの鏡となんら区別されることなくあつかわれていること、この二点である。

一番めの例としては、一九八〇年六月、福岡市藤崎《ふじさき》遺跡の四世紀の六号方形周溝墓から三角縁二神二車馬鏡(神獣鏡の一種)が出土したことである。

四世紀には、地域の王は長突円墳などの高塚を築いており、方形周溝墓の被葬者とは各段の階層差をみせつけている。卑弥呼から豪族に配られたと考えられている三角縁神獣鏡が、どこにでもある方形周溝墓に副葬されていていいのだろうか。

三角縁神獣鏡を重視する立場からは、「大和政権から鏡の配布を受けた北部九州の王が、方形周溝墓の被葬者に再配布した」という解釈がありうるが、そのばあい、古墳の形や大きさにもとづく三角縁神獣鏡分有論の再検討が必要となろう。

また、「北部九州の方形周溝墓の被葬者は別格であった」という解釈も無理がある。もっともすなおな理解は、三角縁神獣鏡は、方形周溝墓の被葬者でももつことができる程度の鏡である、ということであろう。

五、政治活動か商業活動か

さてつぎに第二の点は、出土状況のわかる三角縁神獣鏡出土古墳のうち、同鏡が特別の扱いを受けていると思われる例は、福岡県二丈町の一貴山銚子塚《いきさんちょうしづか》古墳など少数にすぎないことである。

それにたいして、三角縁神獣鏡をふくむ複数の鏡を副葬している多くの古墳は、なんら特別な扱いをしていない。頭部に置くのが貴重な扱いであれば、兵庫県朝来市の城の山古墳のように、足もとに置いている例などはありえないことであろう。

鏡そのものから型をおこし、大量に生産された鏡は、必然的に多くの古墳被葬者の手にわたり、やがて副葬される。そこにしめされた分有関係は、かならずしも政治的関係をしめすわけではなく、鏡製作者の活動範囲をしめしている、と考えることもできる。

鏡製作者の活動が、政治行動なのか商業活動なのかが意見の分かれる点であろう。

第五章　古墳の被葬者

一　被葬者伝承と学説

一、被葬者伝承と学説

昭和八年(一九三三)、「明治時代の古物愛玩趣味が京大考古学教室にさえ残っていた(頃)浜田先生は『日本の考古学も、いつまでも古墳遺物をあさっているときではあるまい。このあたりで研究の視点を変えよう』といわれて」明日香村石舞台古墳の発掘調査が行なわれた(1)。そして、昭和一二年(一九三七)に刊行された報告書『大和島庄石舞台の巨石古墳』には、「石舞台古墳被葬者の問題」という一節が設けられ、「蘇我馬子墓」の可能性が指摘されている(2)。

蘇我馬子墓については、日本書紀は次のように伝えている。

(推古天皇三四年五月)

蘇我「大臣薨せりぬ。仍りて桃原墓に葬る。

――飛鳥河の傍に家せり。乃ち庭の中に小なる池を開れり。仍りて小なる嶋を池の中に興つ。故、時の人、嶋大臣

と曰ふ」(3)

これによって、古くから谷川士清らは「島庄村の荒墳」を蘇我馬子墓とし、明治四五年(一九一二)に喜田貞吉は、「島大臣の邸宅の地なる島の庄に於て、非常に壮大なる墳墓ありて、……其の墳墓の形式が島大臣時代のものに相当することを確かめ得る以上は、……馬子の桃原墓なる可し」と考証した(4)。

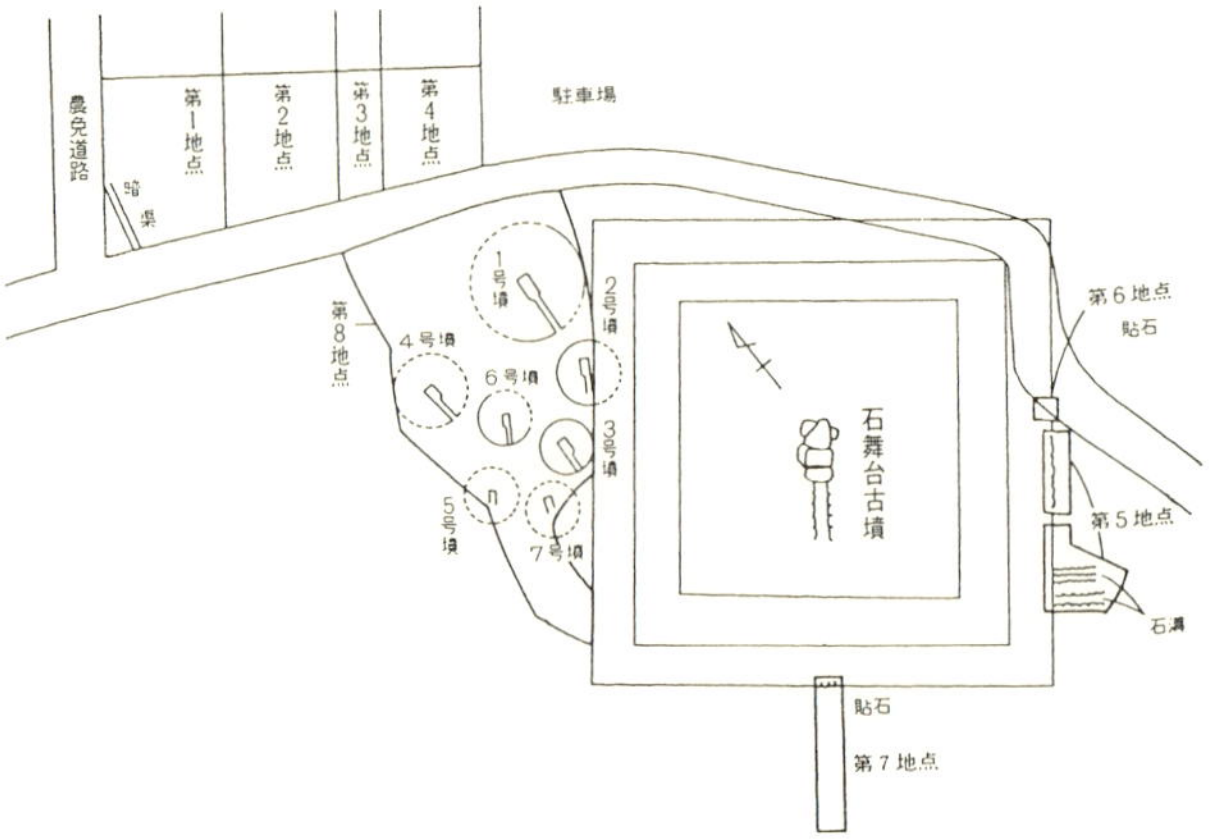

図128　石舞台古墳周辺発掘調査の略図

末永先生は、昭和五年(一九三〇)以降の吉野町宮滝遺跡の調査によって、持統天皇の吉野宮推定地である宮滝に建物に関連する敷石遺構を検出し、昭和八年の石舞台古墳調査のときに島の庄の岡本亭の池庭に同様の敷石があることに注目された。

昭和四七年(一九七二)、末永先生の指示をうけて島の庄遺跡を調査中の秋山日出雄は、ついに一辺四二メートルの方形池を検出した。方形池は、七世紀初めから末頃を中心とし、幅一〇メートルの堤と石垣で囲まれ、池底は一面の敷石であった(5)。七世紀の方形池は、蘇我馬子の嶋宅か草壁皇子の嶋宮が島庄に存在する可能性を高め、近接する石舞台古墳蘇我馬子墓説を補強することとなった。

石舞台古墳は蘇我馬子墓であろう、という前提でみると、いくつかの時代背景が浮かびあがる。墳丘は一辺五三メートルの方墳か上円下方墳で、同時代の天皇陵と比較すると山田高塚古墳(推古陵)

の一辺七五メートル、春日向山古墳（「用明陵」）の一辺六五メートルに次ぎ、崇峻天皇陵とされる赤坂天王山古墳の一辺四六メートルをこえている。上円部が破壊され、石室が露出しているのは、蝦夷・入鹿の横暴に対する大化改新後の懲罰とする喜田貞吉説は理解しやすい。昭和五〇年（一九七五）の石舞台古墳周辺調査によって、七基の横穴石室墳が検出され、うち二基が破壊されて石舞台古墳の周堤下に埋没していた(6)（図１２８）。六世紀後半～七世紀初頭の古墳を六二六年死亡の馬子墓造営に際して破壊するという行為は、全国的にみても極めて特異であり、「蘇我氏の横暴」を象徴する。

なお、森浩一も指摘しておられるように、石舞台古墳には伝承としての蘇我馬子墓説はなかった。「明治時代に奈良県の古墳を徹底的に調査した野淵龍潜も『惜ムラクハ口碑伝説其他考証ニ資スベキモノナキヲ以テ考査スルヲ得ズ』としている」(7)。むしろ、伝説としては、幕末の嘉永元年（一八四八）刊行の『西国三十三所名勝図会』に「天武帝殯古趾」とあり、馬子との関係は語られていない。

古墳被葬者伝承として古いのは、前期古墳では箸墓《はしはか》、後期古墳では筑紫君磐井墓であろう。日本書紀崇神天皇条のヤマトトトヒモモソヒメ墓とされる箸墓は、奈良県桜井市箸中山古墳であろうが被葬者は伝承上の人物であって不明である。しかし、近年の考古資料では三世紀後半の長突円墳であり、倭国女王、壱与（台与）墓の可能性がある。その場合、伝承上の「ヒメ」と被葬者像が一致する。

筑紫君磐井墓については、『筑後国風土記』に詳しい伝承があり、福岡県八女市岩戸山《いわとやま》古墳に当てられている(8)。岩戸山古墳が磐井墓であれば、ヤマトと戦い、生前築墓の磐井墓がヤマト政権のシンボルとされる長突円墳であることに大きな矛盾がある(9)。伝承と学説が一致する磐井墓の矛盾は、長突円墳をヤマト政権のシンボルとする通説が間違っていることを示唆している。

二、装飾古墳と高句麗人

主として北部九州と関東・東北南部に分布する装飾古墳には、三角文や円文などの幾何学的文様と人物や動物などの具体的文様などが描かれている。全国五七八基の装飾古墳（横穴・石棺を含む）のうち、人物を描くのは一一四基で、府県別にみると大阪一九基、熊本一八基、千葉一六基、神奈川一五基が顕著である(10)。しかし、同じ人物を描いていても、腕を広げ、脚を開く一定パターンで墓を守護するかのような描き方（熊本県の横穴――鍋田横穴など）や頭部中心で手足は数本の線やこけし型に表わすもの（宮崎県や神奈川県の横穴など）、他の画題が主題で人物は小さく描かれるもの（福岡県王塚古墳など）などの差異がある。装飾古墳の画題は、円文・三角文・双脚輪状文や馬・船のように遠隔地の古墳の間に一定のパターンをもつ類型と魚や木葉のように地域色をもつ類型があるが、人物は後者に属するようだ。そのような傾向の中で、次の七基の古墳に描かれている人物には地域をこえた共通性があり、注目したい（表9）。

〝共通する人物表現〞とは、脚結《あゆい》でしめたダブダブズボンであり、加えれば帽子と沓である。竹原古墳の人物は、画面中段にあって馬よりも大きく描かれる。「馬を引く人物は、……黒い烏帽子に似た尖り帽をかむり、大きな美豆良《みずら》は端が折り上げられている。……衣《きぬ》は黒で表わされ、胴がしまって裾が開いている。

表9　高句麗人を描く装飾古墳

古墳名	府県	墳形(m)	埋葬施設	文　様	施文方法	時期
竹原古墳	福岡	円(18)	横穴石室	天馬(怪獣)、人、サシバ、鳥、船	彩色	6C後半
五郎山古墳	〃	円(32)	〃	靫、船、家、人	〃	
鳥船塚古墳	〃		〃	人、船、鳥、盾、円	〃	
瀬戸14号	〃		横穴	船、馬、人、鳥、円	〃	
宮が尾古墳	香川	不明	横穴石室	人、船、騎馬	線刻	6C後半
高井田2-6号	大阪		横穴	人、船	〃	6C中葉~7世紀
清戸迫76号	福島		〃	人、馬、鹿、犬	彩色	7C前半

……大きくふくらんだ褌《はかま》（引用者註、ズボン）の輪郭は赤で表わされ、脚は脚結で締められていると見られ、はいている履《くつ》の爪先がはね上った微細な形もよく表現している」（11）。

福島県東海岸（浜通り）の清《きよ》戸《と》迫《さく》七六号横穴の奥壁に同様の人物が立っている。頭頂に突起のある帽をかぶって、ミズラをはね上げ、ふくらんだズボンをはいて爪先の上がったクツをはく。最大の人物の肩には大きな渦巻きがとり付き、その下には小さく狩猟図が描かれている。

図129　宮が尾古墳の線刻画

福岡と福島の間には、瀬戸内中部と大阪湾にふっくらズボンの人物がいる。一群の絵画は香川県善通寺市宮が尾古墳で、人と船と騎馬人物が横穴石室の奥壁に線刻されている（図129）。最大の人物は最下段に立ち、頭には突起があって、ふっくらズボンをはいている。船は上下に八〜九艘描かれるが下方の船がより大きい。中段には疾走する騎馬人物と漕ぐ船が（向かって）左に進み、上段に棒をもつふっくらズボンの人物像が小さく描かれる。全体に下段の絵が大きく上段の絵が小さい。下段が地上であれば上段が天上、下段が現世であれば上段は来世になるが、最大の人物が被葬者で、今まさに来世への船に乗りこもうとしているようにも見える。佐原眞は、高松塚古墳の絵画と竹原古墳の絵画を比較して、「高松塚古墳の絵は、中国唐からの直伝の可能性が大きい」として、「高句麗古墳の壁画にも、……配列による遠近法的表現はなお未発達である」と指摘し、したがって、六世紀までの日本列島には遠近法的画法はないことを示唆された(12)。しかし、宮が尾古墳の線刻画は、さきに見たように時間と空間の遠近を描き分けており、日本装飾古墳や高句麗壁画古墳の見直しが必要となる。なぜなら、竹原古墳の絵画は、金関丈夫が指摘しておられるように龍媒説話にもとづいて神馬の子を得ようとする場面であって、高句麗系の渡来人によって描かれた、とされており(13)、その中のふっくらズボンの人物が宮が尾古墳の絵画の中に数多く登場しているからである。

大阪府高井田二―六号横穴(「人物の窟」)の左右の羨道壁面に著名な人物群と船が描かれる(14)。人物は、左壁下段のスカートをはいて「袖振る女性」のほか、とんがり帽子にふっくらズボンと爪先上がりのクツで共通し、左壁上段の船上とその横の人物は権威のシンボルである大帯をしめている。高井田横穴群は六、七世紀の渡来人の墓地であるとすれば、ふっくらズボンは渡来人の服装である可能性が高まり、大帯をもつ階層者を含んでいたことになろう。

高句麗・安岳三号墳の行列図に四世紀中葉の武人が描かれている。とくに甲冑を着て、盾と矛を持つ武人たちの出《いで》立《たち》は、日本列島のふっくらズボンの人々との共通点が多い。

①頭頂に立飾りをもつこと

②(あまりふくらんではいないが)膝上と膝下で着衣が異なること(半ズボンで長靴らしい)

③よろいが縦縞で表現されていること(竹原古墳と宮が尾古墳の大きい人物)

ふっくらズボンは、半ズボンの日本的変容と考えれば、竹原古墳から清戸迫横穴にいたる絵画は、高句麗の武人が好太王碑(三九一年)にいう倭の朝鮮侵攻と戦勝を契機に、船と馬をもって日本列島に進出し、列島各地に定着した姿とみることができる。彼らは北部九州では、装飾古墳の中枢地である筑後川流域には入らず、近畿では河内と大和をつなぐ要地を占めながら大古墳をつくらず、東北南部では陸路中枢の中通りではなく浜通りに占地するなど、各地域の重要な周辺を占めている。文献史の上からは、彼らの中から政権中枢に加わった一団が存在することは、十分に考えられる。

〝ふっくらズボン〟を高句麗と強く結びつけたが、中国・北魏の神亀年間(五一八~五一九年)の石槨刻画などにもあるし(15)、遠くは胡人の風習とも関連するので一層の検討が必要であろう。

三、金銅製副葬品と被葬者

奈良県斑鳩町藤ノ木古墳は、六世紀後半の金銅製副葬品の豊富な古墳として著名である。しかし、墳丘は長突円墳でなく径四八メートルの円墳であり、横穴石室は全長一四・五メートルで奈良県下一四位である。全長一四・五メートルをこえる横穴石室は、福岡県宮地嶽《みやじだけ》古墳(二二・八メートル)、岡山県こうもり塚古墳(一八・八メートル)、京都市蛇塚古墳(一七・八メートル)、山梨県姥塚古墳(一七・五メートル以上二六・四メートル?)など数多い。つまり、藤ノ木古墳の横穴石室の規模は、トップグループには入らず、第二グループに属する。ところが、副葬品の中でも鞍金具は勝部明生が述べる通り極め付きの優品である(16)。

私は被葬者のランクは、墳丘の形態・規模と埋葬施設に表現されており、副葬品は職掌や経済力などを表わすと考えている。したがって、藤ノ木古墳の被葬者は、大王を含む全国レベルのトップグループには入らないが、地域豪族のトップグループがふさわしい。例えば、発掘中に最初に名前があがった在地豪族に膳臣傾子《かしわでのおみかたぶこ》がいる。傾子は、聖徳太子妃・菩岐々美郎女の父であり、日本書紀によれば欽明三一年(五七〇)に越国で高麗使を迎え、用明二年(五八七)には蘇我馬子の物部守屋討伐軍に加わっている。没年は明らかでないが五九〇年前後であろう。膳氏には傾子より前に膳臣巴提便《はすひ》がおり、欽明六年(五四五)に百済に遣わされていて、高句麗や百済との接触の多さが眼につく。したがって聖徳太子を斑鳩に迎えた在地豪族にふさわしい。ただし、石棺内の人骨は、一七～二五歳と二〇～四〇歳の二人の男性であり、傾子は素直には適合しない。

四、大王陵・「天皇陵」発掘と被葬者

今城塚《いましろづか》古墳(継体陵)、橿原丸山古墳(欽明陵)、中尾山古墳(文武陵)などが調査によって真の大王陵・天皇陵であることが明らかになりつつある状況は十分に読みとれる。大王・天皇以外でも、筑紫国造磐井(岩戸山古墳)、典曹人无囮弖(江田船山古墳)、杖刀人首乎獲居(埼玉県稲荷山古墳)、蘇我馬子(石舞台古墳)など、個人名を検討できる古墳が増加している。

古墳の被葬者、あるいは被葬者像が七〇%をこえる確率で特定できるようになるとその効果ははかりしれない。磐井の墓が岩戸山古墳であれば、ヤマト政権と戦い継体二二年(五二八)に死亡した筑紫国造は一族の墓域に全長一三二メートルの長突円墳に葬られ、石人石馬を立て並べている、という一つの基準が確定する。それによって、ヤマトと敵対しても長突円墳をつくっていることや、石人石馬の分布圏が磐井政権の範囲であることがわかる。埋葬施設が調査され、その形態と規模、副葬品の内容が明らかになれば、六世紀の地域政権の実態が具体的に復原できる。文献に描かれている新羅との連携が、副葬品にどの程度反映されているのか、いないのかも検証され、他の古墳の外来系副葬品の解釈に大きな影響を与えるであろう。

磐井墓を一例としてとりあげ、古墳被葬者が判明した場合の波及効果を描いたが、このことは平城宮跡を計画的に調査し、その上で各地域の国府や郡衙の調査を進めて古代社会の統治機構を追究している現在の研究状況に照らして

も、極めて必要な調査であり、研究である。古墳被葬者の特定は、単なるロマン追想ではない。

註

(1) 末永雅雄「石舞台古墳と蘇我馬子」『末永雅雄先生―常歩無限の一生―』大阪狭山市、一九九二年
(2) 浜田耕作『大和島庄石舞台の巨石古墳』京都帝国大学文学部考古学研究報告　第一四冊、一九三七年
(3) 日本古典文学大系『日本書紀』岩波書店、一九六五年
(4) 喜田貞吉「蘇我馬子桃原墓の推定、稀有の大石槨、島の庄石舞台の研究」『歴史地理』一九―四、一九一二年(註2文献より)
(5) 秋山日出雄ほか『嶋宮伝承地』奈良県教育委員会、一九七四年
(6) 伊藤勇輔「石舞台古墳」『大和の考古学五〇年』学生社、一九八八年
(7) 森　浩一『古墳と古墳文化99の謎』二二一頁、産報、一九七六年
(8) 森　貞次郎『九州の古代文化』六興出版、一九八三年
(9) 石野博信『古墳時代史』一一一頁、雄山閣、一九九〇年
(10) 国立歴史民俗博物館編『装飾古墳の世界』朝日新聞社、一九九三年の一覧表(二三一～二四四頁)を集計した。
(11) 森　貞次郎「福岡県鞍手郡若宮町竹原古墳の壁画」『九州の古代文化』所収、四一五頁、六興出版、一九八三年
(12) 佐原　眞「竹原古墳と高松塚古墳の絵を比べる―装飾古墳壁画の二つの様式―」『装飾古墳の世界』所収、一四五頁、一九九三年
(13) 金関丈夫「竹原古墳奥室の壁画」『ミュージアム』二一五、一九六九年
和田　萃「古代史から見た装飾古墳」『装飾古墳の世界』所収、一五九頁、前掲
(14) 和光大学古墳壁画研究会『高井田横穴群線刻壁画』一九七八年
(15) 蘇哲「北朝墳墓の被葬者肖像」『季刊考古学』六八、一九九九年
(16) 勝部明生「奈良県藤ノ木古墳」『季刊考古学』六八、一九九九年

二　古墳と被葬者

古墳の被葬者を特定することはできるだろうか。日本列島二〇万基の古墳の中で、被葬者が推定できるのは五、六基に限られる。岩戸山《いわとやま》古墳、聖徳太子磯長《しなが》墓、天武・持統合葬陵などであろうか。考古学者は被葬者名がわからないのは当然のこととしてきた。いつまでもそれでいいのだろうか。仮りに、被葬者個人の名前がわからないとしても、古墳の諸要素から人物像を描くのは研究者の仕事の一つであろう。その場合、古墳の諸要素の一つ一つが問題になる。墳丘の形や大きさ、埋葬施設、副葬品等々である。

具体的には、地域最大の長突円墳の被葬者は地域のトップなのか。銅鏡をたくさん持っている人は上層者なのか……。平野の古墳は農耕民で、海岸の古墳は海洋民なのか……。被葬者像を検討する場合のキーワードは沢山あるが、その確かさはきわめて危うい。

一、墳丘形態と規模――全長一〇〇メートルの長突円墳と径一〇〇メートルの円墳はどちらが優位か

奈良県五条市に五世紀を中心とする近内《ちかうち》古墳群がある。径八五メートルの近内鑵子塚《かんすづか》古墳を盟主墳とする五〇基余の古墳群で、円墳と方墳が主体で長突円墳は全長三〇メートル未満のもの一基だけである。「前方後円墳体制」があったとすれば、同体制は大和の一部にも及んでいないことを示す事例であるが、むしろ、「前方後円墳体制」なるものは存在しないことを示している、と理解すべきであろう。

いずれにせよ、近内古墳群では大円墳が盟主であり、その優位はゆるがない。同様に埼玉県の埼玉《さきたま》古墳群が全国最

大の円墳である丸墓山古墳から始まることもまた重要である。テーマとして掲げた全長一〇〇メートルの長突円墳と径一〇〇メートルの円墳は、土木量からみて明らかに円墳優位であり、他の要素からの検討が必要になる。

三、四世紀の大型長突円墳が集中する奈良県天理市・桜井市のおおやまと古墳集団では、長突円墳が優位を続けている。しかし、その中でも全長一〇〇メートル級の長突方墳が含まれていて古墳集団内での被葬者の動態は単純ではない。

二、墳丘の形態・規模と副葬品

佐賀県唐津市久里双水《くりそうずい》古墳は、調査前からマスコミの注目を集めた。それは全長一〇八・五メートルの唐津平野最大の前期長突円墳だったからである。調査結果は意外であった。埋葬施設は長さ二・六メートルの小型竪穴石室で、副葬品は鏡一面と管玉と刀子だけであった。石室と副葬品で判断すれば、久里双水古墳は西日本のどこにでもある小古墳の一つにすぎない。

他方、京都府京丹後市の尾根上にある大田南古墳群の中の五号墳から青龍三年銘鏡が出土して世間の注目を集めた。青龍三年(二三五年)とは、中国・魏の年号で倭の女王・卑弥呼が魏に遣使する景初三年の四年前に当たる。つまり、青龍三年銘鏡は日本の古墳出土鏡約三、八〇〇面のうちたった一二面しかない年号鏡であるだけではなく、邪馬台国問題を検討する上でも重要な鏡である。これほど重要な鏡が、尾根の一方に溝を掘ってできた長径八メートル余の平坦面につくられた箱形石棺から出土した。このような階段状の小規模墳は丹後や但馬ではどこにでもある。

唐津平野最大の長突円墳と丹後の小規模古墳の例をあげたが、それぞれの被葬者が生前にはたした社会的役割や地位を正確に推測することができるだろうか。

私は、墳丘の大きさを重視したい。副葬品の質や量よりも墳丘規模が政治的身分を表示しているのではないか。五世紀後半の奈良県橿原市新沢千塚《にいざわせんづか》一二六号墳は、金製透彫方形板・金製歩揺・青銅製火熨斗《ひのし》・ガラス製埦・皿など国際色豊かな副葬品群を持っているが長辺約二〇メートル余の長方形墳である。これらの副葬品は、政治的地位よりも朝鮮半島人という出自か外交担当者という職掌を表わしているのであろう。

三、柩《ひつぎ》と被葬者――割竹形木棺は大王の柩か

古墳時代には棺制があるという。身分によって使用する棺が定まっている、と考えられているのだろう。大王はコウヤマキ製の割竹形木棺というように。三、四世紀の全長一〇〇メートルをこえる長突円墳の木棺材は、奈良県桜井茶臼山古墳(全長二一〇メートル)や同県天理市下池山古墳(全長一一五メートル)などでコウヤマキと認定されている。しかし、割竹形木棺かどうかには疑義がある。桜井茶臼山古墳の場合、身と蓋となるべき部分が一木のまま棺側材として立ったまま遺存している写真が報告書に掲載されている。同報告書では割竹形木棺として報告されているが、明らかに蓋と側板と底板が別材で作られた組合式木棺であることがわかる。しかし、箱形でないことは遺存側板が外弯していることからわかるし、底板が外弯していたことは粘土床の圧痕でわかる。つまり、棺形態は、組合式長持形木棺となる。四世紀末以降には大王の柩として組合式の長持形石棺が使用されるが、その先駆形態と考えてよい(1)。

ただし、下池山古墳については別種の棺形態が復原されている(2)。調査担当者の一人である岡林孝作は、遺存棺材を詳細に観察した上で、遺体埋納部分だけを刳り抜いた従来とは異なる舟形木棺を提唱した。時代も地域も異なるが中国四川省重慶市広元崖墓から検出された春秋期の舟形木棺は、岡林復原の舟形木棺の祖型になりうるほどよく類似している。今後、検討されるべき棺形態の一つであろう。

従来の割竹形木棺は、丸太を半截して中を刳り抜き、身と蓋として合わせたものと解説されている。このような木棺の実例はないが、大阪府柏原市安福寺所在の割竹形石棺があることと、粘土床に印された木棺圧痕断面が正円形に近いものは割竹形木棺になる可能性がある。さらに可能性としては、福岡県那珂川町妙法寺古墳の木棺に類似したU字底刳抜式箱形木棺が想定できる。三、四世紀の古墳被葬者を棺形態から追究するときには、以上四形態の木棺を区別した上で検討すべきであろう。

以上の棺形態から被葬者像を想定すれば、四世紀末の初期の長持形石棺をもつ大阪府藤井寺市津堂城山《つどうしろやま》古墳（全長二〇八メートルの長突円墳）から始まる古市古墳群＝「河内政権」の大王の柩の先駆となる長持形木棺、瀬戸内海や日本海の「海導者」を祖先伝承に持つ舟形木棺の二者が浮かびあがる。とくに後者は、神武東征伝承に登場する速吸之門の海導者、椎根津彦がのちに倭直になったという伝承（神武紀即位前紀）と対比しうる。もちろん神武伝承は史実ではないが、記紀編さん段階に大和に土着した「海導者」の伝承があったことは事実であろう。「海導者」が中国長江流域の海洋民と関連するかどうかはこれからの課題であろう。

図130　木棺（奈良県桜井茶臼山古墳）

四、鏡・剣・玉と被葬者

鏡の多量副葬

奈良県天理市黒塚古墳（全長一三〇メートルの長突円墳）で、棺側から三三面、棺北側から一面の三角縁神獣鏡が、棺内頭部から一面の画文帯神獣鏡が検出された。直ちにマスコミは、京都府山城町椿井《つばい》大塚山古墳の被葬者とは別に、ヤマト政権中枢地にも鏡の配布者が存在したという複数の研究者の見解を報じた。この考えは、黒塚古墳の三角縁神獣鏡は中国製であり、列島内の各豪族に配布したことを前提とする解釈である。仮りにそうであったとしても、黒塚古墳は四世紀第1四半期（布留1式）、椿井大塚山古墳は四世紀第3四半期（布留2式）であるので三角縁神獣鏡の配布と副葬が継続している時期に当たる。この時期に公の鏡配布者が公の鏡を個人墓に多量に持ち込むことは公有物の横領である。もし、鏡配布の功績によって大王から多量の鏡を下賜されたというのであれば、東南一〇〇メートル余にある天神山古墳（全長一一三メートルの長突円墳）は、三角縁神獣鏡入手以前の古墳にしなければならない。天神山古墳には二三面の銅鏡が副葬されていたが三角縁神獣鏡は一面もないからである。しかし、鏡の組合せ以外には天神山古墳を古くする要素は何一つない。むしろ、おおやまと古墳集団の中で、萱生《かよう》古墳群と纒向《まきむく》古墳群には弥生時代以来の伝統的葬具である特殊器台があるのに対し、黒塚古墳や天神山古墳を含む柳本古墳群には特殊器台がない。つまり、群全体として弥生的祭祀を払拭した段階の大王とその一族の葬地と理解すべきである。このように考えると天神山古墳だけを三世紀代に押し上げることはできない。

要するに、黒塚古墳と天神山古墳の被葬者は、行燈山《あんどんやま》古墳（「崇神陵」）グループの中でほぼ同時期に活動していた。それなのに副葬鏡の種類が全く異なるのは新鏡信奉者・黒塚と旧鏡信奉者・天神山の差、ひいては新旧の差が生じうるような両者の職掌による差と考えてはどうだろうか。

刀剣と玉

近畿の三つの古墳にこだわりすぎたが、鏡の多量副葬と被葬者の役割を再検討すべき段階の一提案としておきたい。

前期古墳には鏡・剣・玉の呪術具が、中期古墳には甲冑・刀剣といった武器が、それぞれ副葬品の特色として強調されてきた。そして、武器を多く持つ被葬者は武人＝男性で、玉を多く持つ被葬者は司祭者＝女性とされてきた。

ここで再び黒塚古墳と椿井大塚山古墳にこだわることとなる。両古墳は、三角縁神獣鏡の組合せ、冑、比較的多量の刀剣の副葬と玉類を欠くという点で被葬者の共通性が強調されている。鏡配布者か否かは別としても、武人＝男性のイメージが強い。

はたしてそうだろうか。記紀神話では、アマテラス大神は、荒ぶる弟神、スサノオを迎えうつために靫（ユギ）を負い、弓矢をもって身構えたという（記上巻）。さらに記紀の世界では、各地に女首長（紀伊の名草戸畔《とべ》など）がおり天皇軍と戦ったとされている。

熊本県宇土市向野田古墳（全長八九メートルの長突円墳）の中心主体である舟形石棺に女性の遺骨とともに鏡三面（方格規矩鏡・内行花文鏡・仿製四獣鏡）と車輪石などがあり、石棺と石室の間には刀剣八本などが副葬されていた。黒塚古墳の場合も棺内には鉄刀二本で多量の刀剣は鏡とともに棺外品であった。

向野田古墳をはじめ、女性人骨があって武器をもつ前・中期古墳が各地に認められることと、記紀伝承から玉類がなく武器が多い古墳被葬者を直ちに男性とすることは危険である。

五、文献史と前・中期古墳の被葬者

一九七八年の埼玉県稲荷山古墳の鉄剣銘文の発見によって古代文献から前・中期古墳の被葬者を推定することが許容されるようになった。

同銘文には「被葬者」ヲワケ臣に至る八代の祖先の名が記されている。銘文記載の辛亥年を四七一年とし、一代を二〇年として計算すると初代のオオヒコは三一一年となる。五世紀後半の豪族が四世紀前半に及ぶ祖先伝承を保持していたことがわかる。四世紀前半は行燈山古墳（「崇神陵」）、渋谷向山古墳《しぶたにむかいやま》（「景行陵」）の段階であり、年代的には崇神紀に記されている四道将軍伝承がよみがえる。伝承では、崇神一〇年に大彦命《おおひこみこと》を北陸に、武渟川別《たけぬなかわわけ》を東海に、吉備津彦《きびつひこ》を西道に、丹波道主命を丹波にそれぞれ派遣した。すでに指摘されているように、鉄剣銘文の竟冨比垝＝オオヒコが崇神紀の大彦命と一致するとすれば、五世紀後半にオオヒコの実在が信じられており、北陸に派遣されていたことになる。

近年、塚口義信は、古代史の立場から桜井茶臼山古墳やメスリ山古墳の被葬者を特定する作業を進めておられる(3)。いよいよ、前期古墳の被葬者名を特定するのは荒唐無稽という先入観を捨てる時が来たのだろうか。

註

（1）石野博信『古墳時代史』雄山閣、一九九〇年、一〇九頁

（2）奈良県立橿原考古学研究所編『下池山古墳・中山大塚古墳』学生社、一九九七年

（3）塚口義信「桜井茶臼山古墳・メスリ山古墳の被葬者をさぐる」『つどい』九一、一九九六年

あとがき

私は、女王・卑弥呼の登場とともに新しい宗教と政治体制が生まれ、古墳時代が始まったと考えている。「序章　弥生から古墳へ」ではその点を、墓と居館と祭祀から概括した。墓は円丘墓中心に、居館は方形区画へ、祭祀は祭場の固定へと展開した。

そして第一章は、古墳時代の総論であり、古墳時代を考える上での主要な項目をあげ、現在の研究状況と私見を述べた。

第二章から各論に入る。

古墳時代の豪族居館は、弥生時代の屋敷とどう違うのか、居館内の祭祀とムラの祭祀、あるいは個人の住居内祭祀を紹介し、国家的祭祀への展開を考えた。

第三章は古墳そのものについての通説を批判的に検討した。

古墳には様々な形と大小がある。古墳の形は身分や職掌を表わしているのか。

墳丘に樹立されている様々な形の埴輪と墓室に描かれている絵画は、何を語ろうとしているのか。五、六世紀の奇妙なズボンとクツをはく人物はどこからやって来たのか。五世紀には騎馬民族は確実に来ている。しかし、どの程度、列島に浸透し、政権に近づいたのか。

第四章では三章までの通説批判をいったん休けいし、古墳はどのように造られたのかを発掘事実をもとに簡明に紹介した。古墳築造は土木工事であり、巨石一つを運ぶためにも工夫が必要である。

そして第五章は、だれもが知りたいけれどもなかなかわからないこと、――古墳に葬られたのは誰か？に挑戦した。

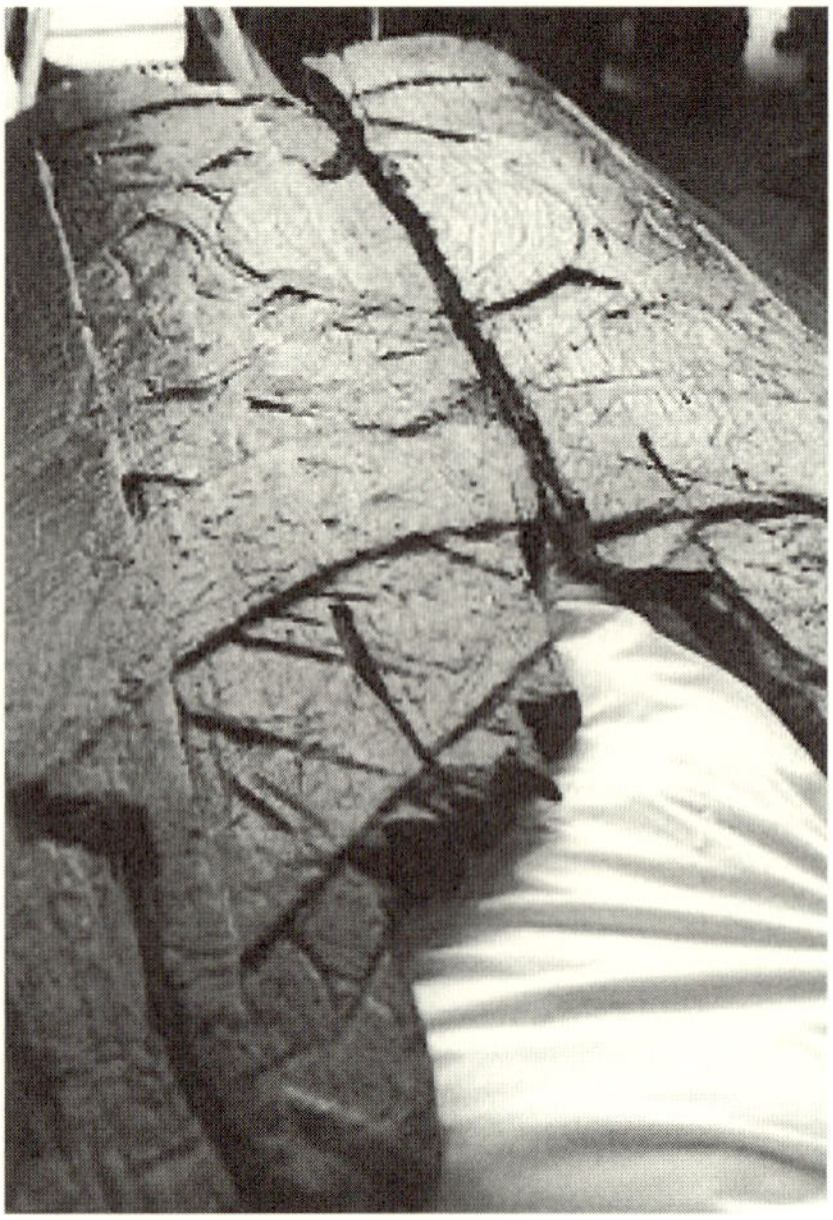
図131　奈良県巣山古墳周濠出土の木製品

個人名は無理な場合でも、文人か武人か、農民か海民かなど、被葬者の性格にどこまでせまれるものか。

最後に、本書の新しい提案を二つだけ要約して〝まとめ〟としたい。

一点は、すでにお気づきのように、本書では江戸時代以来の「前方後円墳」という呼称を廃止し、長突円墳（長い突起の付いた円墳の略称）とした。その理由は、序章の冒頭で述べた通りである。それは一部で言われている「前方後円墳体制」論や「前方後円墳国家」論への批判である。

二点は、一九九〇年に提唱した奈良県桜井茶臼山古墳などの長持形木棺が、五世紀の大王の柩の先駆形態とした点である。そうであれば、五世紀の大和政権の河内進出を根拠づけることになる。なお、二〇〇五年に奈良県巣山古墳の周濠から船の部材が出土し（図131）、船形の喪輿による柩の運搬を推定したのは今後の課題である。今後、新しい資料によって私の古墳時代への考えを訂正することがあるとしても、「前方後円墳」論だけですべてが解決しないことだけは確かである。

本書を作成するに当たり、㈱雄山閣の宮島了誠氏をはじめ関係する出版社の方々にはずい分お世話になった。感謝します。

二〇〇六年五月吉日

石野博信

『古墳時代を考える』初出一覧

序　章　弥生から古墳へ　『季刊考古学』別冊11、雄山閣、二〇〇三年
第一章　古墳時代を語る　『古墳時代の研究』第一巻、雄山閣、一九九三年
第二章　豪族居館と祭祀
一　集落と居館　『古墳時代の研究』第二巻、一九九〇年
二　居館と祭祀　『歴史と旅』第二三巻第六号、秋田書店、一九九六年
三　生活と祭祀　『古墳時代の研究』第三巻、一九九一年
第三章　古墳は語る
一　古墳の形が意味するもの　『季刊考古学』第四〇号、一九九二年
二　形象埴輪と装飾古墳　『古墳時代の研究』第九巻、一九九二年
三　長突円墳（前方後円墳）は大和王権の政治的記念物か
　　『季刊考古学』第九〇号、二〇〇五年
四　古墳・集落と騎馬民族　『歴史と旅』第二一巻第一九号、秋田書店、一九九四年
五　前期古墳の新事実　『季刊考古学』第五二号、一九九五年
第四章　古墳を造る　『日本の歴史館』小学館、一九九三年
第五章　古墳の被葬者
一　被葬者伝承と学説　『季刊考古学』第六八号、一九九九年
二　古墳と被葬者　『季刊考古学』第六五号、一九九八年

口絵図版提供者一覧

カラー1　奈良県立橿原考古学研究所（阿南辰秀氏撮影）
カラー2　奈良県立橿原考古学研究所／奈良県立橿原考古学研究所附属博物館
カラー3　埼玉県立さきたま史跡の博物館
カラー4　高石市教育委員会
モノクロ1　東京大学総合研究博物館／園部町教育委員会『黒田古墳』一九九一年／金原正明・金原正子、桜井市教育委員会
モノクロ2　鳥取県埋蔵文化財センター／島根県教育委員会／東京国立博物館
モノクロ3　和水町教育委員会／高崎市教育委員会／神戸市教育委員会／奈良県立橿原考古学研究所／沼津市教育委員会
モノクロ4　石野撮影（城陽市教育委員会調査）／石野撮影（群馬県埋蔵文化財調査事業団調査）／袋井市教育委員会
モノクロ5　滋賀県埋蔵文化財センター／石野撮影（山形県教育委員会調査）／渋川市教育委員会（黒井峯の下は石野撮影）／宮内庁書陵部／奈良県立橿原考古学研究所
モノクロ6　石野撮影（桜井市教育委員会調査）／加東市教育委員会／倉吉博物館／国立民族学博物館／高月町教育委員会
モノクロ7　高崎市教育委員会／石野博信／香川県埋蔵文化財調査センター／奈良県立橿原考古学研究所附属博物館／石野撮影（長岡京市教育委員会調査）／石野撮影（大神神社蔵）
モノクロ8　石野撮影（群馬県立歴史博物館蔵、国保管）／奈良県立橿原考古学研究所附属博物館／山梨県立考古博物館／鴻巣市教育委員会
モノクロ9　大阪府教育委員会／鳥取県埋蔵文化財センター／福島県立博物館撮影（泉崎村教育委員会蔵）／石野撮影（和歌山市教育委員会蔵）／石野撮影（朝鮮大学校蔵）／石野撮影（米原市教育委員会蔵）
モノクロ10　埼玉県立さきたま史跡の博物館／福島県立博物館撮影（山形市教育委員会蔵）／島根県教育委員会

モノクロ11　九州歴史資料館／香川県教育委員会『史跡有岡古墳群（宮が尾古墳）保存整備事業報告書』一九九七年より作図／福島県立博物館撮影（双葉町教育委員会蔵）／群馬県立歴史博物館（国保管）
モノクロ12　八女市教育委員会／高槻市教育委員会／奈良県立橿原考古学研究所

本文図版提供者および出典一覧

図2　石野博信『日本原始・古代住居の研究』吉川弘文館、一九九〇年
図3　松木武彦「ヤマト政権成立の背景」『卑弥呼誕生』大阪府立弥生文化博物館、一九九七年
図4・5・6　石野博信『邪馬台国の考古学』吉川弘文館、二〇〇一年
図7　近藤義郎『楯築弥生墳丘墓の研究』同刊行会に加筆
図13　石野博信『邪馬台国と古墳』学生社、二〇〇二年
図12　赤塚次郎「初期前方後円（方）墳出土の土器」『季刊考古学』第五二号、一九九五年
図14　鈴木敏則「古墳時代前期の集落」『静岡の原像をさぐる』一九八九年
図15　高畑知功「谷尻遺跡」『岡山県埋蔵文化財発掘調査報告』11、岡山県文化財保護協会、一九七六年に加筆
図16　近藤義行「森山遺跡発掘調査概報」『城陽市文化財調査報告書』6、一九九七年に加筆
図17　日賀野宏志・北内三喜夫「登内遺跡」『栃木県埋蔵文化財保護行政年報昭和六二年度』栃木県教育委員会、一九七六年
図18　小牛田町教育委員会『山前遺跡』一九七六年に加筆
図19　宮内庁書陵部
図20　和歌山県教育委員会『鳴滝遺跡調査概報』一九八三年
図21　柴田稔『古新田遺跡現地説明会資料』一九八九年に加筆
図22　清水真一『奈良県桜井市上之宮遺跡第三次発掘調査概報』桜井市教育委員会、一九八八年
図23　菅波正人「福岡平野の六～七世紀にかけての建物群の様相について」『古墳時代から古代における地域社会』埋蔵文

化財研究会、一九九七年
図24　1伊勢崎市教育委員会『原之城遺跡発掘調査報告書』一九八八年
2奈良国立文化財研究所『飛鳥・藤原宮発掘調査概報』一九八五年
3広島県埋蔵文化財調査センター『大宮遺跡発掘調査報告書兼代地区Ⅱ』一九八六年
図25　子持村教育委員会『黒井峯遺跡発掘調査概報』一九八七年
図26　渋川市教育委員会
図27　石野撮影（兵庫県教育委員会調査）
図28　滋賀県埋蔵文化財センター
図29　石野撮影（堅田直氏調査）
図30　千葉市教育委員会
図31　渋川市教育委員会
図32　山形県教育委員会
図33　渋川市教育委員会
石野撮影（岡谷市教育委員会調査）
石野撮影（福島県立博物館蔵）
図34　大分県教育委員会
図35　石野撮影（福岡県教育委員会調査）
図36　石野撮影（印旛郡市文化財センター調査）
図37　長野県立歴史館
図38　石野撮影（佐久市教育委員会調査）
図39　石野撮影（千葉県教育振興財団）

図40〜42、45〜47、51　埋蔵文化財研究会『形象埴輪の出土状況』一九八五年
図43　石野撮影（須坂市立博物館蔵）
図44　石野撮影（日本民家集落博物館蔵）
図48　石野撮影（桜井市教育委員会調査）
図49　石野撮影（旧子持村教育委員会調査）
図50　石野撮影（米原市教育委員会蔵）
図54　桜井市教育委員会
図55　木村房之「考古建造物の尺度の発見」『歴史と人物』一四六号、一九八三年
図56　鳥取県教育文化財団『鳥取県羽合町長瀬高浜遺跡調査報告書』Ⅴ、一九八三年
図57　滋賀県埋蔵文化財センター『滋賀埋文ニュース』六八、一九八〇年
図58　滋賀県埋蔵文化財センター
　　　石野撮影（滋賀県埋蔵文化財センター調査）
図59　石野撮影（桜井市教育委員会調査）
図60　桜井市教育委員会『纒向』一九七六年
図61　東大阪市教育委員会
図62　桜井市教育委員会『纒向』一九七六年
図63　橿原市教育委員会
図64　奈良県立橿原考古学研究所附属博物館（3〜6は東京国立博物館蔵）
図65　石野撮影（芝山町立古墳・はにわ博物館蔵）
　　　石野撮影（歴史の里・芝山ミューゼアム蔵）
図66　奈良県立橿原考古学研究所附属博物館

図67　埼玉県埋蔵文化財調査事業団『御伊勢原』一九八九年
図68　渋川市教育委員会
図69　渋川市教育委員会
図70　愛媛県埋蔵文化財調査センター
図71　愛媛県埋蔵文化財調査センター『宮前川遺跡』一九八六年
図72　桜井市教育委員会『纒向』一九七六年
図73　静岡県埋蔵文化財調査研究所
図74　静岡県埋蔵文化財調査研究所『大谷川』Ⅰ・Ⅱ・Ⅲ・Ⅳ、同研究所、一九八四〜八九年
図75　石野撮影
図76　『雲根志』
図77　群馬県教育委員会
図78　石野撮影
図79　椙山林継氏
図80　長岡京市教育委員会
図81　奈良県立橿原考古学研究所附属博物館
図82　静岡県埋蔵文化財調査研究所
図83　1御所市教育委員会
　2石川県埋蔵文化財センター
　3藤枝市郷土博物館
図84　橿原市教育委員会
図85　奈良県立橿原考古学研究所附属博物館

図86 矢部遺跡：寺沢薫『矢部遺跡』奈良県教育委員会
服部遺跡：大橋信弥・山崎秀二ほか『服部遺跡発掘調査概報』一九七九年に加筆
図87 杵ヶ森古墳：吉田博行ほか『杵ヶ森古墳』会津坂下町教育委員会、一九九五年に加筆
図88 兵庫県教育委員会編『深江北町遺跡』同発行、一九八八年に加筆
鶴尾4号墳：渡辺明夫・藤井雄三『鶴尾神社四号墳調査報告書』高松市歴史民俗協会、一九八三年
図89 黒田古墳：園部町教育委員会『船阪・黒田工業団地予定地内遺跡群発掘調査概報』同発行、一九九一年
赤塚次郎「東海系のトレース」『古代文化』四四-六、一九九二年
図90 亀石：石野撮影（倉敷市西山地区蔵）
宮山古墳：岡山県立博物館
葛本弁天塚古墳：石野撮影（奈良県立橿原考古学研究所附属博物館蔵）
図91 石野撮影（奈良県立橿原考古学研究所調査）
図92 埋蔵文化財研究会『形象埴輪の出土状況』一九八五年
図93 明治大学博物館
図94 石野撮影
図95 リ・ファソン『朝鮮建築史』総合出版社、一九八九年
図96 増田逸朗・小久保徹『塚本山古墳群』埼玉県教育委員会、一九七七年
図97 石野作図
図98 石野・関川尚功『纒向』桜井市教育委員会、一九七六年
図99 纒向遺跡：奈良県立橿原考古学研究所附属博物館
津古生掛古墳：小郡市教育委員会
図100 藤井寺市教育委員会

図101　石野撮影（奈良県立橿原考古学研究所調査）
図102　石野撮影（高槻市教育委員会蔵）
図103　奈良県立橿原考古学研究所附属博物館撮影（天理市教育委員会蔵）
図104　福島県立博物館撮影（本宮町教育委員会蔵）
図105　1・4：石野撮影（朝鮮大学校蔵）
2：福島県立博物館撮影（泉崎村教育委員会蔵）
3：石野撮影（和歌山市教育委員会蔵）
5：石野撮影（米原市教育委員会蔵）
図106　後藤守一『日本古代文化研究』一九四二年
図107　日下八光『装飾古墳』一九六七年
図108　大和久震平『七廻り鏡塚古墳』一九七四年
図109　福岡市教育委員会『藤崎遺跡』一九八二年
図110　梅原末治「川辺郡小浜赤鳥七年鏡出土の古墳」『兵庫県史蹟名勝天然紀念物調査報告』第一四号、一九三五年
図111　中川　渉ほか『内場山城跡』兵庫県文化財調査報告一二六冊、一九九三年
図112　第二九回埋蔵文化財研究会編『弥生時代の掘立柱建物』一九九一年
図113　松岩里積石塚：全浩天『前方後円墳の源流』未来社、一九九一年
鶴尾神社4号墳：前掲
図114　後藤守一「漆山古墳実査報告」『考古学雑誌』一四-一三、一九二四年
図115　石野博信『古代大和へ、考古学の旅人』雄山閣、一九九四年
図119　奈良県立橿原考古学研究所
図122　京都大学総合博物館

図124 大和久震平『七廻り鏡塚古墳』一九七四年
図125 兵庫県教育委員会埋蔵文化財調査事務所
図126 小山市教育委員会
図128 末永雅雄『日本考古学への道』雄山閣、一九八六年
図129 松本豊胤「香川県宮が尾絵画古墳調査概報」『古代学研究』四五号、一九六六年
図130 中村春寿・上田宏範『桜井茶臼山古墳』図版10、奈良県教育委員会、一九六一年
図131 石野撮影（広陵町教育委員会調査）

《著者略歴》

石野博信（いしのひろのぶ）

1933年　宮城県生まれ。

1960年　関西大学大学院修了。

　　　　奈良県立橿原考古学研究所副所長・同附属博物館長を経て

現　在　徳島文理大学教授。香芝市二上山博物館館長。文学博士。

〈主な著書〉

『古墳文化出現期の研究』学生社、1985年

『日本原始・古代住居の研究』吉川弘文館、1990年

『古墳時代の研究』（編）全13巻、雄山閣、1990～1993年

『全国古墳編年集成』（編）雄山閣、1995年

『邪馬台国の考古学』吉川弘文館、2001年

『邪馬台国と古墳』学生社、2002年

『古墳時代史（増補改訂版）』雄山閣、2005年

古墳時代《こふんじだい》を考《かんが》える

2006年6月5日　印刷
2006年6月20日　発行

著　者　石野博信
発行者　宮田哲男
発行所　株式会社　雄　山　閣
〒102-0071　東京都千代田区富士見2-6-9
振替 00130-5-1685　電話 03-3262-3231
FAX 03-3262-6938
印　刷　三共グラフィック株式会社
製　本　協栄製本株式会社

ISBN4-639-01932-7